U0506182

钱塘江文化丛书

萧绍海塘文化专题研讨会论文集

浙江省钱塘江管理局　编

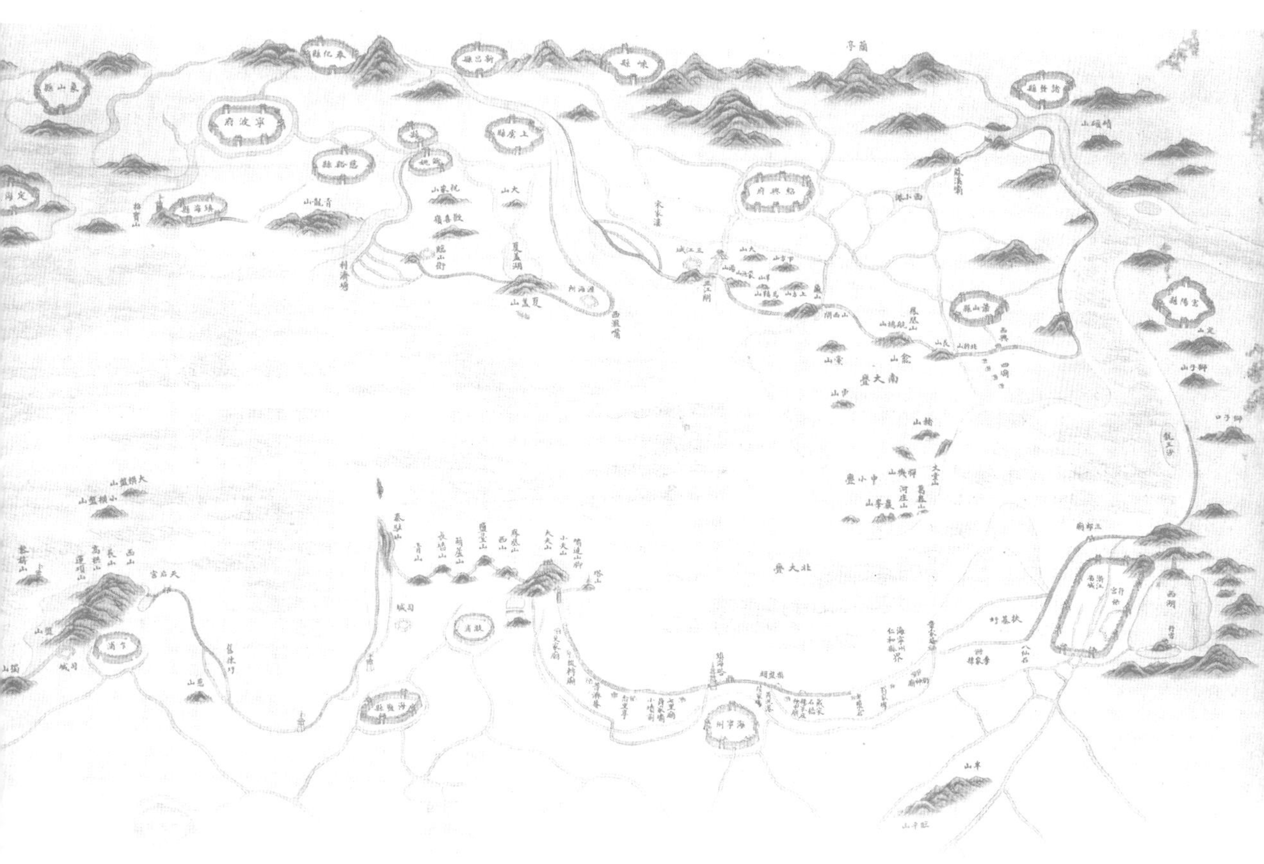

上海古籍出版社

特邀专家

谭徐明　张书恒　徐吉军　周新华　黄　斌　方自亮
邱志荣　闫　彦

参会代表（按姓氏笔画排序）

王大学　王生云　王坚强　王秀芝　王英华　王建华
王　磊　包增军　邢　云　任　岗　邬越民　刘剑刚
许志良　孙　伟　劳庆富　李大庆　李云鹏　李海静
李续德　李　霄　来移年　何震洲　张民强　张翀超
陈天白　陈方舟　陈书锋　陈志富　陈晓勇　陈鹏儿
金利军　金　迪　金建良　金锡康　周长荣　周宝森
周潮生　赵　凡　俞月阳　祝卫东　钱永欢　徐有成
徐阿幼　徐昌栋　黄余婷　龚真真　崔太金　崔　倩
葛培荣　魏义君

老三江闸合影

楝树闸合影

萧绍海塘新林周段考察

萧绍海塘塘湾段考察

萧绍海塘镇塘殿段考察

萧绍海塘

研讨会合影

序　言

它从黄山走来，一路上汇聚无数涓涓细流，越过丘陵，穿过平原，最后奔向辽阔的东海。

它经历过春秋的干戈扰攘，见证过吴越的繁盛富庶。

它在历史的积淀中演绎沧桑巨变，它在不息的涛声里定格曲折的身影。

它，就是钱塘江，祖国东南一条魅力独具的河流。六百六十八公里的流程，滋养了五万五千五百五十八平方公里广袤的土地。

从远古开始，钱塘江流域就是一方文化的沃土。从上山文化、跨湖桥文化、河姆渡文化到马家浜文化、崧泽文化、良渚文化，先民们创造的史前文明耀冠华夏。春秋大义、魏晋风度、唐诗宋词、元人画卷，无不彰显它的风采。伫立至今的明清钱塘江古海塘，已然是一座不朽的丰碑。

钱塘江文化，在墨香沉沉的古代典籍里，在流传千年的神话故事里，在钟灵毓秀的无边风景里，在活力四射的城乡发展中。它是有形的，也是无形的。它凝聚着绵延古今的文脉，播洒着春秋家国的情怀，诉说着历尽艰辛的往事，孕育着振兴图强的新梦。当前人筚路蓝缕、披荆斩棘的努力渐渐化作远去的记忆，关于这条江，关于它的过去、现在和未来，依然牵动我们的心绪，无声地提示我们该适时地放眼历史的长河，把数千年的文化遗存接续下去，让那些曾经创造了无数奇迹的优良传统和禀赋薪火相传、历久弥新。

《钱塘江文化丛书》的出版是一种尝试，期望通过对钱塘江文化相关母题的搜寻与整理，充分展现钱塘江文化的精妙与多彩，让那些独到的治江论著、动人的诗词歌赋、珍贵的文物古建、鲜活的民俗风情、迷人的风景名胜一一呈现，让世界了解钱塘江，让我们更加热爱钱塘江，让钱塘江文化光耀万载！让我们共同期待！

《钱塘江文化丛书》编纂委员会

序

2014年11月17日—11月18日，由浙江省钱塘江管理局主办的萧绍海塘文化专题研讨会在绍兴举行。参加研讨会的，有来自中国水利水电科学研究院、中国水利学会水利史研究会、浙江省社会科学院、浙江省河道管理总站、浙江省文物考古研究所、浙江农林大学、复旦大学中国历史地理研究中心、浙江水利水电学院水文化研究所、鉴湖研究会、中国水利博物馆、杭州市园林文物局、萧山博物馆、钱塘江沿江有关市县水利局等单位的专家、管理人员以及媒体记者共60余人。

研讨会召开前，主办方收到了各方专家学者撰写的论文20余篇。这些论文，有对钱塘江古海塘建造历史和相关文化的综述，有对海塘管理、文化景观、经费筹措、物料采运、水闸工程等专项课题的探究。研讨会上，论文作者面对面交流，分析了萧绍古海塘蕴藏的科学、文化价值，提出了保护策略，同时就钱塘江古海塘申报世界文化遗产、海塘工程与环境演变的相关性、海塘管理与非物质文化等问题进行了深入的探讨。

中国水利学会水利史研究会会长谭徐明教授应邀出席，并对交流论文进行了点评。绍兴市柯桥区副区长胡国炜、浙江省钱塘江管理局党委书记周宝森分别致开幕词，局长徐有成作总结讲话。徐局长表示，专家们的研究十分有意义，此次研讨会在拓展管理视野的同时，增强了我们保护古海塘的责任意识和主体意识，也将有助于今后的管理工作中工程技术、环境保护、文化传承等多方位的协同性的加强。

钱塘江南岸萧绍海塘建造历史悠久，为保护萧绍平原发挥过重要的作用。随着钱塘江江道的变迁以及岸线的治理，南岸岸线逐渐向北推移，萧绍海塘的大部分塘段目前已不再是临江一线海塘，其防洪潮功能逐渐减弱，但古海塘作为文化遗产的价值日益凸显，也日益受到社会的重视。

2014年5月，浙江省钱塘江管理局组织相关专家对杭州市萧山区及绍兴市柯桥区、上虞区境内的萧绍海塘进行了一次全线考察，从萧山西兴镇永兴闸北海塘起点始，到上虞蒿坝清水闸萧绍海塘终点止，历时两天，考察了沿线海塘、古闸、历史街区，对萧绍古海塘及相关文化遗产现状有了较全面直观的了解。

此次萧绍海塘文化专题研讨会的召开，是对萧绍古海塘历史信息的进一步发掘、整理。与会专家及海塘工程、文物管理者充分交流，对于更好地保护和传承钱塘江海塘文化将起到积极的促进作用。今将研讨会征集的论文整理出版，期待社会各界继续关心和支持钱塘江古海塘文化遗产的保护，在相关学术研究上取得更多的成果。

目　录

钱塘江南岸塘工杂谈

周潮生
（浙江省钱塘江管理局）

摘　要： 古代官方对钱塘江南岸的海塘，都不如北岸海塘那样重视。经费也多非出自国库；直到民国期间才有官办的常设机构。本文提供了几则宋代设田地收租置庄储备修费，元代募民出粟修塘和民国期间售奖券筹集塘工经费修筑南岸海塘的史料。另提供了有关南岸水利塘闸的民间组织，和最早的官方管理机构。

关键词： 钱塘江　南岸塘工　杂谈

历代对南岸的海塘，一向不如北岸海塘那样重视。直到民国期间才有官办的常设机构；经费也多非出自国库。这里拣出几个例子，以见一斑。

一、关 于 经 费

（一）设田地收租置庄储备修费

1. 南宋庆元二年(1196)，[1]余姚"知县事施宿之自上林而兰风，为堤四万二千余尺。其中石堤四所，为尺五千七百，又其创建者也"。"约费甚重"，"县出缗钱四千三百有奇，县之士大夫与乡人助工三百万，费犹未足也"，"监司提举常平刘公诚之首助谷三百斤勉为之"。筑堤毕，"思其重大而慎于守护，县之官分季临眡，庙山、三山两寨官月遣十兵巡之。乡豪仍伺察焉。稍损缺，即白诸邑补治之"。

考虑到此前"大率岁起六千夫，役二十日，计工一十二万；费缗钱万有五千，民力不堪"，遂"复议刮上林海沙田二百三十余亩，及仇汝湖外之地六百八十三

---

[1] （南宋）楼钥：《（余姚）海堤记》，《（万历）绍兴府志》卷之十七《水利二》，第八页。

亩，桐木废湖七百四十五亩。凡为田一千六十八亩(潮生按：此数疑误。前三项之和应为1658亩)；又将益求旷土以足二千亩之数。筑仓于酒务之西，储其岁入以备修堤之用。岁省重费，命遂息肩。(监司提举常平)刘公(诚之)复请于朝，乞以其田准常平法，一毋他用，仍禁官民户之请。天子辄报可”。这是现存史料中关于设仓储备岁修费的最早记载，也是北岸海塘所没有的。

2. 南宋嘉定六年(1213)，山阴后海塘溃决，“守赵彦倓请于朝，颁降缗钱殆十万、米六千石”，[1]“又益以州留钱千余万”[2]重筑。次年“又请买诸暨杜思齐没入田五百七十八亩，山园、水塘三百七十二亩，置庄博古岭，委官掌之，备将来修筑费；复请行下吏部，今后差注山阴尉职，添带‘巡修海塘’”；[3]“因思齐之余又买诸傅氏，以待三岁之用”。[4]

这次重筑经费是朝廷拨给，并加上留州钱。重筑后买了一批田地，置庄收租储存供修补塘工之用。又请准委县尉兼巡修海塘，这是正式委派的兼职巡修海塘官，也是此前南岸所无。

(二) 募民出粟筑塘

元后至元六年(1340)六月，潮大作，上虞县宁远乡海塘溃成海口，陷毁官民田三千余亩。至正元年(1341)，绍兴路总管府檄州判叶恒治之。“有田者计亩出粟(夏泰亨《海堤记》称‘凡有田者，亩出斗粟’)或输其值；至者以力，亦喜于服役”。“又请于府，免民他科徭，以悉力是役”。计筑堤21,211尺，至正元年(1341)三月成。“是役也，用民之力而民不知劳；赋民之粟而民不知费”。[5]是年，泰不华又作石堤3 014尺。两次共计24,225尺。[6]

随后，至正七年(1347)六月，大潮复溃，府委史王永修筑。“凡出粟之家，无敢有后。计其值，总为中统钞三十二万九千五百贯有奇”。“既成，以度计之，凡为一万九千四百四十尺。又即所浚沟上筑土堤以为内备”。讫工于九年之冬。[7]

至正二十二年(1362)秋，飓风大作，上虞县土塘冲啮殆尽。绍兴府檄断事王芳督治，并兼县尹，以海之溢，害于夏盖湖。故以受湖溉之田亩出升粟，工农助力，共资畚筑材具之费。“相维筑石堤二千三百二十尺”；“继补葺旧石之倾泐者一万九千二百四十二尺”；“又筑复堤二千三百尺为鹊子村之备”新堤之费，因米

[1] (清) 方观承修，查祥、杭世骏等纂：《两浙海塘通志》卷三，第四页。
[2] (明) 萧良幹等修，张元汴、孙鑛同纂：《(万历)绍兴府志》卷之十七《水利志二》，第二页下至第三页上。
[3] (清) 徐元梅修，朱文翰等纂：《(嘉庆)山阴县志》卷二十《政事志第三之二》。
[4] (南宋) 叶適：《绍兴府新置二庄记》，《叶適集》，第180～181页。
[5] (元) 陈旅撰：《余姚州海堤记》，收叶翼辑《海堤集》，《四库全书存目丛书》，齐鲁书社1997年影印汪鱼亭藏旧抄本。
[6] (元) 王沂撰：《海堤记略》，收《两浙海塘通志》卷三，第七至第八页。
[7] (元) 夏泰亨撰：《海堤记》，见《(雍正)浙江通志》卷六十三《海塘二》，第一二四三页。

为钱，总估三万九千四百四十缗，而凡为疏补修治者用悉非在计算内也。经始于至正二十三年正月，竣事于是年十月。[1]

这几次筑塘，可谓有田出钱，有力出力而免其他徭役。未用官钱。

（三）售奖券筹集塘工经费

民国7年（1918）7月，浙江省财政厅长张厚璟呈省长文提出，绍兴、萧山两县海塘自清道光年间大修之后，至今已七八十年，塘身被水冲刷，处处皆生罅漏，要冲之地根脚已空，尤形危险。若不赶紧兴修，一两年内必将崩溃，两邑皆成泽国。惟全塘数百里，工程过巨，如果一律建筑，须费在一千万元以上。将万不可缓之处从事修补，亦非一百五十余万元不可。绍、萧两邑就田赋酌收附捐，每年仅得八万元左右，所差尚多。前经省长呈请大总统由国家拨款办理，业已奉准。惟浙省七年度预算收支相抵，不敷已巨，积欠之款均无着落，实无法支拨。中央筹划军费已极困难，亦何敢以此为请。上海地方，前为京直水灾，曾办慈善救济券一次，收款颇多。建议仿照开办奖券筹办塘工经费。中央财政部司签："该厅长所拟有奖券似属可行。惟须由地方绅士出名，禀请地方官厅呈部核准。其有奖捐券名目，尚应酌改，似应将'协济塘工'名称加入，以示与募充政费有别，且寓有慈善事业之意，则应募者投资亦较踊跃。"[2]

最后定名"协济绍萧塘工义券"。原定举办两年零五个月。自民国7年（1918）11月首发，每月一期，至10年4月止，共发30期，收洋7 475 169.444元。扣除奖金和发行费用后，实收洋1 376 679.190元。随后又展限办"温台处灾赈义券"，自10年5月起至10月止共发6期，收洋1 777 900.000元，扣除奖金和发行费用，实收洋274 236.269元。接着再第二次展限，仍办"协济绍萧塘工义券"，至11年11月，共发14期，收洋4 007 920.790元，扣除奖金和发行费用，实收洋464 662.527元。三共收洋13 260 990.234元，扣除奖金和发行费用后，实筹得洋2 115 577.986元。其中除拨温台处灾赈洋264 236.269元外，又拨塘工用款1 625 236.258元。尚结存226 105.459元。[3] 收支概略如下表。

协济绍萧塘工奖券收支概略(金额以元计)

名　称	收　款	支　款	实筹得款	拨工用款	结　存
协济绍萧塘工（第1～30期）	7 475 169.444	6 098 490.244	1 376 679.190	1 164 654	212 025.10
温台处灾赈（第31～36期）	1 777 900.000	1 503 663.731	247 236.269	264 236.269	10 000

[1]（元）刘仁本撰：《（上虞）海堤记》，收《两浙海塘通志》卷三《列代兴修下》。
[2]《浙江省财政厅长张厚璟为兴修绍萧塘工开办奖券呈省长文附财政部司签》（民国7年7月）。
[3]《浙江公报》第3862～3882号（民国12年3月3日止）。

（续表）

名　　称	收　　款	支　　款	实筹得款	拨工用款	结　　存
第二次展限续办（第 37～49 期）	4 007 920.290	3 543 258.263	464 662.527	460 582.258	4 080.269
合　　计	13 260 990.234	11 145 412.248	2 115 577.986	1 889 472.527	226 105.459

民国 15 年（1916）6 月 28、29 等日，淫雨连朝，西江、北海两塘外水高越塘面，激荡飞腾，致北海塘之楼下陈附近地方决口多处，自西至北绵亘数十里土塘，突然罅漏缺陷者多至一百余处，石塘经此水势披激，中有罅漏而地脚松动者更难枚举；东塘方面，塘身低洼，幸此次潮流在北，仅塘外遭水，塘内未经淹入。若遇嵊江水涨，则彼处塘身大半土工，倾陷亦易。目前治标之策，虽由绍萧两县塘闸局抢险修补，而存款有限，仅救一时。转瞬秋潮、伏汛，势更汹涌。省议会议员陈宰埏等呈请省筹拨巨款，派委人员，仍设绍萧塘工局修筑。次月，浙江省总司令卢香亭、省长夏超批复同意恢复原有绍萧塘闸工程局（属临时机构，见后文）专管办理。至于经费，国、省两税一时均难筹措，惟有援照原办塘工奖券成例，按月筹募正、副塘工债券各一期，以资应用。并令"筹募游民工厂基金债券事务局"局长郑云鹏拟具筹募塘闸工程债券办法，呈候核夺；债券即由该局发行。[1]

协济绍萧塘工有奖义券（一）

[1]《浙江省总司令卢香亭、省长夏超令筹募游民工厂基金债券事务局局长筹募正副塘工债券兴修闻家堰地方塘工文》，见《绍兴县志资料》第一辑《塘闸汇记》，第 13 页。

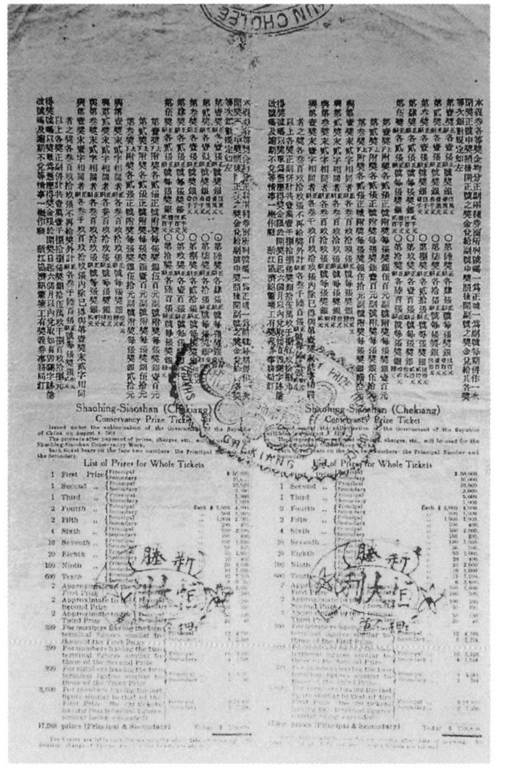
Shaohing-Siaoshan (Chekiang)
Conservancy Prize Ticket
List of Prizes for Whole Tickets

Shaohing-Siaoshan (Chekiang)
Conservancy Prize Ticket
List of Prizes for Whole Tickets

协济绍萧塘工有奖义券(二)

二、管理组织机构

(一) 有关水利塘闸的民间组织

自乾隆二十四年(1759)撤回南岸海塘诸汛兵丁后,南岸即不再有塘工队伍。只有管理海塘的官员,也没有其他组织。直到清末才有民间组织。

清宣统元年(1909)九月,绍兴知府包发鸾以西江、北海两塘亟应修葺,于二十日选举绅董四人经理其事。该绅等以胸少把握,事无预备,俱仓促卒未敢承认,惟公议先设塘闸研究所,并于十月拟定简章七条。[1] 于附则申明"本会内部细则及未尽事宜随时共定增入,俟大致完全,呈请同详立案"。但无下文。

次年,遵照省谘议局议决、并奉抚宪公布之《农田水利会规则》,设立"山会萧塘闸水利会",并拟定规则六十条,[2]规定"凡关于山阴、会稽、萧山三县有共同关系之塘闸,其防护、疏浚兴修事宜,均由本会议决行之"。列举"三县共同关系

[1] 《塘闸研究会简章》,见《绍兴县志资料》第一辑《塘闸汇记》,第79页。
[2] 《山会萧塘闸水利会规则》,见《绍兴县志资料》第一辑《塘闸汇记》,第80页。

之塘闸”有西江塘、北海塘、应宿闸和其他与三县有直接或间接之利害关系者。规定以三县之选民即为水利关系人，选举议员、会长及会董。并由议员互选议长、副议长各一人，任期三年；特任议员二十人，任期一年。还规定各自的“职任（即职责）”。还规定“本会成立后，旧设之塘闸局即撤销”。另拟定有《山会萧塘闸水利会暂行选举规则》。[1] 然也未见有活动记载。

洪宪元年（即民国 5 年，1916）3 月 7 日，绍兴县知事宋承家、萧山县知事彭延庆会详浙江巡按使和会稽道尹拟设两县水利联合会，[2]并附简章、[3]议事细则、[4]预算。[5] 3 月 14 日会稽道尹批：“准予如详备案，仍候巡按使批示，此批。附件存。”并于 3 月 29 日以第 738 号文呈浙江巡按使。巡按使屈（映光）批：“……实心为民，深堪嘉许。察阅拟定简章亦尚妥洽，应准备案。所需经费并准由两县塘闸经费项下核实支销。……”

简章规定：该会以研究两县塘闸堰坝水利兴废，消弭现在及防止将来一切险患，以保护人民生命财产为宗旨。设常任会员八员，由两县知事各别选充。

此后至民国 11 年（1922），先后议定“西塘闻家堰开掘小港案”、[6]议决“沈一鹏陈请修埂保塘并浚复宣港闸道”、[7]“徐元钊建议建白洋川复山西闸”、[8]“开掘东塘摄、职从三字号对岸沙涂”、[9]“疏浚三江闸淤沙”、[10]“邀集地方绅耆详筹水利”、[11]“傅绍霖等呈请督拆老闸下鱼簖”[12]等案。该会何时撤销，未见记载。

（二）绍萧塘闸工程局始末

为修复民国 15 年（1916）6 月 18、19 等日淫雨冲毁的西江、北海两塘，按照省议会议员陈宰埏等的建议（见前文），浙江省总司令卢香亭、省长夏超批复同意

---

[1] 《山会萧塘闸水利会暂行选举规则》，见《绍兴县志资料》第一辑《塘闸汇记》，第 82 页。

[2] 《绍萧两县水利联合会设立公牍》，见《绍兴县志资料》第一辑《塘闸汇记》，第 85 页。

[3] 附简章，见《绍兴县志资料》第一辑《塘闸汇记》，第 86 页。

[4] 附议事细则，见《绍兴县志资料》第一辑《塘闸汇记》，第 87 页。

[5] 附预算，见《绍兴县志资料》第一辑《塘闸汇记》，第 87 页。

[6] 《绍萧两县水利联合会议定西塘闻家堰开掘小港案》，见《绍兴县志资料》第一辑《塘闸汇记》，第 62 页。

[7] 《绍萧两县水利联合会议决沈一鹏陈请修埂保塘并浚复宣港闸道案》，见《绍兴县志资料》第一辑《塘闸汇记》，第 63 页。

[8] 《绍萧两县水利联合会议决徐元钊建议建白洋川复山西闸案》，见《绍兴县志资料》第一辑《塘闸汇记》，第 65 页。

[9] 《绍萧两县水利联合会议决开掘东塘摄、职从三字号对岸沙涂案》，见《绍兴县志资料》第一辑《塘闸汇记》，第 66 页。

[10] 《绍萧两县水利联合会议决疏浚三江闸淤沙案》，见《绍兴县志资料》第一辑《塘闸汇记》，第 66 页。

[11] 《绍萧两县水利联合会议决邀集地方绅耆详筹水利案》，见《绍兴县志资料》第一辑《塘闸汇记》，第 67 页。

[12] 《绍萧两县水利联合会议决傅绍霖等呈请督拆老闸下鱼簖》，见《绍兴县志资料》第一辑《塘闸汇记》，第 68 页。

恢复原有绍萧塘闸工程局，并于7月28日任命曹豫谦为绍萧塘闸工程局局长。[1] 曹豫谦奉令后，立即拟订《绍萧塘闸工程局简章》（附员役名额俸给职务编制表和办事规则、护塘会大纲）、[2]《绍萧塘闸工程局办事规则》。[3]

即于8月1日在杭州租赁许衙巷就养堂作筹备处，随于8月7日启用关防。[4] 又呈请令饬绍萧两县知事，先行借商款各5万元，即以塘工券奖余作抵以着手施工。[5] 一面赴各塘闸视察险要工程。并照章在绍兴设立总局，并就北海塘地点适中之新发王村设立工程行局。9月16日正式成立，曹豫谦在工次就职。[6] 是月，又向省总司令、省长呈报《视察北海塘情形文》，[7]并呈报《绍萧塘闸工程局东西区管理处章程文》[8]（附章程塘夫应守规则和东区塘闸管理处办事细则）、《管理处预算文》、[9]《东区闸务经费预算文》、[10]《东西区塘闸管理处经费预算表》、[11]《东区闸务经费预算文》（附预算表）。[12] 又组织护塘会[13]（附护塘会大纲）。次年4月又报告办理各工情形：决口处所一为车盘头，一为郭家埠，一为楼下陈。内外均临深河，宜建全石塘，护以石坦；一为湾头徐，则内滨河外临池，宜建半石塘。当就地势适中之萧山县新发王郣筹备设局。于（上年）9月16日成立，先后将车盘头、郭家埠、湾头徐三处计划图表分别呈送。车盘头一处先于十月十日施工；而郭家埠一段迟至本年三月十七日甫经着手。[14] 此外，曹豫谦还拟订了一份《绍萧塘工辑要凡例》，似乎想编辑一部《绍

[1]《绍萧塘闸工程局局长曹豫谦呈总司令部、省长公署设处开办文》，见《绍兴县志资料》第一辑《塘闸汇记》，第13页。

[2]《绍萧塘闸工程局简章》（附员役名额俸给职务编制表和办事规则、护塘会大纲）。见《绍兴县志资料》第一辑《塘闸汇记》，第88页。

[3]《绍萧塘闸工程局办事规则》，见《绍兴县志资料》第一辑《塘闸汇记》，第90页。

[4]《绍萧塘闸工程局局长曹豫谦呈总司令部、省长公署设处开办文》，见《绍兴县志资料》第一辑《塘闸汇记》，第13页。

[5]《绍萧塘闸工程局局长曹豫谦呈总司令、省长请令饬绍萧两县知事息借商款文》。见《绍兴县志资料》第一辑《塘闸汇记》，第13页。

[6]《绍萧塘闸工程局局长曹豫谦函告设处就职文》，见《绍兴县志资料》第一辑《塘闸汇记》，第88页。

[7]《绍萧塘闸工程局呈报视察北塘情形文》，见《绍兴县志资料》第一辑《塘闸汇记》，第14页。

[8]《绍萧塘闸工程局局长曹豫谦呈总司令、省长呈订东西区管理处章程文》，见《绍兴县志资料》第一辑《塘闸汇记》，第92页。

[9]《绍萧塘闸工程局局长曹豫谦呈总司令、省长编送〈管理处预算文〉》，见《绍兴县志资料》第一辑《塘闸汇记》，第74页。

[10]《绍萧塘闸工程局局长曹豫谦呈总司令、省长送东区闸务经费预算文》，见《绍兴县志资料》第一辑《塘闸汇记》，第74页。

[11]《绍萧塘闸工程局局长曹豫谦呈总司令、省长送东西区塘闸管理处经费预算表》，见《绍兴县志资料》第一辑《塘闸汇记》，第75页。

[12]《绍萧塘闸工程局局长曹豫谦呈总司令、省长送东区闸务经费预算文》，见《绍兴县志资料》第一辑《塘闸汇记》，第74页。

[13]《绍萧塘闸工程局局长曹豫谦呈报近塘各郣拟组织护塘会拟定大纲请核示文附指令》，见《绍兴县志资料》第一辑《塘闸汇记》，第96页。

[14]《绍萧塘闸工程局呈报本局经过暨现办情形并规划进行程序列表请核文》，见《绍兴县志资料》第一辑《塘闸汇记》，第14页。

萧塘工辑要》。[1]

民国16年(1927)6月8日,省建设厅于省务委员会第19次会议上提出"筹设钱塘江工程局"议案。裁撤海宁海塘工程局、盐平海塘工程局、绍萧塘闸工程局和海塘测量处四机关,改组为钱塘江工程局。是月19日第21次会议议决通过后。7月,浙江省政府以建字第6748号令绍萧塘闸工程局结束局务逐项移交钱塘江工程局,并令委萧山县县长就近赴局监盘交代。[2] 并报告"奉准兴办各工计车盘头石塘三十六丈二尺,郭家埠石塘十八丈五尺,湾头徐半石塘二十五丈,现已先后完工;又培补龛、荏山间土塘,已完工者龛山至楼下陈一段计二千二百二十丈,荏山头遐至宾字一段计一百四十丈正在办理决算,容即另文呈请分别验收。其未经完工者为楼下陈石塘三十三丈,又自楼下陈至荏山腰土塘一千一百丈"。[3] 并发表《敬告同乡父老书》,陈述在任期间办事经过。末附局收支总报告。[4] 内称共收洋107 497.41元,共支洋64 774.65元,收支相抵存洋42 722.76元。

钱塘江工程局接收绍萧塘闸工程局后,即以之组成局属绍萧段工程处,继续办理未了工程。

[1]《曹豫谦拟绍萧塘工辑要凡例》,见《绍兴县志资料》第一辑《塘闸汇记》,第101页。

[2]《浙江省政府令知将局务结束逐项移交钱塘江工程局接受并委萧山县监盘文》,见《绍兴县志资料》第一辑《塘闸汇记》,第96页。

[3]《绍萧塘闸工程局局长电呈各段工程次第办竣遵电结束局务文》,见《绍兴县志资料》第一辑《塘闸汇记》,第96页。

[4]《曹豫谦敬告同乡父老书》(绍萧塘闸工程局收支总报告),见《绍兴县志资料》第一辑《塘闸汇记》,第78页。

萧绍平原运河与海塘的关联与互动

黄　斌
（浙江省文物考古研究所，杭州，310014）

摘　要：历史上的萧绍平原，浙东运河（萧绍段）是运输动脉，萧绍海塘则是安全屏障。二者均历史悠久、作用巨大。其建造发展、经营管理，又互为影响、合力促进，共同担当起推动萧绍平原发展的重任。本文通过对其各自的起源与发展变迁、相互的影响与共通之处、密切的关联与互动作用等方面的探讨，揭示运河与海塘在萧绍平原发展进程中各自不可或缺的重大作用，呼吁对二者加以共同研究与保护利用。

关键词：萧绍运河　萧绍海塘　关联互动

本文所指萧绍平原，专指杭州滨江至上虞曹娥江口一线的钱塘江口（及杭州湾）南岸地区平原地带，跨今杭州市萧山、滨江两区及绍兴市柯桥、越城、上虞三区。历史上，该地区长期为会稽郡和绍兴府治域。山形水势、经济人文、风俗民情相通相习，为重要地理单元。萧绍平原地处浙北，临钱塘江及杭州湾岸线南侧，地势低平，水网密布，河道纵横，尤有萧绍运河（浙东运河西段）横亘其中，历史上水运发达。又因临江傍海，海潮常年侵袭，海岸不断变迁，海塘建设千年沿袭且不断加固，保障了地区安全与繁荣富庶。

一、萧绍平原运河与海塘概况

（一）萧绍运河的开凿与变迁

1. 历史

萧绍运河也称萧曹运河，西起钱塘江边的西兴镇（原属绍兴府萧山县，因江岸外移，今已不再临江），东至曹娥江，为浙东运河西段，它与东段的曹甬运河（曹娥江至甬江口),合为浙东运河。[1]

作为浙东运河的重要组成部分,萧绍运河历史悠久。春秋时期,越王勾践开凿山阴古水道(今绍兴城东至曹娥江)。东汉时,马臻修筑鉴湖,东连曹娥江,西接西小江,长达127公里,山阴古水道被围入鉴湖。西晋时,又在萧绍平原西部,与鉴湖湖堤平行,新凿西兴运河连接萧(山)、绍(兴)两县。晋代,连接曹娥江及姚江的四十里河开凿以后,浙东运河得以西连钱塘江、东经姚江和甬江入海,全线由此基本成型。斯时起,又在江口筑堰(如永兴堰、梁湖堰、曹娥堰等),阻滞江潮入河,浙东运河始受人工工程控制。隋炀帝开凿京杭运河的同时,对浙东运河也作了整治,使它与京杭运河沟通更为顺畅。唐代开始又在浙东运河沿线修筑"运道塘",起到堤岸加固和纤道辅助的作用。宋代起,浙东运河正式得名,并随着南宋定都临安(今杭州)而进入黄金时期。两宋时期,浙东运河沿线开凿了虞甬运河(上虞百官至余姚城西),并整治西兴运河、四十里河等,西兴运河与绍曹运河(山阴故水道)连成一线,并称萧绍运河,为浙东运河西段主干河道。元代以后直至民国时期,浙东运河地位下降,但仍屡有修缮维护,航运功能不断。1949年新中国建立后,浙东运河多有疏浚。20世纪80年代,浙东运河改造成甲乙两线。2000年起,又开凿运营新线(称新杭甬运河,2012年底正式开通),原浙东运河运输功能由此削弱。

2. 现状

作为浙东运河西段主干河道的萧曹运河,西起萧山(西侧),经绍兴(原山阴、会稽两县)东至上虞曹娥江,地属绍兴府辖,故习称萧绍运河。因政区迭变,今在地域分布上涉及杭州滨江、萧山及绍兴柯桥、越城、上虞两市五区境,连缀滨江、萧山、柯桥、绍兴等城区以及衙前、钱清、东湖、皋埠、陶堰、东关、曹娥等城镇,长约102公里(原起点西兴古镇已远离钱塘江岸,有新开北塘河西连钱塘江),宽度多在30～50米间(局部窄至20米以下,宽逾100米),深度2～4米,为5级航道。因新杭甬运河的开通使用,萧绍运河的运输功能虽有保留,但已成辅线,局部甚至成为纯景观河段。

(二) 萧绍海塘的修筑与变迁

1. 历史

钱塘江口海塘在汉代即已出现,据《水经注》载:"东汉初载土石筑钱塘。"隋唐时,浙江大规模修筑捍海塘。宋代,随着东南沿海地区经济的发展,海塘逐渐增加,海塘结构形式逐渐发展。明代出现五纵五横鱼鳞大石塘。清前期,形成了完整的海塘系统。[2]

---

[1] "浙东运河"历史悠久,但因分段形成,故迟至宋代正式得名。因东西两端分别为萧山、宁波,故又称"萧甬运河"。后世萧山从绍兴划归杭州,又称"杭甬运河"。近年新凿运河,也称杭甬运河,为区分,又称作"新杭甬运河"。

[2] 钱塘江志编纂委员会编:《钱塘江志》,《浙江省志丛书》,方志出版社,1998年,第441～442页。

钱塘江口古海塘分南北两岸修筑，南岸海塘又以曹娥江口为界，分萧绍海塘及浙东海塘。

萧绍海塘修筑历史悠久。唐开元十年(722)有增修会稽(今绍兴)防海塘的记载，塘长100余里。宋代修塘记载不多，但已有石塘。明代屡次增修，萧山县有海塘500余丈，绍兴海塘6 100余丈中1/3为石塘。清代海潮曾南趋致灾。乾隆二十一年(1756)绍兴一带发生险工，增筑鱼鳞大石塘400丈。嘉庆中，萧山、山阴两县改土塘为柴塘。又据清《闸务全书》载，汉唐以来，绍兴境内始筑海塘，之后历代整修，至明代，三江闸建成，海塘全面贯通。清代频繁整修，采用丁由石塘、鱼鳞石塘、块石塘、石板塘等多种砌石法。民国时部分塘堤灌注了水泥砂浆。清代起又增筑备塘、坦水、盘头、挑水坝、护塘、排流和消浪等设施。萧绍海塘规模巨大，结构坚固，砌筑方法多样，历来是绍兴北部屏障，被誉为海岸“长城”。

2. 现状

现存的萧绍海塘，起自杭州市萧山区临浦镇麻溪山，穿越滨江区及绍兴市柯桥、越城区，止于上虞区蒿坝口头山，塘线全长117千米，除去山体，海塘实长103千米。除少量段落外，线型基本延续，但各区段保存情况不一。[1]

杭州市境段包括今萧山西南部的临江古海塘(西江塘)、滨江区海塘及萧山区北部北海塘等，其中西江塘保存最好。西江塘位于萧山临浦、义桥及滨江闸堰、浦沿等镇街之江东，条石砌叠，长约8.5公里，已经全面整修加固。其北端经长河镇折向东至西兴街道永兴闸，今存浦沿街道冠二东片村及长河街道老街、南

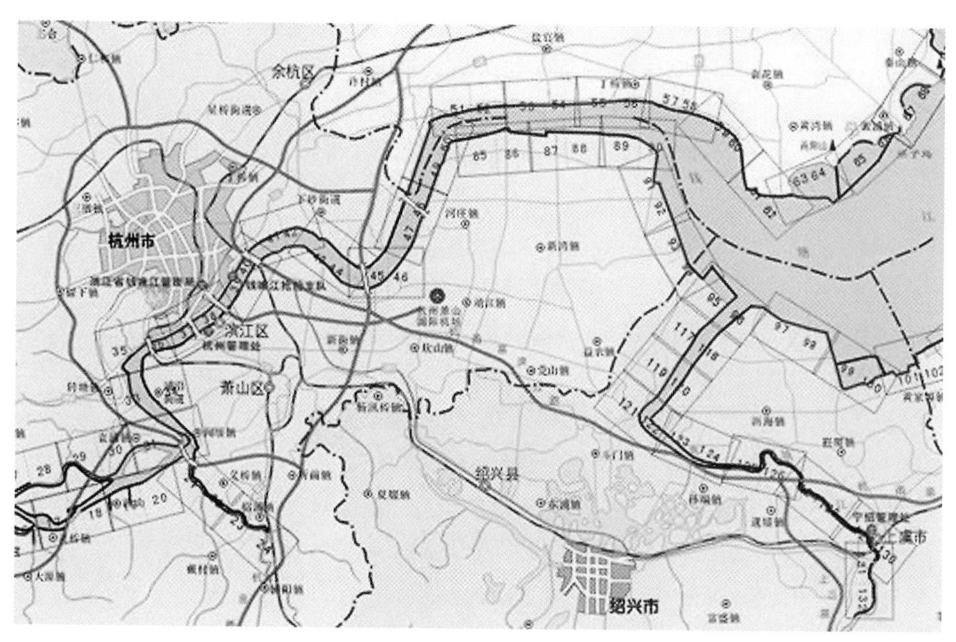

图一　萧绍运河与海塘分布示意图

[1] 陶存焕、周潮生：《明清钱塘江海塘》，北京：中国水利水电出版社，2001年11月第1版。

环路、长河村四段土塘，断续长逾2公里。北海塘跨滨江、萧山两地。滨江段西起西兴永兴闸，向东延伸入萧山，今存西兴街道江虹路东西两侧土塘400余米及西兴闸东到风情大道西侧1 600余米石塘。萧山段位于北干、新塘、新街、衙前、坎山、党山、益农等镇街一线，塘体由石条和泥土堆砌而成，部分为土塘，有的依山而建。

绍兴市境段的萧绍海塘西起大和山，向东经楝树下、万圣庵，穿越柯桥、越城两区的斗门、马山等镇，全长约22公里，其中以斗门镇三江村段长约2.5公里的明清海塘保存最好。上虞境内有两段计20.6公里：一自车家浦绍兴段起，蜿蜒经沽渚、称山、杜浦、右塘角、峰山、老坝底直至曹娥丁坝底，长约20公里。此塘在《唐书·地理志》中已有记载，明万历《新修上虞县志》载："唐开元六十年，令李俊之增修"，以后屡加修建。另一段建在蒿坝南北两山之间，仅长0.6公里。

二、萧绍运河与海塘共同的地理依存关系

(一) 萧绍平原地理变化与海岸变迁

萧绍平原地处钱塘江口南岸，其海岸变迁、地理变化，或者说河口的不断收窄、岸线的不断变迁，直接影响到海塘与运河的修筑、维修与开凿、使用等。

1. 钱塘江河口的地理变迁

钱塘江以河口涌潮闻名，其河口两岸平原地貌和岸线的变化，主要因江流、潮浪冲蚀，泥沙淤积所致。河口平原形成之初，北岸有古东苕溪、东江，南岸有古姚江，分散的溪流分别汇入河口段和杭州湾。后因江潮横溢，泥沙淤积两岸等环境变化，古东苕溪北折改道入太湖，东江淤塞，姚江溪流改向东南汇聚，经甬江入海。[1]

钱塘江口南岸岸线变化总体为北涨趋势。公元4世纪时，河口南侧岸线约在今西兴、龛山、孙端、临山、浒山一线。后渐向北淤伸，至11世纪涨至浒山以北约8千米处。11世纪中期以后，受潮流冲刷开始内坍，至14世纪又回坍至临山、浒山、观海卫一线。后又外涨，至18世纪末，恢复到11世纪的位置。[2]

钱塘江河口岸线的涨坍变迁更为明显。钱塘江杭州至尖山间河口段江道，历史上先后有南大门(龛、赭两山之间)、中小门(禅机、河庄两山之间)与北大门(河庄山与海宁海塘之间)三条通道。宋元明时期，海宁多次"海失故道"、"海岸崩摧"等，均由江流走南大门引发。明末清初江流改走中小门，清康熙、乾隆年间，江道全部移至北大门。南大门、中小门淤塞后成为向北突出的南沙，杭州市七堡、乔司至翁家埠一带则淤成北沙。清嘉庆十八年(1813)，曾为海宁属地的赭

[1][2] 钱塘江志编纂委员会编：《钱塘江志》，《浙江省志丛书》，方志出版社，1998年，第65页。

山划归南岸萧山县管辖。1950 年起，缩窄江道结合围涂工程大规模开展，杭州闸口至海宁十堡之间 60 余千米的河道缩窄至 1～4 千米，形成现今岸线。

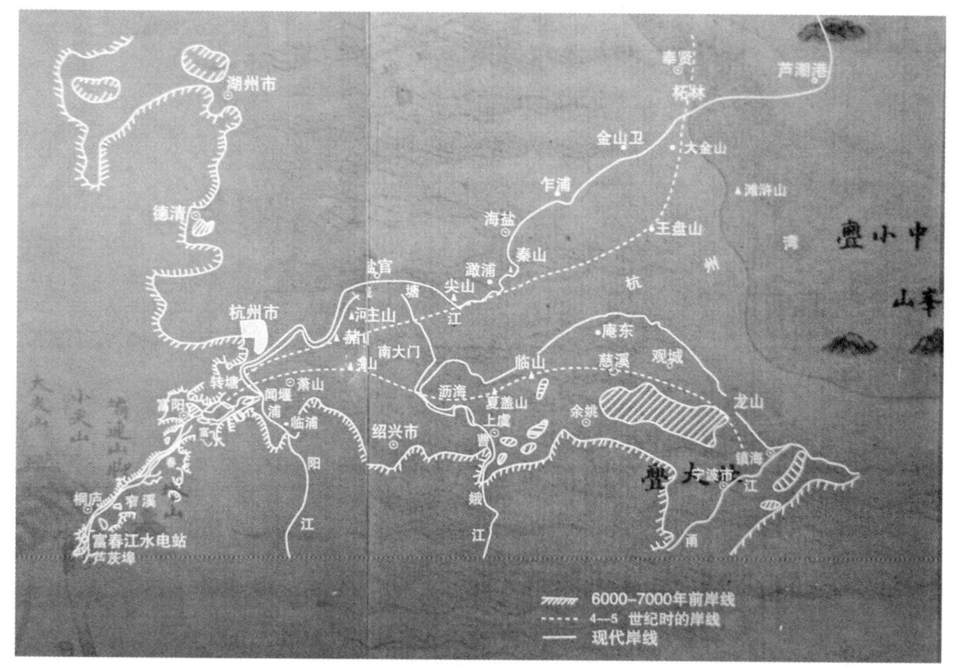

图二　钱塘江口岸线变迁示意图

历史上钱塘江河口岸线的涨坍变迁与海塘相互影响，一方面海塘依临岸线而建，另一方面阻止了岸线变迁。到了 1950 年以后，现代海塘随着围垦建设而不断新建，岸线控制彻底脱离自然影响，而改以人为主导。古海塘则或毁或存，南岸除萧山西江塘及绍兴东段海塘等外，多已退处二线，不再临江。

2. 萧绍平原地理变化与定型

萧绍平原毗邻的海岸线，经过历史变迁，已然由“海岸线”变成了“河岸线”，导致南侧的山边平原逐渐往北扩张，延展了平原范围。原由南侧山中北流的诸河如浦阳江、西小江（钱清江）、曹娥江等在平原地带顺势“延长”，显然不利于宁绍间东西向分布的城镇间的运输与交往，由此，该地水网也由南北向自然河道为主，变为东西向人工河道与南北向自然河道交织的网格状河道体系。作为东西向河道主体，萧绍运河成为重要的地域交通干线。

（二）萧绍运河与海塘的地理依存关系

1. 运河、海塘的平行分布

由以上情况可知，萧绍平原的北侧海岸线因东西向延展，海塘的修筑线型也据此分布：由西侧的钱塘江河口东向蜿蜒至曹娥江河口。而由于平原的拓展，东西向城镇村落带的发展，西接钱塘江（西兴运河）、东连曹娥江（山阴古水道）的萧绍运河的开凿与连缀也呈现东西向联接。海塘、运河的平行分布显然遵循了地势与地域发展的规律。

2. 运河、海塘的相互依存

前述提及，由于萧绍平原南北纵深的局促，海岸线及海塘靠近南侧山区，在主要城镇间蜿蜒而行的萧绍运河自然也与海塘近距离接触。

考察现存的运河与海塘，我们明显发现其东西向并行且南北依存，分段存在并行、分离及交叉的现象。并行段主要在原萧山县境(今属杭州市)，由西兴码头及至衙前，运河与海塘几乎贴身分布。衙前往东，经瓜沥、党山、益农进入绍兴市境，运河才稍作南向，脱离与海塘的依附，奔向绍兴古城，直至曹娥江边。可见，并行是以萧山段为主，分离则以绍兴段为主。运河与海塘又分别在西端的西兴码头、东端的曹娥江口交织，形成明显的相互依存关系。

三、萧绍运河与海塘建筑材料的共同选择

(一) 运河、海塘建设与本地采石的关系

海塘与运河都是建筑工程，均需大量石料。据史料记载，部分材料来自浙西乃至江苏，但主要还是来自本地。[1]

1. 本地采石场的分布

萧绍平原的海塘与运河靠近南部山区，且海岸线一侧也有零星山丘分布，因此，就地取用的石材成为建筑材料的首选。据史记载，绍兴地区石材开采利用历史悠久，柯桥的柯岩、羊山，越城的东湖、吼山等地，均是千年采石场。柯岩、东湖紧贴运河，吼山临近运河，羊山则介于运河、海塘之间。这些采石场，无疑是建筑海塘、运河的主要石材来源地。

2. 本地开采石料的应用

本地开采的石料广泛应用于就近区域的道路铺筑、桥梁建设以及市镇房屋建造，与运河关联的是运河的驳岸、纤道、码头、跨线桥梁等的建设，用于海塘，则主要在塘身建造。除此，还广泛应用于关联构筑如石亭、石碑等的建造或镌刻。

(二) 运河发展与石材的关系

1. 河道与驳岸

运河的开凿，先是挖土成槽、蓄水行舟而已。随着不断的疏浚拓宽以及来往船只的频繁交织，为免河岸冲刷以及防撞需要，驳岸加固势成必然，尤其是市镇河段，更是如此。因此，坚固耐用的石材逐渐运用于河道驳岸的修筑。从现存的

[1] 陶存焕、周潮生：《明清钱塘江海塘》，中国水利水电出版社，2001年，第70～73页。

萧绍运河来看,石砌驳岸几乎已贯穿全线。

2. 纤道与避塘

为辅助行船,萧绍运河沿线在唐代起即起建纤道与避塘等。纤道分单边邻水或两面贴水,或在驳岸,或临空贴于水面一侧,甚而架于水面中央,有效辅助了行船之需。萧绍运河一线,单边纤道,几乎贯通。两面贴水纤道,则以绍兴柯桥段、上虞段等著名。萧绍运河部分河段利用原有水面拓治,在柯桥及越城段,不少河段经过的水面较为宽阔,水广且浅,风卷水势,常致水波荡漾,阻遏行船。为此,避塘的建造在此区域,广泛表现。[1]

3. 桥梁与码头

萧绍运河经过的平原地区,水网密布,人口稠密,人员交往频繁,河道上势必建造大量桥梁作为交通设施,这在市镇区域尤为明显。如萧山城厢的回澜桥等运河六桥,绍兴城区的光相桥等桥群,皆是明证。柯桥地名甚至直接源于跨越运河的"柯桥"。而运河支线上的桥梁同样不输名声,如距运河干道仅数百米的绍兴八字桥,更是跨越三河交汇处,成为中国古代桥梁史上赫赫有名的"立交桥"。

运河之于运输,当以货运为主,由此,历来在运河沿线市镇广设码头以接驳装卸货物,沿河的著名市镇即有萧山、绍兴以及西兴、衙前、钱清、柯桥、皋埠、陶堰、东关、曹娥等,各处市镇当遍设码头,而码头的建造需要大量的石材,有时候,码头也转运了更多的石材。

(三) 海塘建设与石材的关系

1. 海塘建设对石材的需求

史载,海塘修筑始以土壅固,唐代始以石筑塘。宋元时期石塘在萧绍海塘一线全面应用,明清海塘更是以规整条石等叠筑垒砌,形成定制。为抵御海潮的巨大冲击力,石筑海塘断面形制宏大,石材消耗巨大,故大兴工程、就地取材不足之时,常从外地调拨石材弥补。

2. 石材的开采、运输与运河的关系

萧绍运河的开凿,至今已有 2 500 多年历史,即便从全线开通算起,也有 1 500 年以上的历史。而海塘的修筑以石材修筑始,也有千年历史。古代陆地运输工具不足、耗工巨费,大凡大宗货物、材料运输,莫不首选水路。至货运节点,方才卸货搬运,或接驳陆运。因此,修筑海塘、运输石材借助于运河,当不谓妄自揣度。石料从境内运河沿线的各处采石场,或是浙西乃至皖南运来,驳运辗转至

[1] 古纤道又名"纤塘"、"远道塘"、"纤道桥",在浙东运河沿线广泛分布。绍兴柯桥段古纤道始筑于唐宪宗元和十年(815),它沿萧、绍、虞运河而建,从东向西贯穿绍兴全境,绵延 40 多公里,与今杭甬铁路、公路并行,是古代行舟背纤的通道和避风的屏障。1988 年被评为全国重点文物保护单位。2011 年又增补浙东运河纤道(萧山段、绍兴渔后桥段、绍兴皋埠段、上虞段)为浙江省文物保护单位。

工程现场。可见运河之于海塘建设有着密切的关系。

四、运河开凿运行与海塘建设管理的相互影响

(一) 萧绍运河的安全运行需要海塘的保障

萧绍海塘稳定了岸线,阻挡了咸潮侵袭内地,也有利于地区各项工程的兴建使用,继而保障了运河的稳定水源与平稳水位。

1. 稳定的水源是运河运行的必要条件

在运河修筑初期,秦汉以至明代,萧绍运河沿线的碶闸堰坝一路不绝(如钱清等地的各处著名堰碶),主要目的在于引蓄上游来水、分段调蓄水量,保障运河行舟之需。[1]

2. 平稳的水位保证了运河运输的有效进行

明代嘉靖年间绍兴知府汤绍恩主持修建的三江闸,扼三江之口,汇钱塘江、钱清江、曹娥江等诸江南来之水,在抵御江潮的同时,可在其覆盖的萧绍平原大部分区域(萧山、会稽、山阴三县)内调蓄水量及水位,极大地改善了运河行舟之利。[2] 三江闸建于海塘沿线,东西接驳萧绍海塘,且不断修治、沿用至今。因此,三江闸也可以说是海塘建设保障运河运输的重大工程之举。

(二) 萧绍运河的交通条件为海塘建设管理提供了便利

1. 海塘建设所需材料的运输条件

及至民国乃至新中国建政之初的 2 000 多年来,萧绍运河一直是萧绍平原的主要运输通道,在运输物质、交流人员的同时,也在千年来的海塘建设维护过程中提供着运输便利。

2. 海塘管理维护的运输保障

海潮侵袭对萧绍平原内河运输产生巨大影响,而海塘建设及其有效维护,保障了运河体系的正常运行,同时,海塘日常养护、管理等的实施也借助于运河的使用。

[1] 陈壁显:《中国大运河史》,中华书局,2001 年,第 455 页。

[2] 三江闸位于绍兴市越城区斗门镇三江村,因闸孔以星宿命名,又称应宿闸,据《(乾隆)绍兴府志》记载:"三江闸在三江所城西门外,明嘉靖十六年(1537)知府汤绍恩建,凡二十八洞,亘百丈余。"三江闸筑于彩凤山、浮山之间,全长 108 米。400 多年来基本根除了萧绍平原的洪、潮灾害,是萧绍平原海岸线上规模最大、保存最为完整的水利枢纽工程。1963 年被评为浙江省文物保护单位。

(三) 运河与海塘相互促进了各自的延续与发展

1. 海塘保障了运河安全、平稳地运行

海塘避免了潮患,保障了水源,稳定了水位,使得萧绍运河得以安全、平稳地运行,二者显然是互为促进的。

2. 运河交通保障了海塘建设的财税支撑

同样,也由于运河的沟通,使得萧绍平原的地方经济日益繁荣,财富逐渐累积。雄厚的财力,支撑、保障了海塘的建设维护,起到良好的反哺、回馈和促进作用。

五、运河与海塘对地区经济社会发展的合力促进

(一) 运河对萧绍平原发展的巨大贡献

1. 运输通达促进各方交流

运河是萧绍平原古代交通的大动脉,它西接杭州(京杭大运河),东连大海(宁波海港),便捷的运输促进了各方的交流。地域内人员来往,物质交流;地域外,通过运河,连接省会杭州,经京杭大运河可直达京师;通达宁波,则可促成人员远涉重洋,交流外国。唐代以及宋元时期,通过包括萧绍运河在内的浙东运河,东洋的高丽、日本等国的大量来华使臣、学者、僧侣、商贩等经过萧绍运河,史载丰富。

2. 经济发展促进财富积累

运河的沟通交流,使得经济发展,更致财富累积,使得萧绍平原成为一方富庶之地,并一贯地保持延续,这无疑得益于运河。

3. 人口集聚产生大量市镇

由于经济的繁荣,萧绍运河沿线、海塘之内的平原地带,市镇密集产生、延续与发展、升级,成为江南市镇发达地区。在萧绍平原,由西向东,运河沿线,即已密布萧山以及西兴、衙前、瓜沥,绍兴以及钱清、柯桥、皋埠、陶堰、东关、曹娥等市镇。而在运河周边,同样有更多市镇孕育与发展,如萧山的党山,绍兴的安昌、东浦、东湖、齐贤、斗门、马山、道墟等,还有为数更多的集镇、集市等,凡此,萧绍平原成为农业经济、工商经济乃至近现代产业的先行或发达区域。

4. 文化兴盛促进地区繁荣

运河也促进了文化交流,使得萧绍平原成为文化昌盛之地和名士之乡。农业经济时代,科举人才层出,饱学之士与地方名贤荟萃。近现代以来,先进思想、科学技术传入,涌现大量革命志士、乡贤名宦和文化教育科技大家。文化兴盛,则地区活力迸发,社会更趋繁荣。

(二) 海塘对萧绍平原发展的有力保障

1. 海塘对萧绍平原生命财产的保障

历史上，萧绍平原因海潮侵袭，常致遭灾，人民生命财产安全受到威胁。[1]自明清以来，海塘全面筑成及修整，海岸固定，潮患减轻，安全无虞，推动了地区经济社会快速发展。因此，海塘成为名副其实的生命线。

2. 海塘对萧绍平原海岸拓殖的促进

萧绍平原地狭人稠，经济发展对土地的需求表现明显。因此，向外围垦、拓展平原，是为民生大计。历史上海塘建立，则海岸固定，塘外淤泥冲刷积滞，形成滩涂。在塘外抛石筑塘，固淤成陆，势所必然。萧绍平原西部的萧山县境，处钱塘江口，江道冲刷摇摆，居民深受其害。明清以来，尤其是民国以来，在海塘外侧逐步围垦，形成数万公顷良田，造就一方经济奇迹的同时，还形成拼搏奋进的围垦精神。[2]

(三) 运河与海塘对萧绍平原发展的合力推动

1. 运河与海塘是萧绍平原的主动脉和生命线

萧绍平原上的海塘与运河不但是重要的史迹，更是活生生的生命线与主动脉。海塘成为岸线，护佑土地，保障生命，所以是生命线；运河促进交通，体现活力，繁荣经济，所以是主动脉。

2. 运河与海塘是萧绍平原的发展轴

从历史角度看，运河与海塘是萧绍平原共同的历史发展轴。海塘与运河一起，成为历史发展的核心保障与推进动力。2014 年，包括萧绍运河在内的浙东运河与京杭大运河、隋唐古运河一起作为“中国大运河”申报成为世界遗产，更是肯定和强化了运河的历史地位。大运河申遗的成功，必将促进古海塘申遗保护的需求。

从未来发展看，浙东运河的沿用、新杭甬运河的开通，环杭州湾地区（南岸）发展轴规划的美好前景，必将进一步促进萧绍平原的经济社会与文化大发展，作为横亘本地区的主骨架，运河与海塘沿线仍然是也必将是地区未来的发展轴。

六、运河与海塘同为亟需保护的重要文化遗产

(一) 已成世界遗产的浙东运河萧曹段

中国大运河已列为世界遗产，作为其中重要组成部分的浙东运河也包括了

---

[1] 钱塘江志编纂委员会编：《钱塘江志》，《浙江省志丛书》，方志出版社，1998 年，第 132～134 页。

[2] 钱塘江志编纂委员会编：《钱塘江志》，《浙江省志丛书》，方志出版社，1998 年，第 413～414 页。

萧绍运河在内。萧绍运河在世界遗产范畴中，名为“浙东运河杭州萧山—绍兴段”，与历史上的萧绍运河西段西兴运河、东段山阴故水道基本对应（另含绍兴环城河段）。作为世界遗产，对其的保护利用，是我们需要面对的新课题。[1]

1. 保护河道，维持运输功能

运河是“活着的”遗产，所谓“活”的，指“在用”。虽然新杭甬运河已开通使用，但列为世界遗产的古运河仍在发挥航运等作用。萧绍运河的历史河道应与遗产河道一起，继续发挥交通航运功能。同时，其水利功能等也应保持或进一步发挥。

2. 保护遗产，发挥综合作用

运河作为遗产，其水利交通工程遗产至为重要，而其相关文化遗产及聚落、景观等也应保护利用。作为文物，其历史文化、科学技术、艺术欣赏价值应作阐释、保护。作为区域代表性遗产，其社会价值、景观价值、旅游功能等也应综合利用与发挥。只有将运河切实保护好、合理利用好，才符合世界遗产的称号及其保护利用要求。

（二）理应加入申遗行列的萧绍海塘

近年来，随着人们认识的不断加深，加上各类媒体与有识之士的宣传和呼吁，钱塘江古海塘的保护申遗愿景进入了公众的视野。长城、大运河、钱塘江古海塘是中国古代三大建筑工程，代表着中国古代的历史文化与科学技术发展水平，前二者均已列入世界遗产名录，而最能代表我国海塘工程技术成就与浙江地域文化特色的钱塘江古海塘则至今尚未列入申遗的预备名单，不能不说是一种遗憾。[2] 加强研究，加大宣传，加快保护利用，加快申遗步伐，理应成为我们努力的目标。

1. 萧绍海塘在钱塘江古海塘申遗中应发挥应有的作用

钱塘江古海塘沿钱塘江及杭州湾口岸两侧延展分布，长达 400 余公里，仅临江一线海塘即存留 40 余公里。[3] 作为其中的组成部分，萧绍海塘理应纳入统一的申遗对象体系中。相关的设想与建议有：

一是全面系统保护古海塘遗产。沧海桑田，使得萧绍平原的古海塘或仍然临江、或退居二线、或损毁改造，保存利用状况不一。从全面保护于传承历史文

---

[1] 2014 年 6 月 22 日，在卡塔尔多哈举行的联合国教科文组织第 38 届世界遗产委员会大会上，中国大运河成功列入世界遗产名录。大运河项目涉 8 省 25 市，浙江境内含京杭运河江南段浙江部分及浙东运河。

[2] 长城、运河分别于 1987 年、2014 年列为世界文化遗产。我省现有 7 处申遗预备名单中，尚未纳入钱塘江古海塘。

[3] 钱塘江古海塘长度说法不一。据钱塘江志编纂委员会编《钱塘江志》（方志出版社，1998 年）第 441 页：“现存明清以来修筑的老海塘塘线总长 317 千米，除去山体，海塘实长 280 千米。”经近年补充调查、确认，数据产生变化。今采用钱塘江管理局《钱塘江临江防洪潮古海塘保护研究》课题最新数据。

化遗产的角度出发，应系统调研、全面保护所有塘段及其遗迹，还历史的真实性与完整性。

二是选择重要点段保护展示与利用。萧山西江塘、绍兴斗门海塘等一线临江塘段，建筑规整、形制完备，应予重点保护展示。北海塘、萧绍海塘多数塘段，形制不一（石塘、土塘均有）、现状参差（断续或改造），应予甄选保护与展示，既利保护，也能扩大宣传，吸引更多关注。

三是海塘与海潮的共同保护与申遗。滔滔钱江潮、巍巍古海塘，有史以来，互为催生促进，可谓珠联璧合。盐官、萧山、九溪等地的观潮盛会，声名远播；盐官占鳌塔、海盐敕海庙、萧山西江塘等地的雄伟海塘，诚为代表。因此，海塘申遗应结合涌潮，将文化遗产与自然景观这一对千古奇观与旷世奇景加以组合、提升，既能全面带动物质文化遗产与非物质文化遗产的共同保护，也更符合世界遗产的全面保护原则。

2. 萧绍海塘应加强现实的保护利用

一是切实保护海塘。对于现存的萧绍海塘，应进行系统调查，制定保护措施，维持海塘线型，保护重要点段，杜绝损毁改造，停止不当使用，增加警示说明等，切实保护利用，助力申遗实现。

二是合理规划拓殖。随着社会的发展，部分非临江地段，塘外围垦拓殖也成当世之需。在全面规划、保护古塘及其生存环境的基础上，合理拓展塘外空间，在一定程度上也能给古海塘提供缓冲空间。一部分围垦建设的高标准海塘，在保障民生的同时，也在某种程度上保护了古海塘。

萧绍运河应运而生，为发展经济、繁荣文化做出了贡献；萧绍海塘临海而建，为保障地区民生、护佑社会发展起到了作用；萧绍运河与海塘相邻、相近，相依、相生，为萧绍平原的历史发展起到了保障与促进作用，也为萧绍平原的美好前景增添了丰富的想象与提升空间。海塘应与运河一起，成为萧绍平原共同珍视和保护利用的重要历史文化遗产。

参考文献：

1. （清）方观承纂：《两浙海塘通志》，浙江古籍出版社，2012 年。
2. 钱塘江志编纂委员会编：《钱塘江志》，《浙江省志丛书》，方志出版社，1998 年。
3. 陶存焕、周潮生：《明清钱塘江海塘》，中国水利水电出版社，2001 年。
4. 朱锲：《江浙海塘建筑史》，载于朱元春等著《朱希祖、朱锲父子与故乡海盐》，西泠印社出版社，2013 年。
5. 郑连第主编：《中国水利百科全书》（水利史分册），中国水利水电出版社，2004 年。
6. 陈雄：《钱塘江历史水利研究》，光明日报出版社，2013 年。
7. 陈桥驿：《中国运河开发史》，中华书局，2008 年。

萧绍平原的开发与江海塘的形成

陈志富
（杭州市萧山区农机水利局）

摘　要：萧绍江海塘的形成与萧绍平原开发紧密相关，是萧绍平原开发的必然结果。萧绍江海塘形成何时？历史上一直被认为“莫原所始”。因此，本文重点研究探讨萧绍江海塘早期即兴筑初创阶段的形成情况。最后建议，以半爿山为界，划分江海塘。

关键词：萧绍平原　萧绍江海塘　半爿山

会稽山脉、龙门山支脉以北，钱塘江之南，浦阳江以东、曹娥江以西，称作萧绍平原。因萧绍平原治理开发、建设发展、安全保障的需要，萧绍防海堤塘应运而生。萧绍防海堤塘包括江塘、海塘，统称江海塘。萧绍江海塘是萧绍平原的屏障，经历代兴修连接而形成。萧绍江海塘的形成历史是萧绍平原社会发展历史的重要组成部分。

本文首先追溯萧绍平原的形成与开发历史，然后在有关江海塘文献史料缺失的情况下，根据自己的研究探讨，分别阐述江海塘的形成时间，[1]提出一些看法，以解决“莫原所始”问题，供大家参考并指正。

一、萧绍平原的形成与开发

第四纪晚更新世时，萧绍平原是一片浅海。在长期的海进与海退过程中，在洪水、潮汐的循环不断冲击影响下，伴随了冲积、洪积和海积现象的发生，于是在洪水作用大的会稽山、龙门山丘陵谷地，形成了冲积和洪积平原；在洪水、潮汐双重作用的会稽山脉北麓地带形成了洪积、海积平原；在潮汐作用大的钱塘江滨江

[1] 历史上江海塘的形成，从时间上分早期、中期、晚期，从形态结构上分兴筑初创、修缮加固、提标完善诸阶段。本文主要研究探讨江海塘的早期即兴筑初创阶段的形成情况。

区域，形成了海积平原。[1]

早在8 000年前新石器时期，先人已经生活在跨湖桥这片山水相依的土地上。他们在滨海地带从事采集、渔猎，开始种植水稻，使用的生产工具、生活用具主要是石器、骨器、陶器和木(竹)器四大类。独木舟[2]和划桨的发明，促进渔业的发展和航运的启动，开创了海洋文化的发端。

上古时期，大禹忧民救水，巡行天下，治水江淮，舟行禹杭，舍舟登陆至大越。治理钱塘江、浦阳江，[3]娶涂山女，开辟新江，改道西小江，毕功于了溪。上茅山，达会稽，爵有德，封有功，更名茅山为会稽山。舜、禹在萧绍虞有遗迹可考，有后裔繁衍，有传说流传。

萧绍平原初步形成并出露水面的历史，可追溯到大禹治水成功(公元前22世纪左右)"地平天成"。上游洪水下泄，下游海水退却，海面下降，平陆显露。最先形成的是溪涧滩地——溪之滩，其次是河谷湖畈——河之畈，最后才是会稽山北近海的山会平原——海之原。[4]

至春秋战国时期，西山、北干山、长山、航坞山以内或以南的平原已经初步形成。出露海面的平原，自然地分布着纵横交错、曲折迂回的河流与湖泊。萧绍平原地势，南高北低，自西南向东北倾斜。

初步形成的萧绍平原，背山面海，北面紧靠杭州湾后海。由于钱塘江潮汐可以直薄位于其南部的这片沼泽平原，富春江、浦阳江等洪水依然直压位于其下游的这片滨海平原，因此水患频繁，环境恶劣。

萧绍平原北缘濒海，沧海横流，既利又害。春秋时期，越国注重建设山麓水利、平原水利，同时积极开发沿海水利，化水害为水利。春秋战国时期文献上出现了堤，"盖堤防之作，近起战国，雍防百川，各以自利"。[5] 浙江大学陈桥驿教授引证《越绝书》记载，海塘当"于越时代已有建筑"。从春秋起，铁器的使用日渐普及，社会生产力明显提高，进一步开发土地，扩大耕田面积已经成为可能。同时，人口的不断增加也推动人们对增加耕地的需求。越国范蠡为发展经济，曾有"围田筑堤"之举措，在平原地区筑有富中大塘、练塘(绍兴)、直径塘、王天塘、[6]黄竹塘(萧山)等御潮工程。在濒海的航坞山和越王城山一带，筑有杭坞、石塘、防坞、舟室、固陵城、固陵港等沿海水利工程。越之"石塘"是用石块或抛或垒而组成的堤坝，军船停靠，系军港工程，属国家重点工程。

周敬王二十七年至周元王三年(前493～前473)之际，越国处于卧薪尝胆、

[1] 陈志富：《萧山水利史》，方志出版社，2006年9月，第93页。

[2] 船体残长5.6米，宽0.52米，高0.15米，底部与侧舷厚度均为2.5厘米左右，船体最大内深不足15厘米。

[3] 《史记·夏本纪》"三江既入，震泽致定"，注释为"松江、钱塘江、浦阳江导入海，太湖治理平定"。

[4] 陈志富：《萧山水利史》，方志出版社，2006年9月，第93～94页。

[5] 贾让：《治河颂》，《涵芬楼古今钞简编》，第9页。

[6] 经萧山区城市执法局王建欢调查研究，直径塘、王天塘是(萧山)蜀山平原的两条古海防之一。

争霸称雄时期，所营建的水利工程具有鲜明的时代特色，包含浓郁的军事色彩。沿海水利如同平原水利、山麓水利一样，都是为了适应军事建设的需要而建设的。“稽山何巍巍，浙江水汤汤，千里亘大野，句践之所荒”，[1]越始开发萧绍平原。

二、捍海塘的形成

钱塘江口，潮汐汹涌，筑塘以捍之，皆为海塘。海塘的兴建，与生产工具的改进、普及和滨海平原的人类活动需求等因素直接有关。钱塘江的海防历史，可追溯至春秋吴越时期。

本文按图一所示，[2]以半爿山为界划分江海塘，半爿山下游为海塘，半爿山上游为江塘。

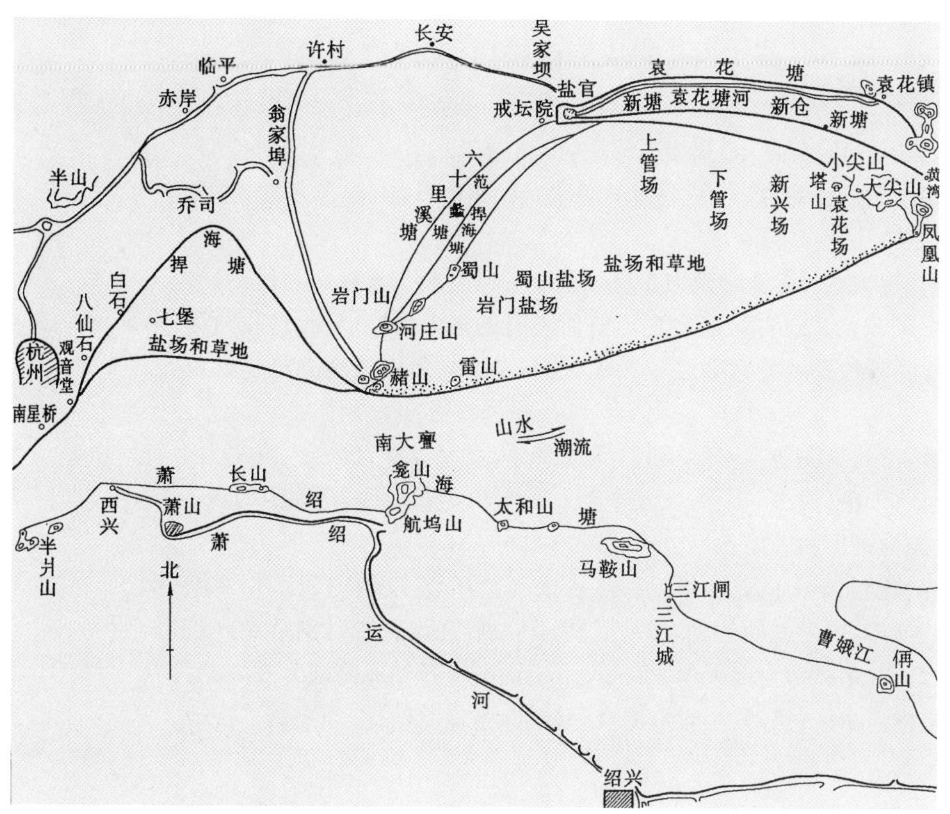

注：本图根据《咸淳临安志·盐官县图》绘制

图一　宋代江道形势图

[1] 南宋诗人陆游《稽山行》诗。

[2] 本图据董开章《钱塘江海塘工程》手稿，1965 年 12 月。摘自韩曾萃、戴泽蘅、李光炳等著《钱塘江河口治理开发》，中国水利水电出版社，2003 年 9 月，第 32 页。

(一) 半爿山至冠山段海塘

半爿山地处浦沿与闻堰交界，是黄山岭西伸的燕斗孙山尾，海拔27米，位于钱塘江南岸。北岸是杭州转塘，狮子山对峙。半爿山有黄山、回龙山、冠山等群山相依，地理位置特殊，突兀钱塘江，成为一组护岸促滩的丁坝群，促进了半爿山下游滩涂的扩展。因此，历史上半爿山外多灶地。[1]

西汉景帝前元三年(前154)，萧山始置余暨县，[2]县治在长兴乡，即今浦沿、闻堰一带。长兴乡，地处"浙江之上"，[3]钱塘江上游是萧绍平原西端较早开发的地区。有半爿山护围，地程较高，地层稳定；有鸡鸣山，为越时的重要渡口，浙东之要津；县治所在，推断已有海塘护卫。

长兴海塘，自半爿山向北，拐东沿回龙山北麓，转至(长河)冠山脚趾。保护范围不甚大，是最早形成的北海塘之一。形成时间在西汉早期，景帝前元三年(前154)置余暨县之前。长兴海塘古迹仍存，现改作公路，之江锻造厂旁西湘路段，高出附近农田2米左右。

(二) 西山至北干山、北干山与长山段海塘(在北海塘堤线内，与北海塘有前因后果关系)

历史时期，浦阳江流经(萧山)蜀山平原后，出西山与北干山、北干山与长山、长山与坎山间谷地而入钱塘江。[4] 这些山涧谷地，地势低洼，洪潮吞吐，沼泽泥泞，影响了平原的开发与防洪。

汉武帝时期(前140～前87)，致力于巩固边疆，开拓疆土，重视水利建设，推行了许多强有力的政治、经济措施，出现了前所未有的繁荣昌盛局面，是我国历史上水利事业得到较快发展的时期之一。此时期，也推动萧山故地海防建设及内地水利进步。[5]

置余暨县后，山间筑堤防洪，开发利用蜀山平原，发展经济，提升经济实力，首先建设西山与北干山(两山间距为0.6千米)、北干山与长山(两山间距为1.1千米)间的海堤成为要事和可能。

西山(萧然山)至北干山间是牛脚湾。牛脚湾有浦阳江主流南门江，与西城湖尾水交汇出钱塘江，内为城厢故地，原属荒野。推测，在汉武帝时期首先兴筑了牛脚湾段海塘。今牛脚弯与北干山间，杭发厂南面的一条城北路即为古海塘，仍存。塘内是里横河小区，猜测，当时沿塘有条横河，为做塘而挖，而今留下古地名里横河。

---

[1] 《闻堰镇志》，西泠出版社，2011年7月，第27页。

[2] 徐树林：《萧山地名杂记》，方志出版社，第142页。

[3] 《越绝书》：句践与吴战于浙江之上，石买为将。浙江之上，后指长兴乡。

[4] 陈桥驿：《论历史时期浦阳江下游的河道变迁》，原载《历史地理》创刊号，又载陈桥驿《吴越文化论丛》，中华书局，1999年12月，第297～319页。

[5] 《萧山水利史》，第167页。

北干山与长山间，其海塘兴筑，恐在西山与北干山间牛脚湾段海塘之后。当西山至北干山段海塘兴筑后，牛脚湾处浦阳江出水受阻，江水向东流经北干山之前河，至长山西址出钱塘江。当北干山与长山段海塘兴筑后，浦阳江水再向东流，出长山至坎山间入钱塘江。

推断，西山至北干山段即牛脚湾海塘、北干山至长山段即长山海塘，先后建于西汉中后期(前 140～25)。这两条海塘的筑成，不仅保障了蜀山平原的开发，而且促进了钱塘江滩涂发育扩大，继而为冠山至西兴段、西兴至长山段北海塘的形成打下了根基。

(三) 冠山至西兴段海塘

冠山至西兴段海塘古迹今在，从冠山折北偏东，经长河北、襄七房、镬底池，过叉口，至西兴北(永兴闸)，其兴筑时间决定于西兴成陆时间。

西兴故地，春秋战国时尚未形成。因越时固陵港在庙王前即旧名范港村[1]一带，港口外是钱塘江。处在固陵港东北的西兴故地(距范港 1.5 千米左右)，系钱塘江江道，自然是没有发育定型的钱塘江滩涂，时隐时现，潮进潮出。即使成陆之后，也只是一块平地，属钱塘江冲积平原。其地理位置、地形、地貌，与固陵城、固陵港名实不符。西兴(史称西陵)既非固陵城，也非固陵港的所在地。[2]

西兴故地成陆，与西兴上、下游水势有关。上游浦沿滩涂北涨，有利于西兴滩涂的生成，下游牛脚湾海塘、长山海塘兴筑，有助于塘外滩涂的发育。西兴成陆时间，大致在西汉后期至东汉初期。

当西兴故地成陆后，兴筑冠山至西兴的海塘成为可能。其兴筑时间与西兴至长山段海塘同步，在东汉中叶(125 年前后，195 年之前)。

(四) 西兴至长山段海塘

牛脚湾海塘的兴筑，阻断了钱塘江与(浦阳江) 南门江、西城湖间的洪潮进出，塘内逐渐淤塞，地面抬高，塘外淤涨，滩涂延伸。

至东汉，塘外滩涂已延伸至井亭徐一带，以致筑堤开发，聚居成村落。据记载，东汉兴平二年(195)，会稽太守王朗欲独霸江东，阻守固陵。孙策几度水战，不能克。后迂回取道查浦，[3]袭击高迁屯，降王朗。高迁屯位于城北的井亭徐。[4]

---

[1] “庙后王村，别名范港村”。浙江省萧山县地名办公室编:《萧山地名志》，1984 年 4 月，第 355 页。

[2] 对于这方面的研究，浙江省社科院历史研究所林华东教授早几年已经发表看法并著文《越国固陵城考》，载于《东南文化》第 3 辑，1989 年。

[3] 孙策战王朗，见《三国志・吴书・孙静传》。查浦，据《闻堰镇志》第 4 页，指今闻堰潭头一带。

[4] 有 20 世纪在井亭徐北海塘附近发现高迁桥石碑为证。

《十道志》云："董袭见孙策于高迁。"《吴志》云："孙策入郡，郡人迎于高迁。"表明东汉时北干山北麓滩涂已扩展，并筑堤开发，村落聚居，堤线成为北海塘的雏形。高迁屯地处西陵至长山段北海塘内，印证西陵至高迁屯一带在东汉时已成陆，并防海筑塘。古代塘为路，路为塘。猜测，该段海塘已经初步形成，成为入郡之陆路要道。

在西汉后期至东汉早期，钱塘江南岸在半爿山以北的西兴、俞家潭、龙王塘、井亭徐、塘湾、长山一线，表明这些故地已成陆。

东汉中叶(125 前后，195 之前)，兴筑西兴至长山段海塘，同步兴筑冠山至西兴段海塘，形成了从半爿山至长山段北海塘。长河、襄七房、镬底池、西兴、俞家潭、龙王塘、井亭徐、塘湾、长山等地可能是筑塘时的工地生活区，民工聚居，逐渐发展成为村落。

(五) 长山至坎山(航坞山西)段海塘

长山至坎山段海塘，自长山西南山麓起，经横塘头、姑娘桥、莫家港、楼下陈、新林周、大树下、湾头徐、新发王、丁村至坎山，这段海塘位于浙东运河(官河)之北，古迹犹存。其中姑娘桥、莫家港、楼下陈、新林周、大树下、湾头徐、新发王段海塘与运河靠近。

运河开凿于西晋永嘉元年(307)，由会稽内史贺循主持完成。[1] 晋代，钱塘江南岸滨海海塘应当存在无疑，海塘之后才能开凿西兴运河，否则运河会被潮汐吞没而失事，况且凿河之泥土，若堆放在运河外侧，可构成塘堤也能挡潮。位于衙前的新发王、城东的姑娘桥等段运河北岸紧贴海塘，钱塘江南大门时，海塘曾屡遭冲塌，加固砌筑的石坎于今犹在，当时如无海塘，运河焉存？因此可推，先有海塘，后有运河，即运河开凿之前，海塘已经存在。

这段海塘的兴筑，当在东汉至三国年间(125～280)完成。可以肯定，其兴筑迟于西兴至长山段海塘，这与浦阳江出水有关，很可能在西晋之前的三国时期(220～280)形成。

(六) 航坞山至益农(童家塔)段海塘

航坞山至益农段海塘，位于萧山东北部，与绍兴海塘连接。其中，太和山东，党山至童家塔段，原为绍兴后海塘。1956 年 2 月，党山等 3 个乡从原绍兴划归萧山管辖后，该段江塘在萧山亦称北海塘。古迹今在，1957 年起改做公路。

这段海塘，面临杭州湾后海，地处山阴、萧山交界，属偏远地带，开发较迟。

《嘉泰会稽志》记载："山阴县：界塘在县西四十七里，唐垂拱二年(686)始筑，为堤五十里，阔九尺，与萧山县分界，故曰界塘。"又载："萧山县：捍海塘在县东四十里，长五百余丈，阔九尺。"可知，萧山与山阴交界的海塘始筑于唐垂拱二

[1] 姚汉源：《浙东运河史考略》，见《鉴湖与绍兴水利》，中国书店，1991 年 7 月。

年(686),在唐代形成。

(七) 山阴至曹娥江段海塘

《嘉泰会稽志》记载:"会稽县:称浦塘在县东四十里。《唐·地理志》云:会稽东北四十里有防海塘,自上虞江抵山阴百余里,以蓄水溉田。开元十年,令李俊之增修。大历十年,观察使皇甫温、大和六年令李左次又增修之。隆兴中吴给事(芾)重加浚叠。李益谦撰记云:府城北水行四十里有塘,曰防海,自李俊之、皇甫政、李左次躬自修之,莫原所始。"

海塘的始筑时间?何时形成?有人疑惑,如李益谦云"自李俊之、皇甫政、李左次躬修之,莫原所始"。应当指出,在李俊之(开元十年、722)、皇甫温(大历十年、775)、李左次(大和六年、832)躬修之以前的垂拱二年(686),山阴至萧山一带已筑海塘 50 里,这一点恐李某不知。而且这条长 50 里的海塘,当时已经包括了山阴至曹娥江段海塘的大部分,其余由李俊之、皇甫温、李左次三次增修完成。绍兴称其为后海塘、东江塘,则始筑于唐垂拱二年(686)。

三、西江塘的形成

半爿山以南至麻溪坝为西江塘。它包括钱塘江段(半爿山至小砾山)西江塘和浦阳江段(小砾山至茅山闸)西江塘,以及麻溪坝古西江塘。见图二所示。[1]

(一) 半爿山至虎爪山(傅家山)江塘

半爿山至虎爪山,随着海退和泥沙淤积,先秦时海湾演化成江湾。江湾西接富春江,北通钱塘江,南连浦阳江渔浦湾出水口。至南北朝时,半爿山至青山(老虎洞山)江湾淤塞成诸多湖泊(历史上有梓湖、詹家湖、白马湖等[2]);青山至杨歧山江湾演化为西城湖(湘湖前身);[3]杨歧(岐)山至虎爪山江湾,渔浦湾通江连原,为浙江重要津渡。[4]

半爿山至塘头段江塘,地处半爿山附近上游,与其下游之海塘兴筑时间相同,在西汉早期置余暨县前已兴筑,是最早形成的西江塘。

塘头(闻堰)至渔浦段江塘,内有西城湖、渔浦湾。筑塘的时间当与西城湖、渔浦湾湮废时间直接关联。如果西城湖、渔浦湾没有湮废,即仍是钱塘江江湾,

[1] 陶存焕、周潮生:《明清钱塘江海塘》,中国水利水电出版社,2001 年。
[2] 民国 24 年《萧山县志稿》卷三《水利》,南开大学出版社,第 140~143 页。
[3] 郦道元:《水经·渐江水注》有西城湖记载。按李慈铭《越缦堂文集》卷十二记载:"湘湖即汉志之潘水,郦注之西城湖。"西城,越时固陵城,今越王城山。西城湖,当在固陵城附近。今湘湖在固陵城下、越王城山旁,因而湘湖旧地即西城湖,西城湖是湘湖前身。
[4] 陈桥驿:《论历史时期浦阳江下游的河道变迁》,原载《历史地理》创刊号,又载陈桥驿《吴越文化论丛》,中华书局,1999 年,第 301 页。

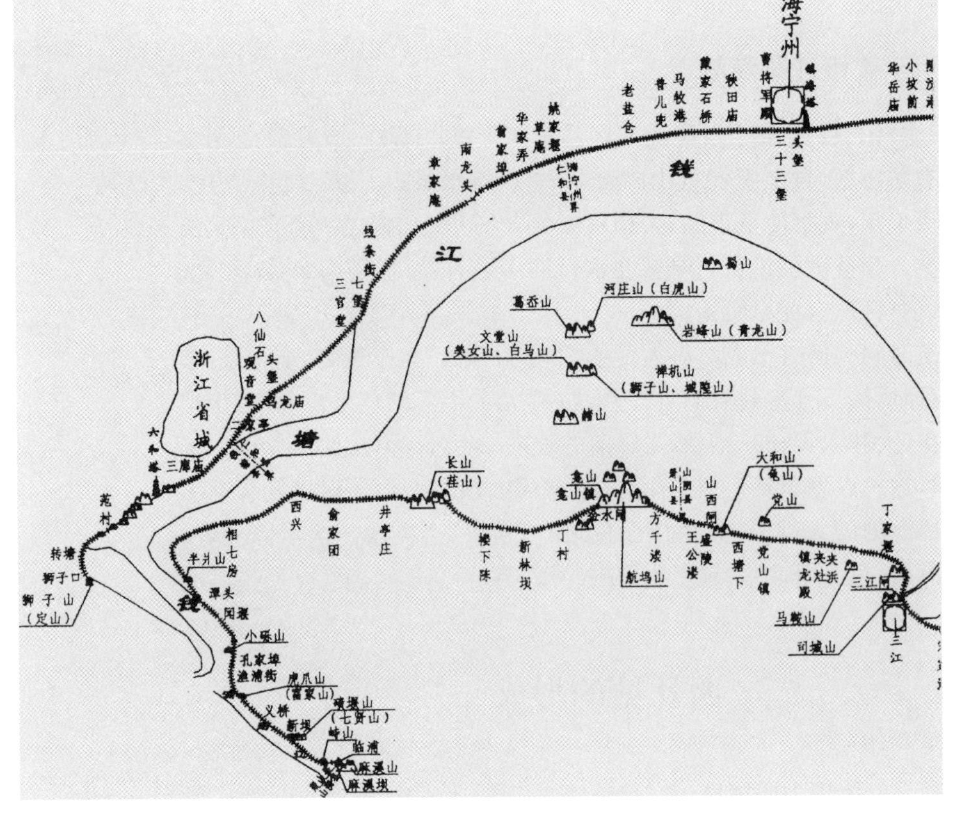

图二　明清钱塘江江海塘局部图

则四都至渔浦间不可能筑塘。只有西城湖、渔浦湾湮废，濒临钱塘江的沿岸，即湖湾的西侧，须露现高埠，才能沿江筑塘。西城湖和渔浦湾的湮废时间大致相同，在唐末至五代期间，大约在五代时期皆湮废。四都至渔浦间的江塘最早始筑于五代初期(910～923)。半爿山至虎爪山中，四都(闻堰一带)至渔浦(今义桥境内)15 里江塘，始筑于五代时期，传说为吴越王钱镠及其七子钱元罐筑成。

闻堰黄山西南殿冬福圣主二圣帝王的出典，相传是吴越王钱镠与其七子钱元罐(后亦传为吴越王)治理萧山岸钱塘江水患，并在萧山县西(闻堰)和县南(戴村)两地封神建庙，民间称他们是造西江塘的有功之人。[1]

(二) 虎爪山(傅家山)至碛堰山段江塘

虎爪山至碛堰山段，在北宋末(1112)开创湘湖时，本无江塘(新坝与包家塔相连、杨家浜相连，许贤乡农田依靠湘湖灌溉，可证)。即使在南宋乾道七年(1171)，碛堰山至峙山“萧山新江”[2]开挖后，也暂无江塘(新江之水过碛堰后，纳入山下冗河，冗河经新坝东、茅山村后，东西分流，东进西小江水系，西罕郎彭、

[1] 见闻堰黄山水利纪念堂资料。
[2] 盛鸿郎:《碛堰的开通与浦阳江改道》，载于《话说萧山》2001 年第 3 期。

桥亭，汇永兴河支流，出峡山头、渔浦，入钱塘江）。

元至正元年（1341），萧山县尹崔嘉讷筑坝临浦，塞麻溪，开碛堰。[1] 开碛堰，表明浦阳江水下泄流量增大，需同时开挖碛堰山至虎爪山江道，沿江筑堤防卫（至此，湘湖水不能灌溉许贤乡农田）。元至正八年（1348），县尹淤善有捍筑塘之举（淤善由杭州推官改任萧山县尹，大兴水利，以官帑发饥民，疏浚湘湖，兼捍筑西江诸塘），表明碛堰山至虎爪山开通，江塘形成。至正十三年（1353），渔浦新桥落成（长500尺、孔15、墩16），浦阳江北出钱塘江段江道渐宽。明初进行过两次较大规模的修筑。据载，明洪武初（1368～1378），自四都至临浦，兴筑土塘15里，至明建文元年（1399）后又有大规模的整修。义桥坝、倪家（包家塔）坝，《（万历）萧山县志》有记载。新坝，《（康熙）萧山县志》中有记载。

浦阳江北出义桥之前，永兴河蜿蜒东流，至西址埠，过义桥集镇，入里河，出峡山头，达钱塘江。义桥集镇顺永兴河东西延伸发展形成，呈长条形，因永兴河而生，因永兴河而兴。当浦阳江北出义桥后，永兴河在西址埠附近直接注入浦阳江，原属义桥集镇的西址埠被隔开在220米以外的对岸，原义桥集镇很多民宅遗留在堤塘内外两侧，塘顶成了街道，依塘而发。

（三）碛堰山至峙山段江塘

碛堰山至峙山间本无江塘。碛堰山主峰为元宝山，海拔160米，其鞍部不足20米。经研究，为分泄浦阳江洪水，南宋乾道七年（1171）开“萧山新江”（临浦至碛堰山），利用其山有利地形，开凿山口并设置堰坝，堰名“碛堰”。可断，碛堰山置碛堰起，则新江沿岸始筑江塘。碛堰、萧山新江之名，首见于南宋《嘉泰会稽志》。

> 《嘉泰会稽志》卷四《堰》：碛堰在县南三十里。
>
> 《嘉泰会稽志》卷十《水》：乾道八年（1172），诸暨县陈议开浚湖道水利得，旨浚纪家汇，导萧山新江，以达诸暨。知萧山县言：山阴沿江皆山也，诸暨（地势高），萧山地势低下，小江旧以导诸暨之水也。今浚新江，其底石坚不可凿，徒费民力，纪家汇一开，则上流冲突，而萧山县之桃源、苎萝、许贤、新义、来苏、崇化、昭明凡七乡，皆被巨浸，力疏其不便上之，议遂寝。
>
> 《（嘉靖）萧山县志》第二卷（上海远东出版社，第75页）又记：……时安抚丞相蒋公主诸暨之请，晖力争，有头可断汇不可开之言，议遂寝。

开新江，筑新塘，以避水害。该段江塘初创于南宋乾道七年（1171）。以后随着碛堰的开大凿深，沿岸堤线外移，堤距扩大。

原永兴河有两股水流经浦南大畈，一股在上游麻车倪入浦阳江，另一股在下游从塘入南宋乾道七年（1171）开挖的浦阳江新江。当浦阳江左岸堤塘修筑后，

[1]《光绪诸暨县志》，《诸暨县水利志》，西安地图出版社，1994年。

永兴河水不再经临浦东注蜀山平原，而是全流北出马鞍山西，过朱村港，至西址埠入元末开挖的虎爪山至碛堰山段浦阳江。

(四) 峙山至茅山(临浦)段江塘

临浦故地是临浦湖。临浦湖上承浦阳江、进化溪、永兴河、七都溪诸水，下连通济湖、西小江、钱塘江。北宋中叶基本湮废。湮废后，临浦成为江河的集散地，地形复杂，水道纵横，水害频繁。临浦又是萧山、山阴两县交接聚居地，历史记载有临浦大坝、临浦小坝、火神塘等江塘。[1]

临浦大坝，俗名大江堤。堤线从茅山起，经新河闸口(高田陈村)，沿江经旱闸(萧山锅厂)、西市街(临浦百货大楼)，至峙山的牛头山止，为古西江塘，始筑于明代。崇祯初刘宗周《天乐水利图议》所云："宣德中有太守某者，相西江上游，开碛堰口，径达之钱塘大江，仍筑坝临浦以断内趋之故道。"天顺年间(1457～1464)，知府彭谊"建议开通碛堰于西江"，继开碛堰，筑临浦、麻溪二坝。成化九年(1473)，绍兴知府戴琥开新河，在猫山(今茅山)西筑闸二孔，时称新河闸。以泄天乐今城山、进化之水，旱时引江水溉田，洪时又御江水倒灌。成化十二年(1476)，知府戴琥继开碛堰，筑坝临浦，塞麻溪。可见，宣德某太守(罗以礼)、天顺彭谊、成化戴琥都有筑坝临浦之举，加上戴琥开新河、筑新河闸，也是兴筑茅山至高田陈段西江塘之举。

临浦小坝，位于临浦大坝内侧。《(民国)萧山县志稿》记载，临浦有大小两坝，大坝南接浦阳江，北接里河兜；小坝为西江内障。旧时临浦，西受浦阳江洪流威胁，东受西小江潮汐危害，故西筑临浦大坝抵洪，东筑临浦小坝御潮。临浦小坝堤线，北接牛头山颈，向东沿旧里河西江塘路(早为街塘，今存)，过油库转南，临东后段因铁路建设已平毁消失。临浦小坝主要功能是割断旧里河与西小江的联系，防止西小江潮水涌入旧里河，造成潮害。临浦小坝与临浦大坝合围成米桶箍，保卫临浦街镇居民安全。两坝兴筑于明代。正德(1506～1521)以来商船取便开坝建闸，嘉靖十三年(1534)又塞闸为坝。

火神塘，位于临浦大坝外迎流座湾的一段，堤线从牛头山旱闸至萧山锅厂旱闸止，两端与原临浦大坝相接(接点为两旱闸)，中间段凸出临浦大坝约 54 米。[2] 现临浦西江塘中的一段塘内有火神庙。

临浦火神塘与临浦西江塘唇齿相依。《(民国)山阴天乐志》称："西江塘者，绍萧人民生死之关键，而火神塘者，西江塘之屏蔽也，结曰：辅军相依，又曰：唇亡齿寒。"火神塘形成于清代，并具规模。康熙二十一年(1682)临浦庙西塘坍圮，次年福建总督姚启圣捐修，邑人立碑临浦塘，大书深刻曰姚公堤。民国又修缮。[3] 火神

---

[1] 临浦大坝、临浦小坝，见《(嘉靖)萧山县志》第一卷，上海远东出版社，第 75 页。火神塘见载于《(民国)山阴天乐志》。

[2] 系图纸测量，堤中心距。

[3] 民国 2 年(1913)修缮，民国 5 年(1916)又重修，民国 11 年(1922)在高田陈西南即进化溪人江口旁建造圆形盘头 1 座。

塘替代里面一段临浦大坝(牛头山旱闸至萧山锅厂旱闸),该段大坝后改造为西市街。

(五) 麻溪坝段江塘

麻溪坝段江塘,是西江塘中最南端的一段堤塘。麻溪坝以麻溪(进化溪)得名,位于进化镇鲁家村西山嘴晏公庙[1]至茅山闸。

麻溪筑坝,与浦阳江河道改道北出碛堰至渔浦入钱塘江有关。天顺年间(1457～1464),知府彭谊继开碛堰,筑临浦、麻溪二坝。成化十二年(1476),知府戴琥继开碛堰,筑坝临浦,塞麻溪。戴琥最终开大凿深碛堰山口,然后令萧山筑起麻溪石坝。所以《(民国)萧山县志稿》(民国24年,1935)和来裕恂《萧山县志》(手稿)均确认是成化戴琥"开通碛堰山,筑起麻溪坝"。[2]

明万历十六年(1588),萧山知县刘会加石重建,下开涵洞,广4尺,每旱则引水以溉田。清康熙二十一年(1682),乡官福建总督姚启圣改洞为三,各广6尺。康熙五十六年(1717),知府俞卿重修,改为2洞。

麻溪筑坝割断或限制了麻溪与西小江的联系,减轻了下游的洪涝威胁,故清《(乾隆)萧山县志》对此倍加赞扬:"石坝(指麻溪坝)以内无江水冲人,悉成沃壤矣……迄今160余年无水患者,皆麻溪坝之为利也。"但其弊端是坝外的天乐乡上、中、下三地常遭洪时受淹、旱时缺水之苦害。民国2年(1913)天乐乡人竟集众将其拆毁,改坝为桥,桥洞阔1丈5尺,中心高1丈2尺。[3] 明万历时自茅山至郑家山嘴筑大塘,捍江流,不使内犯[4]后,麻溪坝成为二线堤塘。

最早筑麻溪坝是东汉创建鉴湖的马臻。《越中杂识》记载:"麻溪坝,在府城西南一百二十里,在山阴、萧山之间,外邻浙江。江水涨时,常入城地为害,汉太守马臻筑坝以御之。"当然,那时筑麻溪坝,与浦阳江改道尚无关联,只是为保护山会平原和鉴湖湖堤安全而已。或可推断,元明始筑的麻溪坝堤线位置,与东汉马臻所创是一致的。[5]

四、结　　语

随着萧绍平原的向北扩展,钱塘江南岸海防建设进入新发展时期。清末光绪二十八年(1902),山、会、萧三邑绅士筹款赈抚,始筑南沙大堤,俗称官埂。[6]

---

[1] 晏公,名戍仔,临江府临江县(今江西省樟树市临江镇)人,元初为文锦局堂长。推测晏公治麻溪、建晏公桥等,后人建庙纪念。

[2] 明成化年间(1465～1487),绍兴知府戴琥营土坝,横亘南北,使浦阳江由碛堰以合浙江。

[3] 王念祖:《麻溪改坝为桥始末记》,民国八年(1919),蕺社印本。

[4] 民国24年《萧山县志稿》,南开大学出版社,第111页。

[5] 东起鲁家西山嘴,西至茅山,以山为柱,堤长1千米许。

[6] 民国24年《萧山县志稿》,南开大学出版社,第154页。来裕恂《萧山县志》,天津古籍出版社,1991年,第79页。

堤线从半爿山起，经钱江一桥、青龙山至益农闸。建国以后，治江围垦持续发展，萧、绍、虞围涂筑堤，形成新的一线海防工程，并进行标准堤防工程建设，为消除洪潮灾害，保障萧绍平原安全，发挥了重要作用。

半爿山上游的西江塘至今仍然是萧绍平原的一线防洪工程。半爿山下游的捍海塘（称北海塘、后海塘等）已退居三线，成为海塘遗迹，需要适当保护、保存，发挥其历史功能。

本文重点研究探讨江海塘的初步形成即兴筑初创时间。捍海塘始筑于汉唐，与清代程鹤翥《闸务全书》谓“汉唐以来”相合。西江塘形成情况复杂，半爿山至塘头，与半爿山促淤有关，在置余暨县前已兴筑；塘头（闻堰）至渔浦，与西城湖、渔浦湖湮废有关，始筑于五代；虎爪山—碛堰山、碛堰山—峙山、峙山—茅山及麻溪坝，与浦阳江改道、治理萧绍平原洪涝有关，分段形成于元明清。归纳如下表：

江海塘划分	起　　讫	兴筑初创时间
捍海塘	半爿山—冠山	西汉早期，景帝前元三年（前154）置余暨县之前
	冠山—西兴	东汉中叶（125前后，195之前）
	西兴—长山	东汉中叶（125前后，195之前）
	长山—坎山	西晋之前的三国时期（220～280）
	航坞山—益农	唐垂拱二年（686）
	山阴—曹娥江	唐垂拱二年（686）始筑，李俊之（开元十年、722）、皇甫温（大历十年、775）、李左次（大和六年、832）三次增修
西江塘	半爿山—虎爪山	半爿山至塘头，置余暨县前已兴筑；塘头（闻堰）至渔浦始筑于五代
	虎爪山—碛堰山	元至正八年（1348）始筑
	碛堰山—峙山	南宋乾道七年（1171）开“萧山新江”时始筑，明时已具规模
	峙山—茅山	临浦大坝、临浦小坝，兴筑于明代天顺至成化年间（1457～1476）；火神塘形成于清代
	茅山—鲁家西山嘴（麻溪坝）	麻溪坝，天顺年间（1457～1464）筑成土坝，成化十二年（1476）筑成石坝

注：西山至北干山段即牛脚弯海塘、北干山至长山段即长山海塘，先后建于西汉中后期（前140～前25）。

最后，本文建议以半爿山为界，划分江海塘，提出己见。

钱塘江江海塘兴筑，“依山为柱”。自南而北转东，有鲁家西山、茅山、峙山、碛堰山、虎爪山、小砾山、半爿山、冠山、长山、坎山、航坞山、太和山、党山、马鞍山……其中，半爿山、航坞山是钱塘江和杭州湾南岸变迁的重要山柱，恰似丁坝盘头，起到挑流护岸作用，是萧绍平原屏障中的重要节点。

两山对峙，或成海门，或成江门。航坞山（龛山）与赭山对峙，为海门，航坞山以下为杭州湾后海，其塘史称后海塘。航坞山潮大于洪，下游冲刷，上游淤涨。半爿山与狮子山对峙，可谓江门，半爿山上游为西江塘，历史上受江洪危害多。半爿山下游为北海塘，历史上受海潮危害多。半爿山洪大于潮，上游冲刷，下游淤涨。

从地形、地貌、地理位置、河口变迁、水文特征、洪潮灾害诸因素分析，西兴不是山柱，其地、其塘形成均不占先，与对岸无对峙之山，不构成什么江门，历史上受潮害较多，西兴上、下游段当为海塘。因此，以西兴为界划分江海塘，还是以半爿山为界划分江海塘为宜。当否，请大家指教。

萧绍海塘文化遗产综述

龚真真
(浙江省钱塘江管理局)

摘　要： 萧绍海塘是钱塘江南岸海塘，建造历史悠久，是珍贵的文化遗产。除了海塘建筑本体，还有地域特色鲜明的相关非物质文化遗产都值得关注。摸清萧绍海塘文化遗产现状、开展遗产保护和研究、传承海塘文化，对于更好地治理钱塘江也具有现实意义。

关键词： 萧绍海塘　文化遗产　综述

一、萧绍海塘现状

钱塘江南岸海塘以曹娥江口为界，左岸为萧绍海塘，唐代曾称为防海塘。明清时期根据所处位置，又以西兴、瓜沥、宋家溇为界，自西而东分称西江塘、北海塘、后海塘、东江塘。萧绍海塘自杭州市萧山区临浦麻溪山起，由绍兴市越城区、柯桥区，至上虞区蒿坝口头山止，塘线全长 117 千米，除去山体，海塘实长 103 千米。

萧绍海塘自浦阳江改道碛堰山，嘉靖十六年(1537)三江应宿闸建成后，碛堰山以下的主塘塘线，至今基本不变。碛堰山以上一段海塘，明清时期原由茅山闸东首沿临浦镇后绕峙山直达碛堰山；民国 2 年(1913)加固塘前俗称火神塘的支堤后，火神塘即成为主塘。[1]

(一) 萧山西江塘

西江塘位于萧山之西、浦阳江东岸，故名。《萧山县志》记载："西江塘，自西兴向南，经过长河、闻堰至临浦麻溪止，全长 31.25 公里。"途径进化、临浦、义桥、闻堰等镇，系分段陆续建成。

[1] 钱塘江志编纂委员会：《钱塘江志》，方志出版社，1998 年 4 月，第 442 页。

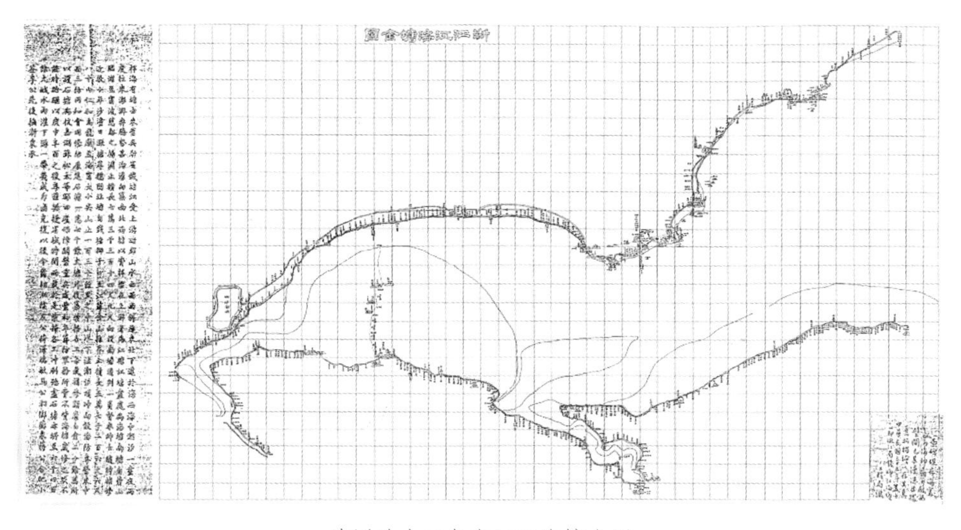

清同治十三年浙江江海塘全图

旧有海塘，建于明代以前，相传五代时，吴越王钱镠曾筑西兴海塘。[1] 明代建文帝时，土塘改建为柴塘、篓石塘。明代天顺年间，因开凿碛堰山口，使浦阳江水改道入钱塘江，后筑坝于麻溪，又建闸于茅山，并在临浦至麻溪筑土塘25里。经过逐年整修，清代顺治十一年(1654)，分四段修筑西江塘，到清代乾隆二十三年(1758)，石塘全部建成，而又采用巨型条石砌叠，相互连固。至清康熙五十三年(1714)，均已改建为石塘。西江塘分麻溪至半爿山、半爿山至西兴南北两段，在临江险要地段，塘身结构多为土石结构，有“丁由石塘”、“鱼鳞塘”、“条块石塘”以及浆砌块石护坡；在非要冲之处亦按其程度不同有“块石塘”、“石板塘”、干砌块石护坡等，塘基高程为 5.4～6.6 米。建国后，1955、1957、1965 年全面培修，加高土塘和附土，使临浦至半爿山塘顶高程提高到 11～12 米，面宽为 3.5～4.5 米。20 世纪 90 年代，开展了标准塘建设。近年来，钱塘江管理局又对临江一线的西江塘进行了防渗加固。西江塘至今仍起到防御江洪的作用，对保护萧绍平原人民生命财产安全起到重大作用。为杭州市市级文物保护单位。

(二) 萧山、滨江北海塘

北海塘，原北临钱塘江，在萧山之北，故名，为市级文物保护点。全长 41.44 公里，从西兴东经长山至瓜沥、党山、益农等镇。北海塘始筑年代无记载。一说萧绍运河始凿于晋，而海塘在运河之北，只有有了海塘，运河才能安全通行，所以至少在晋已经有了北海塘。据《萧山县志》载：“唐开元十年(722)，会稽县令李俊之主持修建会稽海塘，西起本县西陵，东到三江闸。” 现存石塘大多为明清以后修建。由于钱塘江北移，北海塘已成备塘。为杭州市文物保护点。

北海塘塘湾堤塘位于北干街道塘湾村东北部，塘体由石条和泥土堆砌而成，

[1] 钱塘江志编纂委员会：《钱塘江志》，方志出版社，1998 年 4 月，第 459 页。

总长400米。北部呈直立面，由条石纵横合砌而成，共6层，高2米。顶部平，阔6.2米。南部呈斜坡。塘的横断面呈直角梯形，塘基宽16米。据《萧山县志稿》卷三载："正统七年(1442)，修萧山长山浦海塘。"据《萧山县志》载："明弘治八年(1495)，潮啮长山堤，几圮，后将该堤砌之以石。"这里曾出土塘基栏木，长约5米，前后两排，行距、株距均约为40厘米。

北海塘衙前堤塘位于衙前镇北部的新林周、大树下、湾头徐、郭家埠、新发王等村，总长约3 000米，大部分为土塘，少量为石塘。新林周和大树下之间现存石塘300米，顶部阔6米左右。新发王段石塘由条石纵横合砌而成，水面以上8层，高2.6米，水面以下石塘高2.5米，顶部阔3.5米，总长约100米。曾在塘南部出土塘基栏木(木桩)。据《(民国)萧山县志稿》记载："在县北，故曰北海，又曰捍海塘。《通志》：萧山捍海塘在县东二十里，长五百余丈，阔九尺。《万历志》：治北十里曰北海塘，跨由化、由夏、里仁诸乡，横亘四十里。其中之径在由化乡，为龙王塘。东至由化〔疑作'夏'〕乡，为横塘，为万柳塘。又东至凤仪乡，为巨塘，为瓜沥塘，为任家塘……咸淳中，捍海塘为风潮所啮，尽圮于海。越帅刘良贵主议移入田内筑之，植柳于塘，冀其岁久根蟠塘固，名曰万柳塘。"[1]北海塘衙前堤塘的石塘部分大多保存完整。

(三)越城柯桥区段

萧绍海塘绍兴越城、柯桥区境内东起万圣庵、楝树下，西至大和山，全长约20公里，其中在斗门镇三江村段长约2.5公里。海塘面阔8～10米不等。关于绍兴海塘的始建年代，清《闸务全书》载：汉唐以来，之后历代整修，至明，由于三江闸的建成，海塘全面贯通。清代频繁整修，采用丁由石塘、鱼鳞石塘、块石塘、石板塘等多种砌石法。民国时部分塘堤灌注了水泥砂浆。在清代又增筑备塘、坦水、盘头、挑水坝、护塘、排流和消浪等设施。为浙江省文物保护单位。现萧绍海塘马山宣港至车家浦段仍为临江一线。

(四)上虞区段

萧绍海塘上虞境内长20.62公里，可分两段：一段在蒿坝南北两山之间，长0.6公里，塘高4.7米，塘顶高程14米；二段自曹娥丁坝底起，向北沿江直伸，至老坝底折转向西，至峰山折向北，右塘角又转向西北，至杜浦过称山，从沽渚起向西至车家浦与绍兴海塘相接，长20.02公里。此塘在《新唐书·地理志》中已有记载，明《(万历)新修上虞县志》载："唐开元六十年，令李俊之增修"，以后屡加修建。[2]

---

[1] 南开大学地方文献研究室、杭州市萧山区地方志办公室整理：《(民国)萧山县志稿》，南开大学出版社，2010年，第100页。

[2] 上虞市水利志编纂委员会：《上虞市水利志》，中国水利电力出版社，1997年，第77页。浙江省文物局编：《浙江省第三次全国文物普查新发现丛书·水利设施》，浙江古籍出版社，2012年，第24页。

车家浦—曹娥老坝底属绍兴孙端镇，上虞道墟镇、东关街道等，蒿坝段 1998 年整修提高标准，清水闸段海塘外移，保护了古闸。

二、萧绍海塘古闸

萧绍海塘上的古闸建筑，据不完全的调查，有永兴闸、三江闸、楝树闸、西湖闸、清水闸等。

永兴闸遗址位于西陵社区，今官河路西段浙东运河口。原为大堰，明万历十五年(1587)，萧山县令刘会把修西兴塘积余的银子用来改堰为闸，以泄诸乡之水。永兴闸为石构双闸结构。2013 年勘探清理部分闸体呈对称八字形，主体包括闸门、闸墙、底石及挡水坝等。

三江闸横跨于绍兴的钱清江上，明代嘉靖十四年(1535)，绍兴知府汤绍恩所建。三江闸工程分为基础、梭墩、闸门和桥面四个部分。咸丰元年，在山阴火神庙立有水则碑，对启闭作了具体规定。经过崇祯六年、康熙二十一年、乾隆六十年、道光十三年以及 1933 年五次修理，1972 年新三江闸建成后又做了改建。现在大闸东南一段的八小墩、三大墩、十二孔和西北一段的八小墩、二大墩、十一孔，共计二十一墩、二十三孔是明代原物。三江闸为省级文物保护单位。

楝树闸建于清同治六年，近年重新整修得到保护。

西湖闸位于曹娥街道西湖居委会东北面，背靠萧曹海塘。闸东西向，三孔，全长 37 米，宽 5.3 米，高 2.5 米，两墩迎水面呈梭形，闸南侧栏板上镌刻“清水闸”及“光绪十五年”(1889)字样。闸早年是一处重要的排涝工程。日排水量 5.4 万方，是东关水网地区排涝的咽喉。闸旁有一庙，称闸庙。三开间，坐西朝东，两坡硬山顶，穿斗构架，分心造前后双步，五柱用九檩，北山墙嵌有一石碑，上有蔡元培《西湖底造闸记》，[1]篆文镌刻，落款为光绪二十二年(1896)。该闸保存基本完好，但现已废弃不用。

清水闸位于上虞市蒿坝镇西山麓，始建于 1537 年，保存基本完好，现为区级文物保护单位。

三、萧绍海塘相关民俗文化

《史记·封禅书》曰：“越人俗鬼”，“祠天神上帝百鬼。”萧绍民间多神祠。

航坞山巅的白龙寺、山麓的接龙寺，以崇龙镇水灾；益农的镇龙殿、党山的雷神庙、临浦的火神塘和新湾的三官殿(天、地、水三官)等皆崇自然神。西兴原有

[1] 《蔡元培全集》，中华书局，1984 年，第 162、163 页。

宁济庙，祀奉潮神伍子胥。位于绍兴湖塘街道陌坞村的潮神庙供奉"潮神菩萨"。

黄山西南、张老相公、汤太守等一些地方官员，因修塘治水功，受到萧绍百姓的敬仰和祭祀。

位于闻堰镇黄山岭的黄山西南殿供奉宁邦保庆王和保国资化威胜王。不仅有金身坐像，而且还供有两尊木雕像，大小如真人一般，四肢可活动，头戴官帽，脚蹬朝靴，身穿蟒袍，甚为威武。旧时，当发现江潮汹涌，西江塘有危情时，村中头人立即发动村民救灾，大开黄山西南殿门，抬出木雕二王像，拿着全副执事出巡，在不停地鸣锣开道中奔向江塘险情地段，百姓无不自带工具，紧随二王圣像赶赴抢险。宁邦保庆王和保国资化威胜王圣像每到紧要关头，便发挥出了巨大的号召力。如今，黄山西南殿在每年的农历二月初七到初九都要举行庙会，祭祀冬福二圣帝王。民间谓"祝福"。[1] 相传黄山、西南二人为建西江塘、北海塘动用了皇仓银子，结果被人告发，朝廷派人前往萧山捉拿。在解往京城途中，二人双双投江。由于建立两条江堤后，钱江南岸百姓不受水患之苦，萧绍平原百姓从此安居乐业。"祝福"习俗只有钱塘江南岸才有，尤其是绍兴一带最为隆重，鲁迅的《祝福》一文，便出自该习俗。[2] 由纪念黄山、西南两位治水英雄的奉祀仪式演变成的年节祈福仪式"西兴祝福"，列入杭州市非物质文化遗产名录。[3]

麻溪坝是钱塘江萧绍海塘的起点。位于麻溪坝东首的麻溪晏公庙，又叫麻溪坝庙，始建于明代，庙中供奉晏公，为民间视作江海上保护商贾、保卫江塘的神灵，同时纪念筑麻溪坝的绍兴知府戴琥。至今仍香火不断，在周边较有影响力。[4]

汤公祠位于上虞曹娥街道孝女庙村，为纪念明代太守汤绍恩所建，祠内供奉汤绍恩及清代会稽县令彭元玮(花阳大闸系彭所造)。

景祐(1034～1038)年间，工部郎中张夏任两浙转运使。当时杭州一带海塘，多为柴塘，柴易腐，不耐久，张夏特置捍江兵士五指挥，专门采石修塘，并创筑直立式石塘12里，为钱塘江建立修塘组织和修建重力式石塘的开端。后人怀念其筑塘功绩，曾建祠纪念。历朝念其修堤功绩，多次追封，民众更是将其神化为潮神。纪念他的相公庙，上至诸暨，下至绍兴，乡乡都有，萧山更有"沿江十八庙，庙庙供张公"之说。萧山至今保存较完好的该类祠庙有坎山镇张神殿村张神殿、所前镇山联村赵坞自然村赵坞庙、新塘街道联华新村江桥庙、衙前镇新林周村护堤侯行宫、南阳镇红山村镇海殿等处。萧山乡镇的宗教活动场所大多塑有张夏神像，四时八节，群众顶礼膜拜，祭奠有加。据统计，在区民政局和宗教事务局登记在册的场所，就有80%与张夏有关，主供张夏的场所有十处之多。

[1] 方晨光：《水脉萧山》，中国档案出版社，2011年，第52页。

[2] 厉剑飞主编：《古道新传录——三江两岸非物质文化遗产》，杭州出版社，2013年，第90页。

[3] 顾希佳主编：《民俗千秋风韵长——三江两岸民俗风情》，杭州出版社，2013年，第5页。

[4] 萧山区文化广电新闻出版局、萧山博物馆编：《萧然撷英——杭州市萧山区第三次全国文物普查成果集萃》，光明日报出版社，2013年，第111页。

萧山衙前新林周村护堤侯行宫

五猖庙俗称大庙，位于上虞东关街道东塘村。五猖又称五通，即马、猴、狗、鸡、蛇五种动物之精。旧时五猖庙内供奉着青、黄、红、花、黑五种面孔的五个神像，此外尚有一尊白面神像配享，庙内匾额上书"六府修和"的字样，传说五猖神曾屡屡骚扰地方，搅戕世界，上天派了雷公电母在四月十五日那天追杀他们。五猖急中生智，化作五个壮士混入正在修海塘的青年中间，假装修塘，在闪电中雷公电母看到的是六个壮丁在昌雨修塘，这是保境安民的好事，岂是五猖所为？于是收兵而回。从此五猖改恶从善，被百姓敬之为神，并规定四月十五日为五猖庙会会期。五猖会并非年年迎赛，一般数年迎赛一次，所以一旦迎赛就轰动全县，盛大异常。《绍兴市志》记载："东关五猖会乃邻近八县之首。"自清中期以后，东关五猖会一直沿袭至抗战时期。[1]

四、萧绍海塘文化遗产保护建议

（一）全线保护和重点保护相结合

萧绍海塘各段保护级别不一，不利于整体保护。古海塘是线性文化遗产，有

[1] 浙江省第三次全国文物普查浙江省文物考古研究所档案资料。

必要统一提升文物保护级别，尽量保持古海塘的完整性。对涉及古海塘的建筑要有规划控制，对保存相对完好的古海塘地段应竖立保护标牌。在重视保护萧绍海塘完整性的同时，对于一些有特色的塘段，应加以特别的保护。如西江塘闻堰段露脚丁由石塘、北海塘塘湾村段海塘中的兽头构建、绍兴镇塘殿段以及古闸等。城市建设中如能将古海塘景观有机结合，将使历史悠久的萧绍海塘实现新的文化价值。

（二）萧绍海塘非遗保护

萧绍海塘文化遗产保护不应仅关注对海塘实体的保存和延续，也要考虑那些为沿线村镇赋予独特个性的非物质层面的内容。[1] 萧绍海塘有丰富的非物质文化遗产。海塘文化的传承力量在民间，政府部门宜更多支持，帮助进行纪念场所和庙、殿、堂、观等乡土建筑的维护，记录春、秋两祭与庙会等活动，采录群众关于海塘文化的口碑资料，包括传说故事和民歌民谣以及说唱、曲艺、经忏等，挖掘整理有关萧绍海塘建造历史、传统技艺、管理制度等方面的活的历史信息，对这些非物质文化遗产进行必要的抢救和保护。

（三）萧绍海塘起点及终点景观保护

萧绍海塘起点在萧山区进化镇鲁家村，宜设立海塘起点标识。鲁家村麻溪桥旁原有麻溪亭，桥下水面开阔，但现在水质较差，需要进行环境治理。可重建麻溪亭以恢复人文景观。

萧绍海塘终点在上虞蒿坝，当地也有值得挖掘的文化遗产。清水闸保护较完整，近旁水面清澈，稍行整治可提升周边的环境，形成塘闸一体的景观。

（四）开展研究传承历史经验

萧绍海塘是生活在萧绍平原上的人民为了抵御潮患、开辟生存之地兴筑的工程。海塘工程的兴建不仅改变了地理面貌，也塑造了地域文化、人文精神。明代麻溪坝的兴建，使得一坝横亘南北，浦阳江往北过碛堰入钱塘江，截断了西小江和浦阳江的联系。建坝之后因导致局部水患引发坝内外争议，又出现废坝风潮，直到民国时期才通过改坝为桥解开宿怨。[2] 麻溪坝虽小，却事关民生，影响深远。萧绍海塘目前已大多不是一线海塘，钱塘江河口南岸的岸线在近几十年变化尤为巨大。开展相关研究，在治江实践中传承历史经验、培育河流文明、造福沿江百姓，是对海塘文化遗产最好的保护。

[1] 〔芬兰〕尤嘎·尤基莱托著，郭旃译：《建筑保护史》，中华书局，2011 年，第 8 页。
[2] 陈志富：《萧山水利史》，方志出版社，2006 年，第 382 页。

萧山北海塘调查与保护初探

崔太金
(萧山博物馆)

摘 要: 萧山北海塘遭受经济飞速发展浪潮的冲击,现状堪忧。文物部门经过几轮调查勘探,并提出一些保护方案,但收效甚微。从海塘现状出发,结合调查成果,提出“加强保护,有效管理,合理利用”的北海塘保护方针,并提出了多部门联动,建立统一协调机构等有针对性的建议。

关键词: 北海塘 调查 保护 管理 利用

《萧山县志》(1987年版)记载:北海塘全长41.44公里。从西兴东经长山至瓜沥,旧称北海塘;瓜沥以东经党山至童家塔,原为绍兴后海塘,解放以后,党山等地从绍兴划归萧山管辖,本段江塘亦称北海塘。北海塘原临钱塘江,位于萧山北侧,故名。萧山先民通过修筑北海塘来抵御钱塘江水的侵扰,表现出萧山人民的勤劳、勇敢的精神面貌。保护、管理好北海塘,就是守护好了萧山人民的精神家园。本文拟对北海塘现状进行分析,并介绍以往各次调查勘探情况,进而对北海塘的保护提出自己的一点思考。

一、北海塘的现状分析

北海塘自从沦为备塘后,就不断受到人们生产生活的破坏和侵扰。主要表现为以下几种方式:

1. 埋于道路下。部分路段垫高塘面,或直接在塘面上铺上砂石、沥青做路。如荣星段、城北段、新街段、和平桥段、衙前段等。

2. 被新建道路切断。随着城市路网的发展,又由于海塘的线性特征,加上各部门认识的差异,整个海塘被无数条新修道路所切断。比如北干街道段被风情大道、青年路、金鸡路、工人路、市心路、育才路、通惠路等穿塘而过,新街段被杭甬客专铁路线打断(虽有高架桥,但对石砌塘体造成极大破坏)。新塘街道段被104国道和多条村道破坏等等。

3. 被农业生产所侵占。主要是新塘街道的姑娘桥段和凌家港段，原来是石塘。据村民回忆，"农业学大寨"期间，村民将石条取走，逐渐开垦为田地，现痕迹已无处寻觅。

4. 其他人为损坏状况。20 世纪 50 年代，建设解放河，沟通钱塘江时对新街段海塘有所破坏。城北段部分石条被村民取走作房基，有些石塘两侧私搭乱建房屋，北干街道部分塘面变为小区内部道路。

二、北海塘的历次调查勘探情况

1. 1988～1989 年，萧山市文物管理委员会与浙江省文物考古研究所两次对北海塘进行了专题踏勘调查，确定了 25 处重点保护地段和文物点并提出了保护意见。之后，北海塘被列为萧山市文物保护点。2004 年，杭州市园林文物局将北海塘公布为杭州市文物保护点。

2. 2010 年 9 月，结合第三次全国文物普查，萧山区博物馆联合杭州市文物考古研究所、杭州市文物保护管理所对包括北海塘在内的江海塘及其沿线文物进行了一次专题调查。本次调查，进一步弄清了北海塘的路线走向，了解了北海塘的保存现状，形成了调查报告，并积极申报市级文物保护单位，但由于某些原因未批。

3. 2013～2014 年，为配合基本建设的需要，萧山区博物馆联合杭州市文物考古研究所对北干街道荣庄村、城北村的部分海塘进行了局部解剖。通过对荣庄村市民服务中心地块海塘的考古勘探得知："海塘截面略呈梯形，其北侧边缘距离现路面北侧边缘约 11 米，北边缘顶部距离现路面约 5 米。"通过对城北段海塘的考古勘探了解到，海塘的截面亦呈梯形，北侧用石条包边（图一），南侧为泥土夯筑，且在北侧海塘底部边缘发现直径为 0.15 米、长约 4 米的一整排木桩（图二），其南为乱石块堆积的塘基。现已对取出来的木桩进行了脱盐处理（图三）。

三、北海塘的保护利用管理

北海塘历史悠久，是古代萧山人民的生命线，是萧山人民不屈不挠抗击钱塘江潮水的精神体现和物质载体。与钱塘江北岸的海塘多是官修不同，萧山北海塘的修筑多由民间集资修筑，质量虽无法与北岸相比，但是萧山先民血汗和智慧的结晶，值得我们后代倍加珍惜。为此，应确定"加强保护、有效管理、合理利用"的方针，从以下三方面下手开展工作。

1. 加强保护

我们应该怎样保护海塘，才能既不妨碍当地经济的发展，又能促进文化的继续传承、文物的永续保存呢？萧山区文物部门早将北海塘列为文物保护点，并申报文物保护单位。2013 年又与杭州市规划局萧山分局联合划定了北海塘的保护范围和建设控制地带，使它在法律上得到保护，并拥有了一定的缓冲区域。

当然，给予一定的法律地位和保护还远远不够。针对这样一个如此长距离和大范围的线性文物，光划几条线是不能一劳永逸的。还应该协调相关部门和镇街制定近期和远期的《北海塘保护规划》，实施更加积极有效的保护措施。

2. 有效管理

纵观近30年北海塘保护的成效，可谓微乎其微，破坏依旧在日复一日地上演着。文物部门的有关建议无法得到当地政府的支持和落实，相反还被部分人士誉为地方经济发展的“绊脚石”。僵持、拉锯，甚至对抗、先斩后奏。眼前利益的无限放大致使其根本无法看到北海塘的历史价值和长远意义。

由于北海塘线路较长，且涉及部门、镇街较多，有必要起草制定一个诸如《大运河遗产保护管理办法》那样的《海塘遗产管理办法》。沿线各镇街、村社区具体责任到人，或者分段聘请“塘长”，专门负责海塘的日常看护和巡查，发现问题及时报告及时处理。

同时，由于涉及不同部门、不同领域、不同镇街，需要成立一个省级协调机构，或至少是区级协调机构，对涉及北海塘保护的各项事务进行商议协调，定期或不定期开展联席会议，及时解决不断涌现的保护与建设难题。

还要进行必要的宣传教育。保护的观念要深入人心，必须利用一切现代化媒介，比如电视、网络媒体等。目前只在衙前三神庙后和通货路旁各有一块文物保护标志碑，远远达不到提醒广大群众的目的，无法进行有效和深入的宣传效果。需联合当地在各段都要树立保护牌和历史沿革说明牌。并争取最广大人民群众的支持，接受大家的监督。

3. 合理利用

文物保护的方针是“保护为主，抢救第一，合理利用，加强管理”。保护好管理好文物，如果不为大家所利用和服务，保护的价值就会大打折扣。

在如何利用上，应该进行统一规划，分段开发。首先整理出整条海塘作为景观带，可设自行车骑行道。在保护范围和一定的建设控制地带内进行绿化养护，形成文化与生态绿色走廊。在与海塘有关文化遗迹的地方设置明显的标示和介绍，并在条件允许的情况下，进行相关文化的展览展示，建立数个展览馆。在沿线一些条件成熟的地方，也可以带动当地旅游经济的发展。而像坎山长街、瓜沥老街、党山老街这样的老街区，更是可以大有作为，不仅要保护好，更要开发利用好这些文物资源。

在对文物合理利用的时候，要讲究“适度开发”，不得对文物本体造成损坏，严格遵守相关法律法规，做到文物保护与经济发展相互促进。

四、小　结

总之，我们在北海塘保护、管理和开发利用上还有很长的路要走。从保护的角度来说，我们还需要在适当的机会更多地了解海塘的建造结构及过程。而从管理上来说，更加需要强有力的组织机构和措施来予以推行、实施。开发利用必须建立在很好的保护和有序的管理之上，适度开发，从而既有利于文物本身的保护，又推动沿线地区经济的发展，互为补益。

图一　城北段海塘石条铺砌

图二　城北段海塘底部木桩

图三　对北海塘取出的木桩进行脱盐处理

参考文献：

1. 萧山县志编纂委员会：《萧山县志》，浙江人民出版社，1987 年。
2. 萧山市文物管理委员会：《关于北海塘的现状和要求做好保护管理工作的报告》，萧文管[90]第 8 号，1990 年 6 月 5 日。
3. 崔太金：《钱塘江南岸明清古海塘(杭州段)调查报告》，《杭州文博》第十二辑，中国书店，2012 年。
4. 杭州市文物考古研究所：《杭州市萧山区市民服务中心地块考古勘探小结》，2013 年 4 月 26 日。
5. 杭州市文物考古研究所：《萧政储(2013)49 号地块考古勘探小结》，2014 年 3 月 20 日。

萧山北海塘历史初考

王坚强
（萧山博物馆）

摘　要：北海塘是萧山人民抵御海潮入侵、保卫家园的重要屏障。萧山人民自古以来对其有着特殊的感情。借助文献考证海塘的历史，探究其修缮管理的历程。

关键词：北海塘　捍海塘　万柳塘　瓜沥塘　龙王塘

萧山海塘最早见于记载的地方志是南宋嘉泰元年(1201)成书的《嘉泰会稽志》。因海岸的涨塌变化，经历代增修或者改筑，以及行政区划的变动，塘址及其长度变化很大。成书于民国24年(1935)的《民国萧山县志稿》卷三“北海塘”条记载：“北海塘，自西兴永兴闸而东以至瓜沥。”瓜沥以东海塘历史上是绍兴后海塘的一部分，1956年以后大部分划入萧山县。西兴古塘，1997年以后划入滨江区。今天的萧山北海塘西起风情大道，东至益农，全长约40公里，其中瓜沥黄公溇以东到党山段，基本上在绍兴境内。

一、文献记载的潮患史实

《宋史·五行志》：“绍熙五年七月，萧山大风驾海潮，坏塘堤，伤田。”这是历史上最早的捍海塘坏造成危害的记载，海水进入农田，造成一定的盐碱化。

《(嘉靖)萧山县志》卷六《祥异》记载：“国朝洪武二十一年，大风，捍海塘坏，潮抵于市。”这是捍海塘坏，潮水到达城区的最早和唯一记载。

《(嘉靖)萧山县志》卷五《李巩列传》条载：“成化七年，风潮坏新林捍海塘，田庐漂没，人多溺死。”这是捍海塘坏，房屋淹没，人无法逃生造成死亡的最早记载。

《(嘉靖)萧山县志》卷六《祥异》记载：“正德七年七月，海溢，濒塘民溺死无算，居也无存者。”这是萧山北海塘因为高度不够造成人员死亡的最早记载。

《(康熙)萧山县志》卷九《灾祥》记载：“崇祯元年七月……海水骤溢，从白洋、瓜沥而入……抚按奏闻。萧山淹死人口一万七千二百余口，老稚妇女不在数内。”这是由于北海塘溃堤造成死亡人口最多的一次记载。

二、北海塘的早期历史

最早的萧山海塘不叫北海塘，长度只有区区几里。南宋《嘉泰会稽志》卷十《塘堤・萧山县》记载：“捍海塘，在县东四十里，长五百余丈，阔九尺。”《嘉泰会稽志》卷十“称浦塘”条载：“称浦塘，在(会稽)县东四十里。《唐・地理志》云：会稽东北四十里有防海塘，自上虞江抵山阴百余里。”这是唐朝时山阴县有海塘，而萧山县还没有海塘的相关记载。

萧山的修筑海塘历史最早可以追溯到五代十国以后。因海塘位于萧山县东部，不叫北海塘，也不叫东海塘，而是笼统称为捍海塘。人工修建的抵挡海潮的堤坝通称“捍海塘”。从海塘的长度和阔度来看，其规模较小。《嘉泰会稽志》卷十二“萧山县”记载：“凤仪乡在(萧山)东四十里。管里十六：白鹤里、义里、新田里、瓜历里、章浦里、中义里，园里、龛山里、童市里、路西里、佳浦里、周里、塘头里、丁里、翔凤里、长巷里。”这十六个里定名于北宋太平兴国三年(978)，从新田里、塘头里、长巷里地名分析，最早的海塘塘址在今天瓜沥镇长巷村。宝庆元年(1225)成书的《宝庆会稽续志》卷四《塘堤》记载：“(山阴)清风、安昌两乡，实濒大海，有塘岸以御风潮……至嘉定六年(1213)，溃决五千余丈……”

对照地理位置和古今地貌分析，只有长巷的海塘可以和山阴的海塘连接，长巷的意思是长长的里弄，是沿塘建立的狭长的村落。“塘头里”的“头”字意思是靠近，即海塘西部的村庄，现在在衙前镇山南富村。“瓜历”的繁体字是“瓜歷”，沙地的西瓜大而且甘甜，“厤”本指“山崖边的庄稼”，“止”意为“停步”。“歷”的本义是指农夫察看庄稼长势而巡视庄稼地。“瓜历里”作为种瓜为生的定居在航坞山东部山坞的村庄最恰当了，说明南宋时候今天的瓜沥老镇区还在海塘外的沙地，明朝中期以后的文献看到的“瓜历”都变成“瓜沥”，瓜沥的海塘被称呼为“瓜沥塘”、“任家塘”。

进入南宋以后，萧山处于当时南宋最大的两座城市临安和绍兴之间的重要位置，为了保护运河和驿道，修筑了长山和龛山之间的捍海塘。《宋史・汪纲传》载：“萧山有古运河，西通钱塘，东达台、明，沙涨三十余里，舟行则胶。”因海塘冲坏，海潮带来的海沙淤积运河，甚至露出水面影响船只通航。宋嘉定十四年(1221)，绍兴知府汪纲疏浚运河 8 000 余丈。

三、关于万柳塘

南宋咸淳六年(1270)秋，海潮普遍越过浙东海塘。现存最早的萧山地方志——成书于明嘉靖三十六年(1557)的《(嘉靖)萧山县志》卷二《水利》载：“咸淳中，捍海塘为风潮所啮，尽圮于海。越帅刘良贵主议移入田内筑之。植柳于塘……名曰万柳塘。"《(嘉靖)萧山县志》给后人留下三个错觉：一是捍海塘全部冲毁；二是塘址内移了；三是万柳塘是捍海塘的全部。可喜的是《(嘉靖)萧山县志》其后附有南宋绍兴府通判黄震(1213～1281)的《万柳塘记》。当时人黄震的记载应比几乎300年后编纂的《(嘉靖)萧山县志》更为可信。《万柳塘记》一开始就记载"钱塘江涛之壮名天下……实趋越之新林"。说明当时潮水最壮观处在新林。"咸淳六年庚午(1270)秋，海溢浙东，新林被害为甚，岸址荡无存矣。"说明只有新林段海塘彻底冲毁。"而故地莽为一壑……未几，沙果骤涨，始得立巨松万如栉为外捍"。说明还是在故地即塘址打下几万松树木桩，塘址没有内移。万柳塘修筑工期只有4个多月，长1 090丈，只是捍海塘的新林段，并非捍海塘全部。土塘的费用只有石塘的十分之一，这次新筑的也是土塘，不然怎么植柳？那种认为宋朝时候萧山有石塘的说法是没有根据的。柳树在塘身上面种植是错误的，树木长在海塘上，树大招风，遇到风潮时，枝叶强烈地摇摆，会使海塘的塘身松动受损。后来开始禁止植柳于塘，《(乾隆)萧山县志》将万柳塘作为消失的古迹记载。

四、元明清时期海塘的修缮与管理

有元一代，萧山县府对水利建设十分重视，官吏以兴举水利、修理河堤为大事，遏制水患的水利工程数量和技术远胜宋代。萧山在元朝未见有关水患的历史记载。

明洪武二十一年(1388)，风潮冲坏捍海塘，潮水一直抵达今江寺附近的集市。负责任的萧山知县王谷器上奏朝廷，朝廷派人督修，衢州府和严州府捐输桩木，绍兴府八县输出人力，在潮水冲毁处筑石塘。这是萧山县借助中央政府和其他地方力量修筑捍海塘的智慧方法。魏骥(1373～1471)的《筑堤谣》，真实反映了筑堤的必要性及其中艰辛。洪武时期的海塘自长山至龛山，后来陆续被冲毁。其后150年的《(嘉靖)萧山县志》卷二《水利》记载："今皆沦于海，水缩时犹见其桩石之迹。"

明正统(1436～1449)末年，新林和凌家港的捍海塘被潮水冲坏，潮水进入内陆。巡抚侍郎周枕上奏朝廷，建议令浙江被判处徒刑和流刑的罪犯出钱赎罪，备足木石修筑。周枕提出了修筑捍海塘费用的一个新的来源。明成化七年(1472)，风潮冲坏新林塘，县令李巩大力请求省里命令附近府借贷储备粮食救济灾民，并主持补筑堤岸，李巩做到了先救灾再防灾。明弘治八年(1496)，潮水侵蚀长山堤，绍兴知府游兴上报省里，浙江右参议韩镐亲自到现场视察，绍兴同知罗璞督工筑长山石堤。新塘工期1年，长度520丈，民工70万工。时人陈壮《长山堤记略》一文记载："……长山直抵龛山，就皆土堤。"明隆庆年间(1567～1572)，萧山县令许承周命再筑北海塘，但其规模较小，这一事件记载在《(万历)萧山县志》中。明万历三十四年(1606)，萧山县、山阴县、会稽县共同修筑萧山北海塘，萧山人周国城捐资助筑，义举得到府县的表彰。周国城提供了北海塘修筑的又一经费来源。明万历四十一年(1613),又修萧山北海塘。明朝末期,萧山北海塘设立塘长制度。龛山到长山北海塘共分12段,每段设塘长一名看守,自里仁、凤仪二乡派员,不及另外诸乡。清乾隆十四年(1749),遵奉兵部命令,把总一员,外委一员带兵丁108名来萧山驻扎,专管萧山一带海塘堵筑抢修事物,分为十段,各建营房,分兵驻扎。

五、瓜沥塘和龙王塘历史

萧山明清捍海塘东部一段统称瓜沥塘,明崇祯元年(1628),飓风大作,海水由白洋(今绍兴安昌)进入瓜沥,淹死民众甚多,宁绍台道和绍兴府一把手均亲临海塘,命令修筑。明崇祯九年(1636),秋潮冲坏瓜沥塘,萧山县令顾棻建议建筑石塘200丈,这是瓜沥塘建筑石塘的最早记载。县令顾棻命令里仁、凤仪二乡共二十五里,每年修海塘。清朝康熙三年(1664)海啸冲塌瓜沥海塘200余丈。县令徐则敏命令政府投资修筑潮冲段石塘100丈,另外里仁、凤仪二乡25里,每里修筑土塘4丈。康熙九年(1670),100丈土塘冲坏,又建石塘。

《(嘉靖)萧山县志》卷二之"堤堰"记载:"治北十里曰北海塘,跨由化、由夏、里仁诸乡,横亘四十里。其中之径在由夏乡为龙王塘,东至由化乡为横塘,为万柳塘,又东至凤仪乡为巨塘,为瓜沥塘,为任家塘。"萧山历史上称呼捍海塘为北海塘大致始于此。

今北干街道境内的北海塘统称为龙王塘,今北干街道开发历史较短,元世祖至元十六年(1279)始设立二都(都相当于乡),明太祖洪武二十四年(1391)改名由夏乡。宋元时期,今北干街道境内有零星海塘,尚未连线。明洪武三十二年(1399),江潮坏堤,萧山主簿师整主持增筑4 000余丈,这是历史上第一次有关西兴到长山头江塘连接的记载。《明史·河渠志》记载:"正统七年(1442),修萧山长山浦海塘。"这是萧山海塘见于"二十四史"的唯一一次记载。今北干街道境内的北海塘的第一个称呼可以说是长山浦海塘。长山浦海塘位于长山以西,长山堤位于长山以东。今北干街道境内的北海塘的第二个称呼是龙王塘。龙王塘是萧山海塘以神话命名的一段,传说是龙王筑塘,挡住了汹涌潮水。在整个明朝时期,龙王塘没有被冲毁的历史记载,说明清朝以前今北干街道受到海潮影响较小。据宣统三年(1911)《劝业道禀抚宪文》:"北海塘自西兴驿至茬山一带,石塘甚少,土塘居多。"北干街道境内现存最早石塘是道光十四年(1834)的来家塘、俞家潭和富家塔石塘,在清朝宣统年间重修,其余石塘为民国时期修筑。

钱塘江改道中小门(1680)、北大门(1715)以后,北海塘外淤沙成陆,虽也有长山以西的部分江岸几度坍塌,逼近海塘,但未几又淤回。清光绪二十八年(1902)始建南沙支堤,北海塘退居二线。1926年洪水,北海塘娄下陈、湾头徐、郭家埠、车家埠4处决口,改建石塘。建国后,建筑南沙大堤。1966以后在南沙大堤外大规模围垦,北海塘实际上成为三线备塘,不起防洪御潮作用了。北海塘有的地段已修建公路，有的地段开垦种植，有的地段削作低路，但是目前大部分堤塘塘基仍存。现存石塘保存较好的自西向东有：高家潭西段、高家潭东段，龙王塘段、塘湾段、墩里吴段、莫家港段、塘埠头段、湾头徐西段、湾头徐东段、新发王西段，新发王东段、塘下高段、黄公溇段、党山镇东段、三官埠头段、大埠头段、众力村段、镇龙殿东段、转塘头西段、王家埠头段等段。

图一　衙前镇新发王村段石塘

图二　益农镇众力村段石塘

参考文献：

1. 绍兴县地方志编纂委员会重印：《嘉泰会稽志》。
2. 杭州市萧山区人民政府地方志办公室：《明清萧山县志》，上海远东出版社，2012 年。
3. 杭州市萧山区人民政府地方志办公室整理：《萧山县志稿》，南开大学出版社，2010 年。
4.《明史》，中华书局，1974 年。
5.《宋史》，中华书局，1977 年。
6. 萧山县志编纂委员会：《萧山县志》，浙江人民出版社，1987 年。
7. 钱塘江志编纂委员会：《钱塘江志》，方志出版社，1998 年。
8. 陈志富：《萧山水利志》，方志出版社，2006 年。

萧绍海塘萧山段
——基于萧山史志资料的初步探讨

崔　倩
（杭州市文物保护管理所）

摘　要：海塘、运河与长城并称为中国古代三大公共工程，对于沿海沿江市镇而言，海塘工程在当地社会经济生活中的作用至关重要。众所周知，任何大型水利工程的出现，在整个决策、施工的过程中都包含着丰富的人为因素内容。大型公共水利工程中决策者主观意志引起的客观后果，往往超出人的预料。[1]

笔者在日常工作中经常接触海塘类文物保护单位，如明清钱塘江海塘狮子段、四季青碑亭、乔司段、北海塘等。[2] 昔日的江海屏障，如今只见断壁残垣，这种沧海桑田的变迁尤以北海塘为最。如今的北海塘因为近代沿海滩涂的改造，愈演愈烈的填海造地活动，日益远离了原来的自然历史环境，只能看到一条曲折的水泥路，隐藏了密集的现代房屋之中。本文运用个案研究的思路，以萧绍海塘萧山段中比较重要的西江塘和北海塘为中心，钩沉史料，希望借以了解明清时期萧绍海塘的历史面貌，为进一步挖掘萧绍海塘的历史文化意义打下基础。

关键词：萧绍海塘　西江塘　北海塘　海塘工程

海塘、运河与长城并称为中国古代三大公共工程，它们的规模之宏大、工程之艰巨以及动员劳力之多，均令人惊叹。对于沿海沿江市镇而言，海塘工程在当地社会经济生活中的作用至关重要。

在学术界，海塘被划定为具象景观中的公共事业景观类型，其中江河堤防又被视为典型的自然、社会交互作用的景观。众所周知，任何大型水利工程的出现，在整个决策、施工的过程中都包含着丰富的人为因素内容。大型公共水利工程中决策者主观意志引起的客观后果，往往超出人的预料。历来对于海塘的研究，核心在于关注环境—社会—人的动态变化，重点关注的是三个相互重叠的研究领域：人类对环境的利用和影响、环境变化对人类的影响以及人类对环境变

[1] 王大学：《明清江南海塘的建设与环境》，复旦大学博士学位论文，2007年，第23页。
[2] 参见文后“杭州市区海塘类文物保护单位现状图”。

化的感知和反应。[1]

笔者在日常文物保护单位的巡查工作中经常接触海塘类文物保护单位，如明清钱塘江海塘狮子段、四季青碑亭、乔司段、北海塘等。[2] 站在这些如今已经只剩下断壁残垣的海塘遗迹上，只见条石石狮犹存，而江海的涛声已远，不禁心生出很多感慨。这种沧海桑田的感觉尤以北海塘为最，因为如今的北海塘只能看到一条曲折的水泥路，不像其他海塘类遗迹，虽然远离了昔日的自然环境，或成为内塘，或成为人行道，但是鱼鳞海塘的形态依然清晰可见，触手可及，而北海塘则因为近代沿海滩涂的改造，愈演愈烈的填海造地活动，日益远离了原来的自然历史环境，隐藏于密集的现代房屋之中。正因为如此，笔者试图运用个案研究的思路，以萧绍海塘萧山段中比较重要的西江塘和北海塘为中心，钩沉史料，借此文让明清时期萧绍海塘的历史面貌逐渐明晰，为进一步挖掘萧绍海塘的历史文化意义打下基础。

一、萧绍海塘的总体情况[3]

1. 自然环境

钱塘江河口两岸古海塘，分别位于太湖平原的南缘和宁绍平原的北侧，塘线总长 317 千米，除去山体，海塘实长 280 千米。本文主要涉及的钱塘江南岸有曹娥江汇入钱塘江河口，江左为萧绍海塘，起自杭州市萧山区临浦镇麻溪山，穿越滨江区和绍兴县境，止于上虞市蒿坝口头山，塘线全长 117 千米，除去山体，海塘实长 103 千米。

钱塘江河口古海塘名称，历朝不同。南岸萧绍海塘，明代萧山县(今杭州市萧山区和滨江区)境内的海塘曾有西江塘、龙王塘、北海塘、横塘、瓜沥塘等不同的分段名称；清代统一以萧山县西兴、瓜沥和山阴县(今绍兴县)宋家溇为界，自西而东分称西江塘、北海塘、后海塘、东江塘。在蒿坝一段称蒿坝塘。

钱塘江海塘所卫护的平原，因其沉积形成的时期和部位不同，有明显差异。南岸宁绍平原的上虞百官及余姚地区形成早，受滨海高潮位控制，地面高程较低；上虞、余姚、慈溪的北部合成三北地区，形成较迟，已受到河口湾喇叭口抬升高潮位的影响，比上虞百官、余姚地区高 1～2 米；萧绍地区的形成则受到河口湾喇叭口和河口沙坎的双重影响，比三北地区高约 1 米；萧山市的南沙地区和杭州市东部、余杭市的北沙地区形成最晚，是沙坎充分发育之后的堆积，比萧绍地区又高出 1 米上下。平原地势大体是江边高、内陆低；西部高，东部低，一般的地面

[1] 〔英〕R. J. 约翰斯顿主编，柴颜威等译，柴颜威、唐晓峰校：《人文地理学词典》，商务印书馆，2004 年，第 289 页。
[2] 参见附图一《杭州市区海塘类文物保护单位现状图》。
[3] 陶存焕、周潮生：《明清钱塘江海塘》，中国水利水电出版社，2001 年，第 4～5 页。

高程低于洪、潮高水位3～5米。海塘若有疏失，洪、潮内灌，势如建瓴。且潮水所经之处，河道淤塞，地成斥卤。南岸萧绍海塘塘身一旦溃缺，会稽(今绍兴县及上虞东关一带)、山阴也深受其害。钱塘江海塘承受动力的强劲，滩岸变化的迅猛，非一般的河口可比拟，这给海塘的修筑与维护带来了巨大的困难。所以萧绍海塘的修筑，以萧山西江塘、北海塘两段最为频繁。前者的毁坏原因大都由于浦阳江、富春江发生较大洪水，再遭江潮顶托，致使塘身溢溃；后者则因异常风潮或塘前滩地坍失，塘身不耐强潮冲击。

2. 社会环境

自唐代中后期开始，全国的经济重心开始逐渐自北向南移动，太湖、宁绍平原得到了更快开发，故有“中原释耒，辇越而衣，漕吴而食”和“天下之计，仰于东南”之说。及至五代吴越、南宋，又先后成为割据政权和偏安皇室的京畿之地，“四方之民，云集二浙，百倍常时”。此后，太湖、宁绍平原所在的江浙行省一直是朝廷获得岁入的主要地区。明代洪武中，浙江(主要是杭、嘉、湖、宁、绍五府)及苏、松、常三府每年的夏税秋粮总计有730余万石，占全国2 940余万石的1/4，是以明弘治(1488～1505)年间，任文渊阁大学士的邱浚有言：“韩愈谓赋出天下，而江南居十九。以今观之，浙东、西又居江南十九，而苏、松、常、嘉、湖五府又居两浙十九也。”万历(1573～1620)时，许重熙也在《三吴水利便览·序》中称：“国家幅员万里，征税尽出三吴；文武千群，禄食咸资五郡。”清初，礼科给事中张维赤在题请修筑海盐海塘疏中亦称：“窃惟国家财赋，半取足于江浙。”可见，钱塘江河口地区在明清时期经济水平在全国独占鳌头。而经过了历代的开发和经营，到明清时期，钱塘江河口南、北两大平原已经是沟渠纵横，阡陌成片，物产丰富，人文荟萃，经济发达，文化繁盛，人口密集。这两大平原不受洪、潮侵害，完全依赖钱塘江海塘为之拱卫。

综上所述，处在这样的自然和社会环境之下，海塘修筑之艰巨，巩固之重要性不言自明。民国时期所纂《重修浙江通志稿》称：钱塘江海塘“关系綦巨”。

二、明清时期西江塘和北海塘的大型修筑工程

萧绍海塘随时代变迁，名称亦有变化。本文将利用《萧山县志·水利门》[1]中的史料，将其中比较重要的西江塘和北海塘的修筑工程以历史年代为序，罗列如下，在此基础上进一步探讨明清时期，海塘在当地经济社会生活中的重要地位。

[1] 《(民国)萧山县志稿》卷三《水利门》,《中国地方志集成·浙江府县志辑⑪》,上海书店出版社，1993年，第310～318页。本文引用文献史料，如无特殊注明，均来自《(民国)萧山县志稿》。

表1　明清西江塘修筑工程一览表[1]

时　间	修　建　背　景	工程负责人	工　程　情　况
洪武三十二年	江潮坏堤，荡民田庐	主簿	增筑堤岸四千余丈
景泰四年		县丞王瑾	白露塘亦皆增筑高厚
景泰七年	壬申大水，自衢严泽，发钱江，江高涨水，反从东西小江冲入内地	魏骥以尚书致仕	躬负畚臿，亲课楗石，修筑麻溪、西江诸塘
成化七年	潮决钱塘江岸及山阴、会稽、萧山、上虞、乍浦、沥海二所，钱清诸场	侍郎李颙	
正德十四年六月	西江水溢塘，倾邑市浸者数日	司府	
正德十四年	西江塘北海塘长山闸圮	邑人张嵿	
嘉靖八年		邑人张尚书嵿致仕家居	
嘉靖十八年六月六日	水自西江塘入，萧山大困，延及山会	巡按御史傅凤翔	行府县，大兴塘役。山会二邑协力筑之
万历二十三年		邑令沈凤翔	创筑桃源乡捍江塘
天启七年		知县余敬中	重修西江塘
天启八年	西江塘又圮	邑人何汝尹	请邑大夫力任经度，修捍两塘
崇祯十五年	五月梅雨，江水泛滥，西江塘圮，田禾尽淹。六月十六日复溢	道府及山会萧山县	
顺治十一年		知县韩昌先	自汪家堰至大门臼（此系塘缺内最紧要者，为第一段），丁家庄至于家池（于家池或作於家池），杨树湾至闻家堰，潭头至诸暨塘凡四段
顺治十七年			自大门臼上落埠至于家池止
康熙四年			大修西江塘
康熙十三年	项家缺塘圮	邑人周之冕	
康熙十五年五月	大雨江涨，十三日张家堰杨树湾于家池塘圮，二十七日上落埠又圮	邑人周生泰 里民张逢翼	督修塘缺，记一百三十丈

[1] 西江塘即钱塘江东塘，因为在萧山县城西面，故曰西江。

（续表）

时　间	修 建 背 景	工程负责人	工 程 情 况
康熙二十二年		福建总督姚启圣捐资	重修西江塘
康熙二十五年六月	江涨，张家堰塘坏	巡抚金公鋐檄本府三县会议	修理于二十六年正月至三月竣事
康熙三十一年六月	杨树湾，于家池，项家缺塘陷	知县刘俨请筑备塘。巡抚张公鹏翮檄署府事处州同知夏宗尧、山阴知县迟熇、会稽知县王凤采等会议	共筑备塘三百二十八丈
康熙四十二年			筑潭头石塘
康熙五十三年五月十七日	江水阑入西江塘	知县赵善昌会同绅士	
乾隆九年、十五年、十七年、四十一年、五十七年多次修筑			
嘉庆戊辰	西江塘决数处	阮文达公抚浙	筹资修筑
道光四年正月	西兴铁岭关口石塘为江潮冲去，石篓二十余步，镇水庵董家潭等处塘身均被冲坍	汤文瑞公（汤金钊）	
同治元年	江水盛涨，冲坍谭家浦傅家山下蓬厂等处塘堤	太平天国时期监军何炳文派亩捐兴修	
同治四年五月	西江塘自麻溪壩至长河一带，共坍缺三十余处，计陷七百余丈，洪水内灌高埠，水深数尺	臬司段光清	同县分段抢堵

表 2　明清北海塘修筑工程一览表[1]

时　间	修 建 背 景	工程负责人	工 程 情 况
洪武中	捍海塘倾于风潮	邑令王谷器	合邻府县，夫力筑之于切患处，易土以石，今皆沦于海水，缩时犹见其桩石之迹
正统末	新林凌家港等处塘坏，潮入之	巡抚侍郎周忱	仍筑其塘，所费令两浙徙流者赎之，备木石以资成功

[1]　北海塘海在萧山县城北面，故曰北海，又称捍海塘。

（续表）

时　间	修　建　背　景	工程负责人	工　程　情　况
成化七年	风潮突新林塘，田庐漂没，人多溺死	邑令	补筑堤岸，不遑寝食
弘治八年	潮啮长山堤，几圮	太守游兴 参政韩镐 同知罗璞	筑为石堤
万历三十四年	北海塘圮	邑人周国城捐资助筑	协同山会修筑
崇祯元年七月二十三日	飓风大作，海水泛滥，由白洋入瓜沥，漂没庐舍，淹死人民无算	府道俱临塘，亲勘议筑	
崇祯九年	秋潮冲瓜沥，塘坏	县令顾棻	建石塘二百余丈
康熙三年八月初三日	海啸，塘坍二百余丈，田庐漂没	邑令徐泽敏	筑石塘一百丈
康熙九年	塘复坏		又建石塘
乾隆十四年		部议奏拨兵备道标把总一员，外委一员，带兵丁一百八名来萧驻扎	专管一带海塘，以备堵筑抢修

三、海塘修筑工程施工

第一节　修筑工程的经费来源

1. 明代

途径一：官方出资。修筑方式多为地方官奉命修筑，或“发仓粟，募民筑之”（参见《旧志》“正德十四年六月”条）；或为塘役，而以后者为多。

嘉靖十八年六月六日，水自西江塘入，萧山大困，延及山、会。邑人黄九皋（不详）以书上巡按御史傅凤翔，傅移文潘臬行府县，大兴塘役。山、会二邑协力筑之。基阔七丈，身高二丈有奇，收顶三丈，南起傅家山嘴，北尽四都半爿山，横亘二十余里，自是始免水患。通判周督筑，勒碑纪其事。

途径二：私人出资，地方乡绅的义举。

明年，西江塘又圮，邑人何汝尹请邑大夫力任经度修捍两塘，出笥中金，破产殆半。

万历三十四年，北海塘圮，协同山、会修筑，邑人周国城捐资助筑。

途径三：民间摊派筹集。

正统末，新林凌家港等处塘坏，潮入之。巡抚侍郎周忱具奏，仍筑其塘，所费令两浙徒流者赎之，备木石以资成功。

2. 清代的新建和重建工程

途径一：得利田摊派银两。

康熙十五年五月，大雨江涨，十三日张家堰杨树湾于家池塘圮，二十七日上落埠又圮。本县于得利田派银二千两有奇。

康熙二十五年六月，江涨，张家堰塘坏，巡抚金公鋐檄本府三县会议修筑江塘。本县得利田输银二千两，山、会协输银二千两。

同治元年，江水盛涨，冲坍谭家浦傅家山下蓬厂等处塘堤，伪监军何炳文（太平天国时期）派亩捐兴修。

同治四年五月，委臬司段光清督同县分段抢堵，估工修筑共需钱二十余万两，串先借拨绍厘八万千，动工不敷之款由山、会、萧三县沾水利田亩开捐拨用，并归还厘款。

途径二：地方乡绅、官员回馈乡里。

康熙二十二年，福建总督姚启圣捐资重修西江塘。（先是，江塘大溃，督抚亲勘，檄道府山、会同萧山躬诣塘所，估计工费，本府及三县官民会议府城隍庙。西江塘虽在萧山，厉害实关三县，历来山会原有协济之例，今工费约万二千金，萧山独任其半，山、会合任其半，萧山任筑诸暨坟、王家池、潭头、闻家堰一带大患缺处；山、会分筑周老堰、方家塘、孙家埭上南一带。自去年十月动工至是年春尚未竣事。福建总督会稽姚公启圣念桑梓故地连岁被灾。自任捐资筑塘，移文督抚，停止三县捐输，将已经用过工费算还民间，其未兴工地方，命其弟通判姚起凤躬亲督筑。）延袤数十里，为费万余金。邑人立碑临浦塘，大书深刻曰“姚公堤”。

康熙二十五年六月……抚、监二院及司道北关本府三县官共捐银二千两……

途径三：工部拨款。

据张文瑞《水利初刻》一书记载，乾隆元年上谕：

朕闻浙江绍兴府属山阴、会稽、萧山、余姚、上虞五县有沿江、沿海堤岸工程，向系附近里民按照田亩派费修筑。而地棍衙役于中包揽分肥，用少报多，甚为民累。嗣经督臣李卫檄行府县定议，每亩捐钱二文至五文不等，合计共捐钱二千九百六十余千，计直银三千余两，民累较前减轻，而胥吏等仍不免有借端苛索之事。朕以爱养百姓为心，欲使闾阎毫无科扰，着将按亩派钱之例即行停止，其堤岸工程遇有应修段落，着地方大员委员确估，于存公项内动支银两兴修，报部核销，永著为例，特谕。

第二节　海塘修筑技术的应用

(一) 修筑材料[1]

1. 石料

修筑海塘所需的石料又有条石(料石)和块石(乱石)之分。

《旧志》：洪武二十二年，捍海塘坏，咸潮涌入，害民禾稼，直抵县城。知县王谷器奏闻。命工部主事张杰同司道督修……本府八县输丁夫，本县办石板、石条。

《西河水利志》：景泰七年，壬申大水，自衢严泽，发钱江，江高涨水，反从东西小江冲入内地。时魏骥以尚书致仕，躬负畚臿，亲课楗石，修筑麻溪西江诸塘。

《万历志》：弘治八年，潮啮长山堤，几圮，太守游兴以属县水利闻，事下参政韩镐，同知罗璞督工，筑为石堤。

崇祯九年，秋潮冲瓜沥，塘坏。县令顾菉议建石塘二百余丈，申请各宪着里仁、凤仪二乡共二十五里，岁修海塘。

2. 木料

柳树：

《万历志》：治北十里曰北海塘，咸淳中，捍海塘为风潮所啮，盖圮于海越。帅刘良贵主议移入田内筑之，植柳于塘，冀其岁久，根蟠塘固，名曰万柳塘，府通判慈溪黄震记。

桩竹篰：

《旧志》：洪武二十二年，捍海塘坏，咸潮涌入，害民禾稼，直抵县城。知

[1] 陶存焕、周潮生：《明清钱塘江海塘》，中国水利水电出版社，2001 年，第 71 页。

县王谷器奏闻。命工部主事张杰同司道督修。易土以石,令衢、严输桩木。

3. 柴料

(乾隆)四十一年,上游山水骤长,渔浦街潭头义桥新壩等处坍卸十余段,自五六丈至二十余丈不等,各缺口水深三四丈,布政司徐恕亲勘。饬建德、桐庐、仁和、钱塘四县购柴一百万觔,委员分筑渔浦街孔家埠潭头、临浦街麻溪壩等处……

4. 杂料(木石混合料以及其他材料)

正统末,新林凌家港等处塘坏,潮入之。巡抚侍郎周忱俱奏,仍筑其塘,所费令两浙徙流者赎之,备木石以资成功。

(二) 塘式结构的演变及其定型[1]

萧山地方志内史料中对于明代海塘形制的介绍有限,但清代的情况记载较为详细。根据搜集掌握的史料,当时清代萧山一带的海塘存在以下几种常见的形式:

1. 柴塘(草塘)

能适应各类土壤地基,塘身结构又利于消能,能承受潮浪的冲吸,办料方便,施工简捷,南、北两岸抢险堵缺不及,或一时无力修筑石塘时,大量兴建。

乾隆十五年,署令杨治详称,石土各塘,关山会萧三邑田庐,至孔家埠渔浦街二处,金衢严等郡山水直逼顶冲,塘外余沙刷尽,又外临江海,内则滨河,塘身单薄,现在坍倒,宜急改石塘,永资捍卫。仍请先筑柴塘,以御春汛……十五年,知县黄钰又拆修闻家堰北首旧石塘七丈。

其筑法:先捆埽牛铺底,上用柴和土各厚 5 寸间层填筑,顶上加培压顶土 1 尺。柴塘总高 2 至 4 丈,宽 3 至 5 丈,每长、宽 1 丈,钉围圆 1 尺 4 寸、长 1 丈 8 尺底桩两根;围圆 1 尺 5 寸、长 1 丈 9 尺腰桩两根;围圆 1 尺 6 寸、长 2 丈面桩两根。清代所建柴塘若地处水流顶冲,未免遭抽动,又于塘内深钉橛桩,用篾缆系带。

此外,临时抢护性塘型,南岸萧绍海塘用过竹笼石塘,称竹篰塘、篓石塘,系用"纯青猫(毛)竹去皮留�厚篾编成,不得用(竹)黄。重二十五斤,能胜人立。松桩径七寸,长九尺,打没八尺,每丈九个"。

[1] 陶存焕、周潮生:《明清钱塘江海塘》,中国水利水电出版社,2001 年,第 60 页。

2. 条块石塘

《旧志》：康熙三年后，忽潮汐大至，瓜沥塘一带沙地荡啮无存，海水直抵塘岸，虽改石塘，而冲击猛迅，随筑随坍，修筑岁费不赀。议者谓宜照西江塘式叠石板层砌，庶可稍抵狂澜耳。

道光四年正月，西兴铁岭关口石塘为江潮冲去，石篓二十余步，镇水庵董家潭等处塘身均被冲坍，汤文瑞公(汤金钊)时以丁父忧在籍，出任总理修筑工程，并请王莲溪、陆引申、王晚闻、陶安生、陈石卿诸先生分段董事。自龙口闸至股堰，自塘头街以南至襄七庄，统计二里余，均以长石层叠，钩心斗角而成，复于当冲要处筑一大石盘头，周围约五六十丈，中实以大块毛石，工程坚实。

条块石塘又称丁由石塘、斗砌石塘。其制式为：塘基宽 8 尺，钉梅花桩五路，盖桩石用长 4 尺条石两路对接丁放，第二层至十三层外用顺石单皮砌筑，内填块石，第十四层用长 3 尺 5 寸丁石盖面，塘背培填附土。地非冲要，可以及时而办的地段多修筑条块石塘，称为“缓修石塘”。

萧绍海塘不受强潮顶冲的地段，亦先后建有较多的条块石塘。有在底层丁石外缘钉以排桩，桩顶与丁石顶面齐平，以关拦盖桩丁石。由于用条石丁、顺相间砌筑，又称丁由(顺石又称由石)石塘或斗砌石塘；亦有将丁石凸出于顺石之外，两侧扩宽扣住顺石的砌式，称为露脚丁由石塘。

条块石塘砌式，有上、下层之间条石丁、顺间砌，亦有同一层内、外条石丁、顺间的变化。所用条石、桩木，仅约鱼鳞大石塘之半。施工简易，成事较速，但难御强潮狂浪的顶冲。因此在上述史料中，“复于当冲要处筑一大石盘头，周围约五六十丈，中实以大块毛石”，以求稳固。

虽然从工程技术角度而言，似乎石塘要比柴塘牢固，抵御江潮的能力更强，但是结合史料，可以发现在实际建造中，并非简单地以石塘代替柴塘，而是需要综合考虑建造海塘位置的实际情况，当时的经费条件，施工时间等主客观因素之后才能做出选择，因此在该地区的海塘营建中，柴塘和石塘是同时存在的。

第三节 管理制度

(一) 施工管理

从明代开始，筑塘一般都采用塘役的制度来进行。

张文瑞《水利三刻》：嘉靖八年修西江塘，先是筑塘，役例官户得免。邑人张尚书嵿致仕家居，请应役先自某始，诸官无敢后者。是役不劳而成。

嘉靖十八年六月六日，水自西江塘入，萧山大困，延及山会。邑人黄九皋(不详)以书上巡按御史傅凤翔，傅移文潘臬，行府县，大兴塘役。山会二邑协力筑之。

在实际操作中，常常又采用分段承包制，即“西江塘派各都里长分段修筑”，但是这样的管理制度存在着很多弊端，“(里长)俱苟且塞责，无实心实力之人以任之职”，结果导致海塘“全坍者，费百余金不能成功，徒相为期隐。值稍坍者，僅贿差役，以免苛责”。面对这样混乱的施工管理情况，地方有识之士开始痛定思痛，认识到“莫若得利田亩派出桩篰人工之费，公举诚实耆民专供修理，不用催督，则人有专责，而无差役之需索里长。金钱一分有一分之实济，一岁省数岁之虚糜。塘政莫善于此”。前辈先人在当时历史条件的制约下已然有了这样的认识，实在令人钦佩，这也是在海塘工程屡筑屡圮，随筑随坍的惨痛经验中得来的，可谓来之不易。

因此，在康熙十三年的这次工程中，“邑人周之冕督工修葺，一洗附塘居民包役之弊：从来修筑计图内得利田若干亩，分段若干丈，桩竹篰若干个，里长不能亲工，包与附塘居民潦草完事，每年修葺而塘终不坚固。周之冕躬任其事，议按亩轮钱计工给银，包役无所肆技”。周之冕的管理经验可以总结为：

经验1：计划管理，责任到人；

经验2：定修筑程式，详工料定额。

此后的重大新建和维修工程中，这样的管理经验也为后人所借鉴：

福建总督会稽姚公启圣捐资筑塘，就专门“命其弟通判姚起凤躬亲督筑”。

乾隆五十七年七月兴工，时董其事者为汪龙庄、王毅塍、何葭汀……诸先生，擘画精详，费省工费，改建石堤二百二十余丈。

嘉庆戊辰，西江塘决数处，时阮文达公抚浙，筹资修筑，延王宗炎先生董其事。

(二) 养护管理

对于海塘这样的水利工程，建造时期责任到人，严把质量关固然重要，但是面对这江潮海水时刻的剥蚀、拍打、侵袭，后期的维护、保养、巡查工作同样重要，这些后期工作到位与否决定了一条海塘是否能够真正在狂风大浪中屹立不倒，保护百姓的生命和萧绍平原的肥沃良田。

《旧志》：西江塘设塘长看守，计有十六处……而西江塘止派由化等乡修之。

魏文靖《水利事述》：捍海塘宜照海盐捍海塘例，点有丁力粮里之家看守，遇有损坏，告官修理，勿动细民。

乾隆十四年，部议奏拨兵备道标把总一员，外委一员，带兵丁一百八名来萧驻扎，专管一带海塘，以备堵筑抢修，地方之事不预。(西兴牛坞荡头建堡房三间，西兴官仓基建营房十八间，外委驻扎钱家塘埠，建堡房三间，富家搭建堡房三间，转塘头建堡房三间，新林周建堡房三间……把总驻扎西瓜沥，建堡房三间。）[1]

上述文献材料虽然篇幅简短，内容有限，但是这些只言片语足以说明明清时期的人们对于保养维护海塘已经有了清晰的认识，并且形成了明确的制度。

（三）奖惩

为确保海塘工程质量，管理有序，对施工和管理人员一贯实行奖功罚怠制度。而海塘的建设工程拱卫着沿岸百姓的生命和财产，是他们赖以生存的生命大堤，因而民间对建海塘有功者一直保留着自发纪念的传统，建祠奉祀以彰显其功绩，世世毋忘。对于传统的文人士大夫而言，这是至高无上的荣耀和褒奖，因此在人文荟萃、经济富庶的萧绍地区，不少官吏和地方乡绅都在海塘营建上尽心尽力，回馈乡梓，报答乡民，同时也获得了老百姓的尊敬和爱戴。

（康熙二十二年）福建总督会稽姚公启圣念桑梓故地连岁被灾，自任捐资筑塘，移文督抚，停止三县捐输，将已经用过工费算还民间，其未兴工地方命其弟通判姚起凤躬亲督筑。

“延袤数十里，为费万余金。邑人立碑临浦塘，大书深刻曰‘姚公堤’”。[2]萧山地方史志中类似的人物还有很多，捐资建塘的故事也不胜枚举。正是有这样一个奖功罚过的良性机制，才能保证海塘工程的资金来源和施工质量，保证了地方社会的安定和发展。

四、结　　语

在本文中，笔者以萧绍海塘萧山段为个案，通过搜集萧山县志中与海塘有关的史料，意图说明海塘绝对不是单纯的冰冷建筑物。也许今天很多海塘的实体建筑已经荡然无存，但是海塘景观的背后蕴含着丰富的政治、经济、社会和文化内容。通过对海塘工程的深入研究，微观上可以加深我们对海塘所在地区历史文化的了解，宏观上可以为我们认识帝制中国大型公共工程景观政治史提供新的观察视角，有助于我们了解历史的丰富、复杂、偶然和曲折，对于以后进行海岸景观的开发和利用，如何平衡人地矛盾等都有借鉴意义。

---

[1] 《（民国）萧山县志稿》卷三《水利门》，《中国地方志集成·浙江府县志辑⑪》，上海书店出版社，1993年，第313页。

[2] 《（民国）萧山县志稿》卷三《水利门》，《中国地方志集成·浙江府县志辑⑪》，上海书店出版社，1993年，第312页。

杭州市区海塘类文物保护单位现状图

图一　明清钱塘江海塘(四季青碑亭)

图二　明清钱塘江海塘(乔司段)

图三　明清钱塘江海塘(狮子段)

图四　萧绍海塘　北海塘

钱塘江南岸海塘
——以萧山境内的北海塘为例

王建欢
(杭州市萧山区城市管理综合行政执法局)

摘　要：钱塘江南岸的北海塘(萧山境内)以修筑的跨越年代久远、海岸线漫长险峻，塘文化积淀深厚而著称，现虽成为钱塘江南岸的备塘，可它是萧绍古代人民抗击钱塘江风潮的诗史，是古代萧绍人用聪明才智和血与泪凝聚而成的大堤，是萧绍平原变迁、崛起的见证人、里程碑，它还是一直屹立于萧绍腹地里畈与沙地的分界线、风俗线、风景线，它留给大自然变迁、沧海桑田的人文资源不可估量。

关键词：钱塘江　南岸海塘　萧山　北海塘

"浪打天门石壁开，海神来过恶风回。浙江八月何如此，潮似连山喷雪来"。这是唐朝诗人李白在描写钱塘江大潮中的《潮诗》，这首诗收录在明朝万历年间编纂的《萧山县志》中。钱江大潮以其势如卷席，汹涌奔腾而著称，正像李白诗中所描述的"潮似连山喷雪来"，那么潮来以什么阻挡呢？早期肯定是白浪滔天，巨浪排空，潮想冲到哪里就到哪里为止，无拘无束，像匹野马。后来人们就用水来土挡的办法，筑起了土堤，但毕竟土堤难挡滔滔浊浪，这就得用石块来垒堤，石块垒堤就比土堤要坚固得多，一旦大浪击堤，就有惊涛拍岸的景象。

世人只知钱塘江大潮的水势浩渺，惊涛万千，而在看惊涛的同时，恐怕不会想到这阻挡怒潮的江塘、海塘。

北海塘的民间记忆

北海塘，也称南塘、捍海塘等。旧时萧山老百姓称其为皇塘、禁塘。

说到皇塘，是因当时修筑海塘的资金有皇帝批准，专门从朝廷拨下来的，百姓认为是皇帝出钱派人修筑的，就称为皇塘。说到禁塘，是因为塘堤是保障萧绍内地的屏障，民国之前，北海塘上一直有"塘察"据守、巡视，禁止在塘堤上开垦、种植、建房，因此就称为禁塘。

北海塘上，原来每隔二十丈各竖有石碑，它是海塘上的里程碑。石碑上刻有《千字文》，从"天地玄黄"的"天"字号开始，一直至"焉哉乎也"的"也"字号结束。《千字文》碑石过去从原绍兴县天乐乡的麻溪坝（现进化镇境内）始，一直到绍兴的三江闸为止。为何在皇塘上要竖《千字文》而不竖其他的数字碑？因为古人很有智慧，旧时大多数人对《千字文》很熟悉，你只要说出《千字文》中的某个字号发生问题和险情，就能准确无误地找到具体位置了。民间传说是这条皇塘是刘国师（指明朝开国大臣刘伯温）用砻糠撒牢的。在明朝之前，这条皇塘是直线的，大潮来时，有的堤段经常被潮水冲垮，可是有的堤段却没有被冲垮。这是什么原因呢？这是因为潮水来时有急有缓。急的地段容易被冲垮。刘国师就想出了一个因势利导的办法，他用老百姓家里存放的砻糠，在涨潮的时候叫守堤的"塘察"撒在海岸线上，等潮水退掉后，这砻糠就成了弯弯曲曲的着陆线，后来筑堤师傅就沿着这条着陆线建造塘堤。

刘伯温用砻糠线筑塘的故事，在当时传为美谈，这筑堤的方法简单又科学，原用直线型的塘堤易被潮水冲毁，改用一条弯曲形的塘堤就能缓解冲击力。从那以后，潮水冲垮塘堤的事件没有经常发生。

清朝咸丰年间，大水漫过万柳塘（衙前新林周境内）。万柳塘因被江水浸泡时间过长，许多堤段整段塘堤被冲坏，附近村子田地房屋被淹。当时太平军正守在衙前吟龙村一带，在这紧要关头，太平军首领联合村民一起堵住海塘洞口，因缺少木、石，没有办法，就把不远处几座庵庙道地上的石板全部撬来堵住缺口。缺口太大挡不住，就用石块装在木船上，然后把整条石块船压沉堵住洪水。后来缺口总算被堵住，但出现了奇怪的现象，因堵口时用的是不规则的垒石，石头间缝隙过大，致使塘内外水产生了对流，而塘身倒安然无恙。后来在清朝时就有了"洋灰"（水泥），"洋灰"，也叫"水门汀"（英语译音），有漏洞就用"水门汀"来补洞，这段由太平军筑的石塘约有一百多米，在塘堤中一眼就能看出，仔细看也能看出与其他塘堤是有区别的。

如今，太平天国起义已过去一百多年，北海塘内外早已是沧海成了桑田。因被洪水冲溃而形成的水潭——长毛潭，也被村民承包，成为一个养鱼潭。该潭面积约 7.8 亩，潭上及邻近的潭水中搭着一个个养鱼塘，水上居住的"鱼簖舍"，颇具水乡风情。

北海塘与历史人物

说到修筑海塘，不能忘了将杭州、萧山部分海塘中的柴塘、土塘改筑为石塘的大功臣张夏。

张夏，也称张十一郎，宋时萧山长山乡（今楼塔、河上一带）人，宋景祐年间（1034～1038），以工部郎中任两浙转运使。关于张夏之死，据毛奇龄《张十一郎官词序》记述,“乃以护漕(指在江海中运送官粮),决河覆舟”而死。张夏殉职后,葬于现新街镇境内的长山之麓,并被历代朝廷封为宁江侯、护堤侯、静安公等。人们为纪念他的治水功绩,立祠志念,并在长山山麓建起了张夏寝宫,又在古万柳塘旁建立起了张夏行宫。张夏寝宫在20世纪50～60年代已成为长山中学,后为职高;而古万柳塘旁的张夏行宫至今尚存。行宫内现在有一副石柱联,镌文为:“风恬静沾神泽,海宴清颂帝功。”行宫中央有一坐着的张夏塑像,脸为红色。行宫前原有一戏台——万年台。为纪念张夏,每到农历三月初六在此举行庙会,并在万年台上演出《目连救母》等。

除了张夏,还有一位被写进民国三年编纂的《萧山县志稿》的历史功臣刘良贵。

南宋咸淳六年(1270),北海塘新林周(宋明及清初称为新林)段为钱塘江风潮所啮,所筑海塘全部被潮水冲垮。后来朝廷命绍兴太守刘良贵主持负责修筑,历时四月完工,塘堤“高逾丈,其广六丈,其长千九十丈。横亘弥望,屹若天成”。完工那天,刘太守带着僚吏行走在塘堤上,斟酒相贺说:“非朝廷之赐不及此”,于是“命立之祠(指建立万柳堂),且植柳万株,大书其匾曰:‘万柳堂’,以冀岁久根蟠,塘以益固……”著名理学家朱熹的三传弟子黄震撰写《万柳堂记》,详细记述了修筑万柳塘的全过程。

为修筑万柳塘而修建之祠——万柳堂,毁于何时已无从得知,而塘中原竖有的“古万柳塘”碑碣,在20世纪50年代被人移作他用,也不知道去向。

清朝中叶前,新林周万柳塘以外被喻为“蛟龙出没之区,鱼鳖浮沉之地”。它的出海口就是旧时钱塘江中的雷山与鳖子山之间,称为“海门”或鳖子门,一旦钱塘江发生大的洪水和海潮,这风潮就直接侵击万柳塘。因此,清嘉庆山阴知县胡潮在《萧邑新林塘筹水说》一文中描述:“三江闸二十八洞所泄之水,不敌新林万顷汪洋来源之旺也。”因为一旦钱江风潮冲垮万柳塘,这洪水就会直泻萧山及山阴内地,所以南宋朝廷特别重视修筑万柳塘。

北海塘的前生今世

北海塘绵亘40公里,在1680年以前全线临江,后因新筑了南江大堤、围垦大堤,北海塘才被退到三四线作为备塘。逐段名称自西至东为:龙王塘(西兴),长山塘(北干、新街)、横塘(新塘)、万柳塘(衙前)、瓜沥塘。瓜沥是北海塘东端的头。因此,旧时萧山人习惯叫“瓜沥塘头”。而自瓜沥以东的党山益农是绍兴境内的后海塘,也称俞公塘。1956年,党山益农划入萧山,后海塘就通称北海塘。据旧志记载,北海塘自吴越始,经汉、晋、唐,经五代,又经宋、元、明、清以至民国初,代代有兴修。最初筑土塘,后来在险要处改筑石塘。

宋时的萧山北海塘北岸几乎全线临水,那时塘外涨潮时一片汪洋,退潮时则成为裸露的滩涂,而海塘内的田畈河流交叉,船只穿梭,阡陌纵横,民舍星罗棋布。北海塘作为萧绍地区的江海大屏障、生命线，坚如磐石，顽强屹立，只有到发大水的年间才有几处险要处的塘堤被潮水冲垮。冲垮后，当时朝廷或州府就会拨专款堵截、修筑。可时过一百多年，现在的北海塘外早已是沧海变桑田，又由桑田变为麻棉产区。可 20 世纪 80 年代后期，作为备塘的古北海塘一夜之间竟被新建的高楼大厦湮没。有的塘堤被掘平，有的被填埋，有的被肢解分离，有的被拆除。长长的 40 公里北海塘已消失殆尽。

在对北海塘进行踏勘得出：长山塘和万柳塘积淀的海塘文化最为深厚。这两段塘堤气势巍然，更为难得的是长山塘堤中有“镇塘锁石”的十二生肖石雕，而且雕刻精美，栩栩如生，而在石兽下竟发现有一块被砌入塘堤的文字碑“断鳌立极”。“断鳌立极”是古代的神话故事，传说上古时天地倾斜，江水横流，女娲砍断巨鳌之足来作天柱。

万柳塘上还有各个朝代修筑的塘堤，有土塘、叠砌塘、鱼鳞塘、丁由塘……可谓是各式石塘堤的博物馆。

北海塘现成为钱塘江的备塘，可它是萧绍古代人民抗击钱塘江风潮的诗史，是古代萧绍人用聪明才智和血与泪凝聚而成的大堤，是萧山变迁的见证人，是萧山崛起的里程碑，是一直屹立于萧山腹地里畈与沙地的分界线、风俗线、风景线，是留给萧山人民宝贵的文化资源。

北海塘以其工程宏伟，与古长城、古运河著称中国古代三大伟大工程。萧山北海塘在几千年的钱塘江历史文化中确实创下过，而且至今还留存丰富的海塘文化资源。

参考文献：

1.《萧山县志》，浙江人民出版社，1987 年。
2.《明清萧山县志》，上海远东出版社，2012 年。
3. 陈志富：《萧山水利志》，方志出版社，2006 年。
4. 浙江省萧山县地名办公室编：《萧山县地名志》，1984 年。

钱塘江萧绍古海塘现状及保护对策思考

徐昌栋
(浙江省钱塘江管理局)

摘　要: 钱塘江萧绍古海塘历来是萧绍平原的防洪御潮屏障,它见证了古代沿江人民抗御潮患的光辉历史,体现了钱塘江南岸人民与潮患抗争的不屈精神,是萧绍地区重要的历史文化遗产。然而,随着社会经济发展和城市化进程的加快,萧绍古海塘受到的破坏和威胁正日趋严重,保护古海塘、传承塘文化已刻不容缓。本文以萧绍古海塘中已退居二线的北海塘为例,介绍了钱塘萧绍古海塘的现状、保护必要性以及保护对策措施。

关键词: 萧绍古海塘　钱塘江　文化　保护

一、萧绍古海塘基本情况及现状

(一) 萧绍古海塘基本情况

钱塘江萧绍古海塘西起今萧山临浦麻溪桥东侧山脚,经绍兴至上虞蒿坝清水闸闸西山麓,绵延百余公里,穿越萧山区、滨江区、绍兴市境内,历来是萧绍平原的重要防洪屏障。萧绍古海塘全长 116.8 千米,其中,萧山境内的长 72.7 千米(西江塘、北海塘),大部分为明清时期修建,距今约有千年历史。作为钱塘江文化的重要组成部分,它见证了萧山围垦的光辉历史,也体现了萧绍地区人民抵御洪涝潮灾的不屈精神。随着建国初期以来大规模的治江围垦,钱塘江岸线北移,北海塘已退居二线,其防洪御潮功能逐渐减弱,但古海塘本身蕴育的文化价值随着岁月的沉淀愈加显得厚重和悠远。

(二) 萧绍古海塘现状(以北海塘为例)

北海塘西起萧山西兴永兴闸东至绍兴斗门老三江闸,全长 41.44 千米,始筑年代尚无考证。但据萧绍运河始凿于西晋,而北海塘位于运河之北的情况来推断，至少在西晋已建有北海塘，因为只有依靠海塘的保护，萧绍运河才不至于受到钱塘江潮患的侵袭，安全通行。通过对北海塘全线的考察走访和勘测调查，总体感觉古海塘线路走向清晰，多数塘段保存完好，海塘结构形式多样、工艺精湛，具有较高的文物保护价值。近些年，随着海塘沿线地区城市化进程的加快，大规模的旧城改造、房地产开发以及道路等基础设施建设对北海塘造成了较大的破坏，很多塘段已整体作为路基被埋在道路下，成为一条承载着历史记忆的交通古道，沿塘百姓在民房建造等过程也不同程度侵占或者损毁了塘身，古海塘的完整性和原始性遭到了破坏。但也有一些塘段保护较好，整体风貌得以保存和延续，以下重点作一介绍。

1. 西兴段。属滨江区西兴街道，该段海塘位于萧绍运河北侧，塘顶被西兴古塘路覆盖，海塘轮廓线不清晰，但在西兴中学上游及风情大道上游迎水侧有33 米和 73 米条石塘外露，西兴中学上游条石塘共五层，每层条石高 0.37 米，长 0.35～1.57 米，丁由砌筑，由下往上逐层内收，内收宽约 3.5 厘米；风情大道上游侧石塘共四层，每层条石高 0.37 米，长 0.35～1.4 米，丁由砌筑，由下往上逐层内收，内收宽约 0～3 厘米，现风情大道范围被当时道路建设所破坏。

2. 风情大道至金鸡路段。属萧山区北干街道荣星社区，该段海塘总长为 1 800 米，整体较为完整。塘身为路面覆盖。其中金色钱塘小区范围塘身已被破坏。金色钱塘小区至青年路段，金色钱塘小区东至青年路西段长 640 米可见条形石塘痕迹，迎水侧断断续续有露土 2～4 层条石的塘段，块石叠砌，条石长 1 米左右，宽 0.5 米，厚 0.5～0.6 米，由下往上逐层内收，条石规整性较差；青年路东至金鸡路西段长 1 086 米，迎水侧已被土方填埋或已被小区圈围。

3. 金鸡路至市心中路段。属北干街道城北、塘湾社区，金鸡路至工人路 744 米海塘因城市开发建设正处在被平毁阶段；工人路至市心中路段长 545 米，塘身基本被道路覆盖，堤顶为沥青路面，塘顶面宽约 5 米，其中萧山五中附近建设了北海塘公园，部分塘身作为遗迹保留，路缘侧有新材料复原的字号碑，但未见塘身条石。

4. 市心中路至通惠中路段。属北干街道城北、塘湾社区，该段海塘总长 1 884 米，堤顶为沥青路面，塘面宽 4.3～5 米不等。据了解，该段原为石塘，现埋于路基下。育才北路以西海塘两侧因实施城中村改造，周边民房已被征地拆迁，紧靠海塘迎水侧有一清代建造的龙王庙。

5. 通惠中路至通货路段。属北干街道塘湾社区，该段海塘长 777 米，堤顶为沥青路面，塘面宽 5～6.7 米左右，塘身大部分被埋在道路或民房路基下，部分道路临空侧条石清晰可见，保存完好。塘湾社区 13 号附近塘体北侧有一处十二生肖兽头镶嵌在条石中，作为遗迹完好保留，迎水侧条石呈直立式，由条石纵横合砌而成，由下往上逐层内收 5～6 厘米，外露共 3 层，每块条石长 1.05～1.7 米，宽、厚约 33 厘米。

6. 通货路至长山段。属新街镇，全长 1 073 米，塘面宽 5～8 米，海塘迎水侧未见外露条石，目前该段海塘作为乡村公路使用，路名为海塘路。1950 年代建设解放河，而后改建长山闸以及道路建设等对海塘有所破坏。海塘建至长山，凭借长山的天然屏障抵御钱塘江洪潮。

7. 衙前段。属衙前镇，新林周村附近300米条石叠砌规整，工艺精细，古称“万柳塘”，石塘现在水泥路下，因毗邻萧绍运河，塘南侧也有条石砌塘，为丁由石塘，塘北侧为条石错缝叠砌，向上微收。该段内有一座为祭祀张夏筑塘治水功绩而建造的三神殿(张夏行宫)，常年香火不断。靠近农运路段约100米保存完好，塘北为水塘，塘南为田地、萧绍运河，临空侧为露脚丁由石塘(丁石加工成T型，与由石紧密咬合)，现可见8层石条错缝叠砌，逐层向上微收。

8. 坎山段。属坎山镇，西自G104复线北侧，东至航坞山西麓，长3400米，宽2～4米，原石塘现不见条石，至航坞山以山体作天然屏障，抵御钱江潮南犯。沿线有龙图殿，旁有号称萧山最长的坎山老街，街道两旁老店铺林立。

9. 瓜沥塘头街。属瓜沥镇，街面为原海塘塘面。塘头，意即海塘之头。塘身在现街面下，塘南北两侧店铺林立，曾经是瓜沥古镇的重要商贸集市。塘头街中段北侧一巷口立有清道光三年(1823)的“舍茶碑记”石碑，字迹模糊。

10. 党山老街段。属瓜沥镇，党山老街(党山路)上老塘，原为石塘，塘面宽3.6米，条石长1.2～1.76米，宽0.21米，厚0.28米，高约1米。在现街面下，振兴路下游部分道路临空侧仍可见条石。

11. 益农段。分属萧山益农镇和绍兴马鞍镇，老塘已被现党老线公路覆盖，大部分公路临空侧条石完整，清晰可见，条石长约2.1米，宽0.3～0.45米不等。

二、开展萧绍古海塘保护工作的必要性

萧绍古海塘伴随千百年来钱塘江江道和时代发展变迁，演化至今，海塘的自然形态虽有破坏和损毁，但历史的文脉仍在延续，所以在新形势下，古海塘的保护和传承工作势在必行、迫在眉睫。萧绍古海塘保护有以下三个方面的必要性。

(一) 萧绍古海塘作为防洪御潮屏障，护卫着两岸生灵，是沿江百姓心中的“守护神”。萧山地处钱塘江之北，浦阳江从其西部流过，古时天灾频发，暴雨侵霪，江堤溃决，洪水长驱直入，导致沿岸庄稼绝收，人财两空，萧绍两地百姓饱经钱塘江洪潮之苦，潮患给萧绍人民造成了极大的心里阴影。从心理上来说，萧绍人民对潮水是畏惧的，所以更希望萧绍海塘能降服暴虐的滚滚洪潮。正是这种休戚与共的关系，以前老百姓才将萧绍海塘称为“皇塘”和“禁塘”，古往今来，沿塘人民都敬畏它、爱护它，尊之为生命的“守护神”，而修建海塘的功臣在死后则被奉为神灵，老百姓对他们感恩戴德、感念至今，这从分布在海塘沿线大量的晏公庙、龙王庙、三神庙等祭祀祠庙香火延绵的情况可以得到佐证。

(二) 萧绍古海塘是一块璀璨夺目的文化瑰宝，是古代劳动人民智慧和力量的结晶。萧绍古海塘凝聚了历代钱塘人包括沿江百姓的智慧和力量，古海塘建造并非一蹴而就，而是经历了屡建屡毁、屡毁屡建的历史过程，从早期的土塘、柴

塘发展到后来的石塘，再到如今呈现在我们面前的丁由石塘、鱼鳞石塘，没有艰苦卓绝的工艺技术改进，哪有今天恢宏大气、巧夺天工的技术瑰宝？毫不夸张地说，光各个朝代种类繁多的筑塘工艺就能集纳成一座主题博物馆了，从这个意义上说，萧绍海塘的建造史就是一部人与自然从不断抗争到和谐发展的生动历史。此外，还有经过历史积淀的祭祀文化、老街文化等，构成了极具地方特色的塘文化。

（三）萧绍古海塘是一座精神圣殿，它体现了自强不息、勇于创新的钱塘精神。古代人民在修建、改造萧绍海塘的过程中留下了一笔浓墨重彩的精神财富，我们可以称之为“钱塘精神”，它蕴含“前仆后继、奔竞不息、坚韧不拔、勇于创新”的精神内涵。作为钱塘人，需要一种精神寄托和支撑，古海塘千百年延绵下来，其蕴含的精神价值需要我们在保护中予以传承和发扬，使之代代相传、经久不衰。

三、新形势下加强萧绍古海塘保护工作的对策措施

（一）积极呼吁，政府先导。积极向沿塘政府部门呼吁萧绍古海塘保护工作的重要性，建议他们在城镇化进程中，确立“保护优先”原则，对保存完好的塘段重点加以保护和提升。同时建议由地方政府牵头，建立萧绍古海塘保护联系工作制度，明确责任分工，加强文物保护、水利、规划、建设等行业主管部门的联系和协作，合力做好古海塘的综合保护工作。

（二）尽快立法，提升级别。由于目前尚未有针对古海塘保护的专门法规，一些违法占塘、损塘的建设行为缺乏有效监管和法律保障，建议条件成熟时可以借鉴长城、运河等文化遗产保护工作经验，出台专门的古海塘保护条例，为古海塘保护保驾护航。同时鉴于萧绍古海塘的历史文化价值，建议能适时升级为省级文物保护单位，划定文物保护范围和建设控制地带，为钱塘江古海塘整体申报世界物质文化遗产做好铺垫。

（三）加强规划、综合治理。萧绍古海塘保护地区历史文化底蕴深厚，沿塘地方政府在城镇化建设过程中，可以做好与古海塘的结合文章，在前期调查研究和充分论证的基础上，加强规划、综合治理。如义桥渔浦街、坎山老街、瓜沥塘头街、党山老街等历史街区的保护工作，可以将与之紧密关联的萧绍古海塘纳入其中，将塘文化元素和街坊风貌有机串联起来，打造“古塘老街”特色品牌。

（四）加强宣传，舆论造势。建议由水利、文物保护部门联合制作统一的海塘简介牌及宣传告示牌，对保存相对完好的塘段竖碑立牌，予以宣传和保护，接受社会监督，同时通过开展“古塘保护进社区”集中宣传以及微博微信、动漫等新媒体宣传活动，提升沿塘百姓的保护意识，营造全民爱塘、护塘的浓厚氛围。

（五）积累史料、推进研究。进一步做好萧绍古海塘现状调查及基础史料整

理工作，摸清海塘现状、营造结构、遗迹分布情况，在文物保护部门的支持下，尽快编制“一图一册”(即一张古海塘综述图，一本基础资料手册)，以供留存查阅。同时积极推进古海塘基础性、学术性研究，丰富涉及古海塘的工程技术、沿岸社会发展、民俗民风等文化研究内涵。

（六）巡查关注，动态掌握。萧绍古海塘虽退居二线，基本不具备防汛功能，但作为古老的水利工程和水利文化遗产，应在水利部门的日常管理中加以重视，可以结合防汛专项检查、日常巡查等工作，对重点塘段的动态情况予以关注，及时发现和制止涉塘违法建设行为，推动古海塘遗产的永续保护。

参考文献：

1.《萧山县志》，浙江人民出版社，1987 年。
2.《钱塘江志》，方志出版社，1998 年。
3. 陈志富：《萧山水利志》，方志出版社，2006 年。
4. 崔太金：《钱塘江南岸明清古海塘(杭州段)调查报告》，《杭州文博》2012 年第 2 期。
5. 马丁：《试论钱塘江古海塘旅游资源的保护与开发》，《中共杭州市委党校学报》2003 年第 1 期。

中国海塘史研究的回顾与前瞻*

王大学
（复旦大学中国历史地理研究中心）

摘　要：在充分利用外文论著的基础上，笔者从直接针对海塘历史的研究、与滨海地域开发相关的海塘史研究、海塘管理制度史研究、历史地理与海塘史相关的海塘史研究四个方面，对中外学界有关中国海塘历史的研究成果在分类基础上进行了系统深入的梳理和分析，比较详细地介绍了已有成果的优缺点。在洞悉现有成果的基础上，笔者认为以下三点是中国海塘史将来可以深化的领域与方向：第一，全面深入研究海塘建设历史的动态过程。第二，海塘工程建设的环境响应。第三，与海塘工程有关的公共财政与民众生活史。

关键词：中国　海塘史　研究　回顾　前瞻

海塘、运河与长城并称为中国古代三大公共工程，它们规模宏大、工程艰巨且动员劳力多。运河与长城历史的研究成果很多，但海塘史的研究非常薄弱，这与海塘在历史上的地位与作用极不相称。笔者曾经对中国海塘史的研究成果进行过比较详细的梳理，但是囿于当时的学力和视野，主要关注于大陆学界的研究，而对国际学界的相关研究成果着墨不多。另外，近年来学界对中国海塘史研究又有不少新的成果涌现。有鉴于此，笔者在充分利用外文材料的基础上，系统梳理海外学术界有关江浙海塘史研究成果，在弄清中外中国海塘史研究学术史源流基础上，提出可以开发和挖掘的研究题目和方向，为中国海塘史以及滨海地域史的深入和拓展提出一些粗浅的想法和建议，扩展、深化与此联系密切的自然环境和人为活动的中国古代大型公共水利工程的认识。

* 本文系国家自然科学基金项目“明清两浙海塘的建设过程与环境响应”（41001085）、国家社会科学基金重大项目“宋代以来长江三角洲环境变迁史研究”（09&ZD068）和复旦大学丁铎尔中心项目“气候、水土环境与江南生态史（9～20世纪）”（FTC98503A10）的阶段性成果之一。日文资料在早稻田大学搜集，此行得到2011年度复旦大学光华人文基金资助。

一、直接针对海塘历史的研究

学术界直接针对中国海塘历史的研究成果可以分为历史学和自然科学两种不同路径，特色各异。历史学界的海塘史研究开始的相对较早，郑肇经、朱契、汪家伦、祝鹏、张文彩、陈吉余、陶存焕、周潮生等人对中国海塘史有不同程度研究。部分单篇文章对海塘历史也有所涉及。自然科学界对中国海塘工程的研究，集中在严恺和陈吉余及其团队的相关成果。[1]

江河堤防是典型的自然、社会交互作用的景观，应把海塘建设放入具体时空背景中考察并考虑技术与环境等因素，如此才能全面洞悉历史复杂性。近年来海塘史研究深入化趋势逐渐增强，海峡两岸学界均有以江浙海塘为主题的研究生毕业论文出现。

朱鸿勋以明代江浙地区海塘为研究对象：第一章分析江浙气候与地理环境对海潮灾害大小的影响，海塘分布位置与自然地理的关系；第二章对海塘修筑技术发展作分析，从材料、结构工法以及海塘相关工程（护塘、抢修、水闸），说明明代时海塘修筑已形成一个完整系统的海防工程；第三章讲述塘政制度，主要包含管理体系、经费以及对于海潮灾害的救助。[2]

王大学集中探讨明清江南海塘形成与变化过程、施工中技术和原料问题所受各种生态与社会因素的制约，考察了中国古代大型公共水利工程中社会因素的影响以及其中所包含的人地关系问题。文章通过工程等问题将环境、社会等因素融入问题探讨中，深化了对问题的认识，为海塘研究拓展了新领域，也为深化水利社会史与环境史研究进行了有益探索。[3] 和卫国从 18 世纪政府职能加强角度讨论清代钱塘江塘工，为深化海塘史研究做了有益探索。其研究的最大特点是清代宫中档案的充分利用和挖掘，弥补了以往相关研究主要借助于地方志和海塘专志的不足。众所周知，方志和专志中的史料均经过编纂者筛选与过滤，无法全面反映海塘工程决策和建设过程，原始档案有利于分析历史真实情形。该文还应在历史宏观背景的把握方面有所加强，以便更好地对该段历史进行鞭辟入里的分析。[4] 两位作者研究的特点在于充分利用了档案材料，不过王大学侧重历史学和自然地理学有机结合，和卫国偏重于从海塘史角度强化政治史。

当然，即使从历史学角度切入同一研究内容，不同学者的研究也会显示出不同特点。对于明末清初华亭漴阙石塘的研究，有两位学者从不同视角出发来研究时

---

[1] 有关先前海塘史研究成果的评价，参见拙著《明清“江南海塘”的建设与环境》（上海人民出版社，2008 年），此处不赘。

[2] 朱鸿勋：《明代江浙地区的海塘》，台湾淡江大学硕士毕业论文，2007 年。该文由台北中研院历史语言研究所邱仲麟先生协助提供，特此致谢。

[3] 王大学：《明清“江南海塘”的建设与环境》，上海人民出版社，2008 年。

[4] 和卫国：《清代国家与钱塘江海塘工程研究》，中国人民大学博士学位论文，2008 年。

代变革中海塘修治与当时社会的关系。冯玉荣主要论述明末清初大变动时期地方社会治理海塘的前后变化，明末虽然动荡不安，但却修成了松江历史上首条石塘，这主要得益于地方上社会力量的强大，清初虽然修筑群体变化不大，但海塘修筑中创建性的活动明显减少，主要是官方意志在起作用，一定程度上反映了清代国家控制力加强和士人社会地位下降。[1] 王大学论述了明末华亭石塘修建过程中地方贤达所起的重要作用，通过与清初海塘修筑情况的比较，折射出明末清初社会剧烈变革的背景，以及大型公共水利工程中经费和劳力动员的制度困境。[2]

陈静对明代海盐县海塘修筑过程与当地社会经济发展的关系进行了初步探讨。全文在简要介绍明代海盐县潮灾基本情况后，分别论述了海盐县海塘工程技术的发展、塘工经费的筹措、海塘工程的管理以及海塘对当地经济社会方面的影响。难得的是，作者注意到了此前很少被关注的明代海盐县海塘的祭祀文化，可惜论述过于简单。[3]

张其荣以清代浙江海宁州为中心，论述清前期杭嘉湖地区海塘建设与当地社会经济的发展。全文在简述地理环境与海潮灾害的基本情况后，重点论述海宁段海塘修筑的简要过程、塘工技术的进步、经费筹措方式、清政府对海宁州海塘工程的管理等，并简要论述了海塘工程建设对当地社会经济发展的影响。[4] 和卫国专门研究了明代钱塘江北岸海塘工程修筑状况，并与宋元时代塘工情况对比，主要讨论海塘工程经费和劳动力来源问题。[5]

日本学者相关成果以细腻见长。长濑守在研究中国先秦到宋代的水利技术演变时，简介了该时段内海塘工程的分布区域及技术变化。[6] 米仓二郎从长江三角洲平原低湿地开发角度分析圩田、海塘与土地利用的关系。[7]

本田治为宋元时代浙东海塘的研究展示了另一种思路和方法，更注重滨海平原低湿地开发技术与海塘技术配套以及开发过程的空间推移。文章之所以选择浙东作为研究重点，是因为宋代到康熙末年钱塘江主泓道主要流经龛山与赭山之间的南大门，塘工重点在濒临南大门的浙东平原上。两浙塘工始自唐代，但滨海大规模开发从宋代开始，本文以宋代潮灾史料为主分析海潮灾害与塘工建设的关系。按各县濒临三江口与钱塘江南大门的距离，由近及远研究宋元萧山、山阴、会稽、上

[1] 冯玉荣：《明末清初社会变动与海塘的修筑——以漴阙海塘为中心》，《农业考古》2008年第4期。
[2] 王大学：《朝代更替、社会记忆与明末清初的江南海塘工程》，《传统中国研究集刊》(第五辑)，上海人民出版社，2008年。
[3] 陈静：《明代浙江海盐县海塘与当地社会经济》，安徽大学硕士学位论文，2007年。
[4] 张其荣：《清前期杭嘉湖地区海塘建设与当地社会经济发展——以浙江省海宁州为中心》，安徽大学硕士学位论文，2008年。
[5] 和卫国：《明代钱塘江北岸海塘工程的修筑——与元代的比较研究》，《明史研究》2010年。
[6] 长濑守：《中国先秦时代から宋代に至る水利技术の系谱》，《郡立杉并高等学校纪要》第三号。
[7] 米仓二郎：《扬子江三角洲平野の开发とクリしクの开展》，《史林》第23期，第2页。

虞、余姚和慈溪海塘建设经过、塘工与滨海湖泊的关系，用地图简略展示浙东海塘分布状况。作者指出，宋元浙东海塘由零散分布到逐渐全部连接在一起，土塘逐渐向石囤木柜塘、鱼鳞石塘转化，但石塘工程较少，这主要受两个因素限制：在新涨沙地上修筑石塘地基不稳；民间自备斧资经费不足。[1] 本田治还研究了王安石任职鄞县时主持的水利事业，谈到他主持建立王公塘的简要过程、塘工技术特点以及对此后宁绍平原海塘工程的影响，但该文对此问题讨论过于简略，尚有未发之覆。[2]

陶存焕和戴泽蘅对明清时期钱塘江海塘防潮对策、结构型式、砌筑工艺、组织管理、养护维修等方面的内容，兼及资金筹措等问题，指出了当时所采取的应对措施。[3]关于江浙潮灾与海塘结构技术的演变，郑肇经和查一民的研究最精彩。[4] 海塘工程技术史方面，有学者研究了古代海塘建筑中的科学性、工程技术水平等方面。[5] 严水孚初步研究了乾隆十五年重修镇海后海塘的整体结构、用材和施工工艺等。[6]

二、与滨海地域开发相关的海塘史研究

对中国滨海地域开发史进行系列专题深入研究的，以日本学者本田治为代表。他在重视滨海平原低湿地开发的同时，直接关注海塘建设。

在对唐宋两浙淮南海岸线研究中，利用历史上关于海塘的记载推断不同时期海岸线位置及其变化。利用地形图，从人文、社会和经济等方面对海岸变迁、滨海低湿地开发及其环境响应进行综合分析。思路与日本有明海、濑户海等滨海低湿地开发过程研究相同，重视自然景观变化中人为因素直接或间接影响。对唐宋两浙淮南海岸线的研究分为浙东、浙西与淮南：浙东以镇海县、慈溪—余姚县、上虞县、会稽县(三江口以东)和山阴—萧山县(三江口以西)为地理单元；浙西以杭州—盐官县(海宁县)和海盐—华亭县为地理单元；淮南主要介绍范公堤。用两幅地图展示唐宋杭州湾海塘、两浙淮南海塘情况，认为浙东和浙西海塘建设自8世纪以来持续不断，地方官在塘工建设中具有重要作用，淮南自范公堤建设后很少类似工程，说明两浙与淮南在海岸线变迁方面有巨大差别。本文强

---

[1] 本田治：《宋・元时代浙东の海塘について》，《中国水利史研究》第9号(1979)。

[2] 本田治：《知鄞县时代の王安石の水利事业にっぃて》，〔日〕松田吉郎编《宁波地域の水利开发と环境》，2010年3月。

[3] 陶存焕、戴泽蘅：《明清时期的钱塘江海塘》，《水利规划》1997年第3期。

[4] 郑肇经、查一民：《江浙潮灾与海塘结构技术的演变》，《水利史研究》(第1辑)，第156～171页。查一民：《江南海塘间接护岸工程技术的出现与发展》，《江南海塘论文集》，河海大学出版社，1988年。

[5] 周素芳：《钱塘江明清海塘加固技术研究》，《水利水电技术》，总第24期，2004年。陶存焕：《钱塘江古海塘的塘型演变和经验探讨》，《水利水电科技进展》1999年第4期。周魁一：《中国科技史・水利卷》，科学出版社，2002年。

[6] 严水孚：《清乾隆十五年重修后海城塘工程考》，《浙江水利科技》2004年第1期。

调地形图与文献史料相结合研究海岸线变迁的重要性，重视对内陆河港、湖沼的复原。将唐宋海岸线变迁放在更长历史时期内考量，除唐宋正史、文集和笔记外，还充分重视后来的地方志、地理志等，该思路值得重视。[1]

遵循上述思路，本田治依据《上虞县五乡水利始末》和方志，研究了宋元上虞县夏盖湖水利问题，涉及唐代夏盖湖人工修筑到清初该湖泊被废除过程中取水、湖田、水利争讼以及海塘建设等诸多方面。[2]

本田治对宋元江浙滨海开发的研究，既有宋元滨海田开发的宏观探索，也有特定时代、地域土地利用的微观讨论。[3] 对宋元滨海田进行宏观研究，从不同时期新涨滩地名称与空间分布入手，利用的大量方志、文集、政书和农书辨析江、浙、闽、粤沿海沙田进名称，分析新田开发技术与水利设施的关系，在此基础上重点研究滨海新田所有者与水利问题，讨论海塘建设在抵御海潮内浸与引入淡水灌溉方面的作用，最后从宋代外来作物引种角度讨论占城稻在滨海新涨滩地种植的问题。跳出海塘本身研究海塘历史，将滨海地域开发与海塘史研究有机结合。[4]

本田治利用家谱对明代宁波沿海移民与开发问题进行了详细研究，展示了如何利用后世史料如现代地方志、地名志、碑刻、口述史料以及其他二手材料研究明代历史。确定明代宁波沿海地域范围时，作者展示了熟练的历史政治地理知识与技能，为使用第二手材料找到学理依据。通过 26 页材料，详细统计了明代宁波沿海移民的地域来源和比例，从以下方面分析移民动机：逃荒、战乱、大户逃亡、入赘、经商和兄弟偕行。分析移民定居位置选择时，谈到部分移民及其家族跨海塘而居，这为海塘史研究开启了新路，有助于深入了解滨海得利大族的情况以及海塘工程中劳动力来源等问题。[5]

对于海岸带地区开发与海塘建设关系问题，还有一个重要切入点是将滨海土地开发中的塘工、水利和环境影响等因素结合起来的综合研究，但此类成果尚少。笔者对上海滨海平原区开发过程中水系、水洞和海塘之间的关系进行了初步研究，发现随着宋元以来滨海平原区土地利用方式的转变，海塘和水洞的防潮

---

[1] 本田治：《唐宋时代两浙・淮南の海岸线について》，布目潮沨编《唐宋时代の行政・经济地图の作制研究成果报告书》。

[2] 本田治：《宋元时代の夏盖湖水利について》，《佐藤博士还历纪念中国水利史论丛》，国书刊行会，1981 年。

[3] 本田治：《宋代江南の滨海地方における农业开发》，1977 年度中国水利史研究会上的报告，见《中国水利史研究》第 9 号(1979)，第 29 页；本田治：《宋元时代温州平阳县の开发と移住》，《佐藤博士退官纪念中国水利史论丛》，国书刊行会，1984 年；本田治：《宋代温州における开发と移住补论》，《立命馆东洋史学》19 号(1996)；本田治：《宋代明州沿海における开发と移住》，2005 年 5 月 17 日，第 52 回国际东方学者会议、ツンポヅウム《中国社会の持续と变容——その论理と实际》于日本教育会馆。

[4] 本田治：《宋元时代の滨海田开发について》，《东洋史研究》第 40 卷第 4 号，1983 年 3 月。

[5] 本田治：《明代宁波沿海部における开发と移住》，《立命馆文学》第 208 号，2008 年 12 月。

与引潮的含义也有所变化。在制盐过程中，海塘是为防止潮灾破坏盐场，制盐技术要求开挖河道和利用水洞引海潮灌溉盐场。随着盐田蓄淡种青后逐渐变为农田，海塘防御潮灾破坏的作用未变，塘上水洞的作用转变为向西经黄浦江排水和引浦江水灌溉农田。历次海塘修筑伴随水系调整、涵洞开凿问题，凸显滨海平原区开发过程中系统水利工程的复杂性。海塘修筑、环境变迁和经济利益争夺纠缠在一起。[1]

涉及江浙海塘与滨海地域开发史的研究论文，主要包括：马湘泳对江浙海塘和太湖地区经济发展关系的研究；叶建华对清代浙江水资源开发与海塘江坝修建工程的讨论；张修桂在上海地貌环境变迁与先民生产文明创建过程中也涉及上海地区海塘的内容。[2]系统研究滨海地域开发史的成果，主要以近年来新出的硕士毕业论文为主。

马丁论证了萧山地区从古代到20世纪80～90年代的围垦史，主要内容包括：钱塘江河口演变、海塘发展和演变以及围垦的综合因素等三个方面。在围垦综合因素分析中，利用大量历史资料并尝试结合地理学知识。由于论述时间跨度太大，对清代围垦研究相对较少。[3]

刘丹比较系统地考察了清代宁绍海塘体系形成的动态过程、海塘修筑的经费问题、滨海土地围垦与水利系统发展的关系，论文结尾尝试提出"海塘型水利社会"的命题。这篇论文无疑是近年来硕士论文中海塘与滨海平原史研究中的佼佼者，对慈溪三北平原海涂开发中民、灶纠纷进行了较深入的讨论。当然，"海塘型水利社会"的命题值得斟酌，历史动态过程研究也有不少深化空间，应该在更宏观背景下讨论地域历史。不过，她的研究在如何把海塘、盐场、地区开发、水利、社会和聚落问题有机结合起来方面进行了有益尝试，为海塘工程与滨海地域史研究扩展提供了新思路。[4]

穆连杰从清代萧山自然环境和人地关系入手，剖析萧山海涂垦殖基本动因，探索清代萧山垦殖自然围垦和牧地改造方式，以及滨海开垦对盐业和农业等社会经济发展的影响。[5]

田戈主要利用地名志、方志以及近现代大比例尺地图，借助GIS技术对今日慈溪市范围内沿海地域在明清时期的海塘建设、聚落与移民等因素进行了深入研究，探讨慈溪聚落时空演变特征和历史时期人口变化过程。本文最大亮点

---

[1] 王大学：《防潮与引潮：明清以来滨海平原区的海塘、水系与水洞的关系》，《历史地理》第25辑，上海人民出版社，2011年。

[2] 马湘泳：《江浙海塘与太湖地区经济发展》，《中国农史》1987年第2期；叶建华：《论清代浙江水资源的开发利用与海塘江坝的修建工程》，《浙江学刊》1998年第6期；张修桂、戴鞍钢、余蔚：《上海地貌环境变迁与先民生产文明创建》，《史地新论——浙江大学（国际）历史地理学术研讨会论文集》，浙江大学出版社，2002年。

[3] 马丁：《萧山围垦的历史基础》，杭州大学硕士学位论文，1996年。

[4] 刘丹：《杭州湾南岸宁绍海塘研究——以清代为考察中心》，宁波大学硕士学位论文，2011年。

[5] 穆连杰：《清代萧山的海涂垦殖研究》，宁波大学硕士学位论文，2012年。

是利用GIS进行历史地理学研究，但在研究范围选择上可重新考虑。今日慈溪市域在明清时期隶属于三北平原不同县份，但又没有全部包含在现在慈溪地域范围之内，历史上三北平原滨海地域开发史研究不能人为割裂。[1]

胡仲恺考察清代钱塘江北岸海宁海塘修筑与南岸萧山沿海的海塘工程与低地开发过程。其实这是两个不同类型的海塘工程，放在一起考察并非最佳选择，两者没有必然联系也无法比较，该文最大贡献在于对萧山南沙开发进行了深入研究。作者注意到江道变迁与家族迁徙兴亡的关系、南沙开发过程中社会管理与盐政的关系，在宁绍平原滨海开发史方面进行了新探索。[2]

刘淼在研究明清时期沿海荡地开发时，偶尔涉及福建沿海的海塘，但其重点在于分析当时由南至北沿海开发过程。[3] 冼剑民、王丽娃从珠江三角洲地区人地关系加剧和农业技术提高方面入手，探讨了明清时期珠江三角洲的滩涂开发过程以及由此带来的影响。[4]

地理学界有学者从滩涂的概念、演变、开发和滩涂的社会问题、经济问题和生态问题等方面进行了初步探讨，认为我国沿海滩涂的研究还不够系统、全面，并提出了加强滩涂的定义界定、统计口径、动态监测、管理体制、资源定级评估等观点和建议。[5] 徐承祥和俞勇强初步讨论了浙江省的滩涂资源的基本状况及历史垦殖的时间问题，该文的重点在于建国后浙江省滩涂资源利用情况，对于历史上浙江地区的垦殖活动只一笔带过。[6]

国外防海堤坝及滨海地区景观变化研究，以荷兰和英国为代表。荷兰围海造田世界闻名，有学者研究低地洪水、堤坝和附近聚落变化等问题。[7] 荷兰围海造田、水利管理与土地垦殖历史研究较为系统。[8] 英国沿海盐业、堤坝和滩地开发的社会经济史也有出色研究。[9] 达比对英国沼泽地区的防海与灌溉工程进行了长时段研究，描绘了该地区的景观过程，讨论了人和环境的互动。[10] 海外学者对滨海地区防海工程和地区开发的研究，有较大借鉴意义。

---

[1] 田戈：《明清时期今慈溪市域的海塘、聚落和移民》，复旦大学硕士学位论文，2012年。

[2] 胡仲恺：《清代钱塘江海塘的修筑与低地开发——以海宁、萧山二县为考察中心》，暨南大学硕士学位论文，2013年。

[3] 刘淼：《明清沿海荡地开发研究》，汕头大学出版社，1996年。

[4] 冼剑民、王丽娃：《明清珠江三角洲的围海造田与生态环境变迁》，《学术论坛》2005年第1期。

[5] 彭建、王仰麟：《我国沿海滩涂的研究》，《北京大学学报》(自然科学版)2000年11月。

[6] 徐承祥、俞勇强：《浙江省滩涂围垦发展综述》，《浙江水利科技》2003年第1期。

[7] Jelle Vervloet. *The potential of historical geography for predictive modeling*.

[8] Lambert, Audery M. *The making of the Dutch landscape: An historical geography of the Netherlands*, London 1978. Van, G. P, Van de: *Man-made Lowlands: History of water management and land reclamation in the Netherlands*, Utrecht Matijs, 2004. 中文版本见Van, G. P、Van de著，詹灿辉、周志强译《人造低地：荷兰治水与围垦史》，星球地图出版社，2007年。

[9] H. E. Hallam. *The new lands of Elloe*, Leicester, 1954.

[10] H. C. Darby. *The changing Fenland*, Cambridge, 1983.

三、海塘管理制度史研究

与海塘有关的社会生活史研究内容很宽泛，包括日常管理制度及其组织、经费来源和使用制度、劳动力动员等。学界对海塘制度史关注非常不够。本田治研究宋元浙东海塘修筑资金来源、征收方法、维修技术、劳动力动员方法与具体管理情形。宋代尤其南宋地方官在浙东滨海平原开发与海塘修筑中举足轻重，但利用公帑筑塘现象并不多，更多通过设立“海塘庄”或没官田建立庄田以供日常维修之用。海塘修筑与日常维修跨地域明显，尤其在浙东海塘逐渐连成一片后，海塘日常管理与劳力动员主要由得利大户负责，地主出资、佃户出力。[1]森田明对江浙海塘水利管理组织的研究，是罕见的对明清时期江浙海塘管理制度的较为详细的探讨。[2]但是，文章在史料使用方面有较大问题，笔者在拙著中已经有比较详细的讨论。

海塘管理史研究的另一重要领域在于，原材料的采运问题及其环境响应。海塘工程中的原材料问题联系到原产地和施工地点，原材料的采买和运输涉及社会、经济与环境等诸多因素，对该问题的研究是分析人地关系问题的重要一环。不过，相关研究成果极为少见。笔者对明清江浙海塘工程建设与吴中产石地之间民众的环境感应问题进行了初步探讨。海塘工程需用大量石料，引起石料供应地之吴中士绅的反对，促发了系列禁山活动。禁山主要围绕天平山西南的焦山和东侧的金山展开，后以金山为主。从政治角度讲，海塘工程是国家大事，大工过程中的偷凿行为被无形包庇；从经济角度看，采石是宕户获得利益的必要手段；从社会与文化角度分析，风水和坟茔问题是禁山的主因。由于利益主体不同，政治、经济、社会与文化因素在不同层面上相互作用，构成了国家、宕户与士绅间关于采石和禁山的冲突，三者很难形成协同管理。海塘采石与吴中禁山间的矛盾，突出反映了古代中国大型公共水利工程中材料问题的地方相互依赖与互相影响。[3]赵珍对同治年间浙江海塘修筑中的资源利用问题也进行了初步研究，并把该问题放在海岸带研究的大背景下进行分析。[4]

关于钱塘江海塘工程经费问题，和卫国进行了较深入研究。在乾隆朝钱塘江海塘工程经费问题研究中，乾隆朝的塘工建设不仅实现了“民修”到“官修”的转型，而且为了实现“一劳永逸”的目标，清政府不惜帑金大规模修筑鱼鳞大石塘，乾隆末年海塘工程体系终于建立起来。作者的理论出发点是认为中国历史

[1] 本田治：《宋・元时代浙东の海塘について》，《中国水利史研究》第9号(1979)。
[2] 森田明：《江・浙におるけ海塘の水利组织》，《清代水利史研究》，亚纪书房，1974年。
[3] 王大学：《拒潮与拒凿：海塘采石与吴中禁山的关系》，《历史地理》第23辑，上海人民出版社，2008年。
[4] 赵珍：《清同治年间浙江海塘建筑与资源利用》，http：//www. historychina. net/jj/363256. shtml。

上治水历来是政府的一项基本职能,工程经费投入往往体现出政府执行相关职能的强弱和积极性的高低,希望以国家的视角考察钱塘江塘工中的经费问题来展示18世纪政府职能全面加强的历史图景。[1] 对于清代后期钱塘江海塘大修经费问题的研究,作者发现,由于财政状况恶化,海塘经费多元趋势随之不断深入,来源渠道向正项、捐输、摊征、捐纳、厘金、丝绢、盐斤加价银等多种形式扩散。同时,海塘修筑主导权由中央政府向地方政府转移并且政府治水的惰性逐渐增强。[2]

刘丹初步研究了清代宁绍地区海塘修筑的经费来源与筹措方式,其主要特征是滨海滩地得利民户出资共同修筑。[3] 刘丹的研究与本田治的研究思路基本相同,不过本田治的研究要深入许多且论证更为细腻。支向军研究了清代钱塘江海塘"寓工于兵"的管理体制,认为该体制虽非清代首创但在清代发展最为完整,营汛弁兵实际上是一支维修、养护海塘的工兵。[4]

四、历史地理学与环境史视角的海塘研究

从20世纪40年代日本学者的研究中,依稀可见利用自然地理学知识分析海塘问题的影子。冈崎文夫、池田静夫所著的《江南文化开发史》一书,从水利与江南低湿地开发角度出发,对唐宋时三江学说、宋代江南水学、明代归有光治水思想与实践以及新涨沙地开发、海塘修筑等方面进行了详细论述。海塘部分主要从新涨沙地开发讨论海塘修筑,从长时段论述江南水系整体变化、新涨沙地出现以及江浙滨海平原开发的关系。其突出特征在于,结合自然地理学知识分析太湖、钱塘江等自然因素变化的影响,在海塘史研究中占有独特席位。[5]

中国大陆历史地理学者对江浙海塘史研究路径和方法自成一格。谭其骧为上海地区海塘和成陆、开发过程有关问题深入研究奠定了扎实基础。满志敏对宋代上海地区海塘与海岸线问题进行初步考证,并结合海面变化的内容来分析海塘修筑历史,为海塘史的研究开拓了新的思路和方向。张修桂对上海地区地貌演变的成果最突出。他不仅对吴及筑塘的可能性和必要性进行了论证,还就上海地区成陆过程研究中的几个关键问题进行了深入探讨,使得该问题在谭先生基础上达

[1] 和卫国:《乾隆朝钱塘江海塘工程经费问题研究——兼论十八世纪清朝政府职能的全面加强》,《清史研究》2009年第3期。

[2] 和卫国:《清代后期钱塘江海塘大修经费筹集问题研究》,《中国社会历史评论》第11卷,天津古籍出版社,2010年。

[3] 刘丹:《试论清代宁绍地区海塘修筑的经费来源与筹措方式》,《中国社会经济史研究》2010年第4期。

[4] 支向军:《试论钱塘江海塘的"寓工于兵"的管理体制》,《浙江水利水电专科学校学报》1999年第2期。

[5] 冈崎文夫、池田静夫:《江南文化开发史——その地理的基础研究》第三篇《要略》第二章《沙涨と筑塘》,弘文堂,1940年。

到一个崭新的科学水平。相关学者研究成果情况已如前述,此处不赘。

将海岸线变化、海塘与地方经济、环境变化结合起来考察的成果,当推伊懋可和苏宁浒对杭州湾地貌变化的考察。两人首先发表文章研究公元 11 到 19 世纪杭州湾地貌变迁中的自然与人为因素,并称其为"人海之争",随后又撰文讨论同一时段内杭州湾的灌溉系统与前现代的"技术闭锁"。详细阅读并比对两文可知,它们所运用的材料以及讨论的问题是一样的,文章主要分为以下几个方面:第一,概述杭州湾的自然地理状况;第二,依托古地图来描述杭州湾景观变迁过程;第三,借助历史材料来研究杭州湾景观变迁过程;第四,泥沙沉积搬运的动力机制;第五,与海有关的水利工程;第六,前近代的技术闭锁。文章最大特点是多学科资料丰富。介绍杭州湾的自然地理状况时,利用遥感材料和 12 世纪、18 世纪早期以及 18 世纪中期的钱塘江口古地图,还利用森田明和陈桥驿等学者的研究成果。依靠古地图研究杭州湾景观变迁部分,古地图运用极其频繁,清代地方志和海塘志中关于秦汉时代的旧县境图、元代杭州湾北岸的海岸图、16 世纪晚期钱塘江南岸的海岸图、17 世纪早期三江口图以及雍正年间隆昇主持的中小门引河图等均被谈及。另外,作者们还注意到苏南、浙北水系变化的一致性,这为全面客观的评价江浙海岸线变化的趋势提供了更全面的视角,可惜的是并未展开深入论述,还需要进行全面详细的研究。

在依托历史文字资料研究杭州湾景观变化过程中,作者充分注意到杭州湾动力机制改变对南北两岸的作用与影响。引用史料除历代方志与海塘专志材料外,还利用顾炎武《天下郡国利病书》、顾祖禹《读史方舆纪要》、程鸣久《三江闸务全书》以及《续刻三江闸务全书》等,不过,在利用现代自然地理学知识解释这些材料方面尚未引起作者的足够重视。另外,两位作者对于现代自然地理学与河口海岸科学方面最新成果的利用还非常不够,陈吉余已经对历史上杭州湾三门变迁过程进行过比较详细的考证,但是在本文中却没有得到充分的体现,这也就使得作者在某些方面进行了不必要的重复劳动。该部分的最大启示在于,要从历史地理学发生学观点研究滨海新田和海塘,从宋代以来千年尺度上的集成研究无疑是最佳选择。

在讨论钱塘江河口沉积物搬运动力机制部分,作者依据经典河口理论认为这个问题异常复杂,涉及潮流变化以及更多相关河流的变迁。该部分讨论主要依据他们对 1127 年黄河改道由淮入海之后对杭州湾海岸影响的论文,以及钱宁对钱塘江河口沙坎沉积变化影响的研究,但与钱塘江历史海岸变迁更密切的陈吉余对历史时期钱塘江河口沙坎演变的论文没有引起足够重视。该部分贡献在于注意到浦阳江改道以及三江闸等大型水利工程的环境响应。

在讨论有关海岸工程与海塘的部分,作者的行文略显拖沓,在充分借鉴陈桥驿、本田治等人研究成果的基础上,从吴越时期开始历数各个历史时期钱塘江两岸的水利工程,不仅有海塘、河流改道还更多地谈到了湖泊、闸坝以及三门变迁问题。作者尝试从社会与自然交叉的角度对公共水利工程进行研究,但是对于中小门引河工程以及河流主泓道变化等问题的讨论需要更多的档案材料,并从国家的视角出发来讨论历史细节，这样方能跳出海塘工程本身来看海塘工程。因为当时最重要的鱼鳞大石塘工程主要在钱塘江北岸，南岸的海塘工程与其相比要逊色不少，也不能反映中央政府控制钱塘江北岸岸线的努力以及其中复杂的政治、社会背景。因而，作者关于技术闭锁的讨论就显得非常苍白无力。结合同时期世界上其他国家对滨海岸线的控制以及新田开发来看，所谓技术闭锁根本不存在。

本文的优点与特点均非常突出。它启发读者从动力机制对钱塘江两岸均有影响角度考虑，与以往有关钱塘江两岸的海岸线变迁与海塘史研究往往偏重于所研究地区而忽视动力机制变化的研究路径相比，无疑更为综合全面。但是，作者也并没有真正把历史自然文化地理学落到实处，没有详细论述海潮大溜走南大门时候对宁绍平原海岸线崩塌以及海塘修筑的影响，也没有深入考察钱塘江大溜改走北大门之后对平湖到杭州沿线海岸线变迁及鱼鳞大石塘修筑的影响，更未曾讨论康雍乾三朝多次开挖中小门引河的努力及其背后的水利技术、政治统治的哲学与现实需求。因而，对于杭州湾千年以来人海之争的讨论还有很大的发展空间。[1]

伊懋可与苏宁浒用四万字的篇幅，通过大量现代自然地理学原理和数字与历史文献结合，企图论证："当这和目前中国研究中显示的悬浮泥沙向南沿海岸运动之资料结合起来，这个个案乍看之下让人相信，人类干预黄河水文在促成及加速杭州湾余姚扇形地之成长上扮演了重要角色，而且也许还在南沙半岛的泥沙扩张来阻塞钱塘江在海湾内的南、中两个海口的过程里，也扮演了重要角色。"[2]该论文最大特点是希望通过现在自然地理学原理和统计数据与历史文献有机结合，论证杜充决黄河以抵御金兵南下而引起黄河改道后黄河三角洲泥沙在塑造杭州湾地貌方面的作用。但是现代自然地理学原理、统计数字与历史文献的结合并非容易的事情。如果不充分考虑各种条件的变化，很容易出现以今律古的情况，尤其是在自然地理学方面就更应该注意影响三角洲变化的诸多因素。作者关注的主要包括杭州湾的泥沙量、目前杭州湾的几何形态与江口的动力学、季节波动、盐分与泥沙浓度等因素，但是他们在考察上述因素的时候却忽略了对于杭州湾动力地貌研究的一篇核心文献。早在 1961 年，著名的河口海岸专家陈吉余等人就对杭州湾形成过程、地貌形态特征、动力条件、泥沙流运动以及地貌变形等内容，进行了深入细致的研究。可惜该论文没有进入伊懋可和苏宁浒的视野。

---

[1] Mark Elvin、Su Ninghu：*Man Against the Sea: Natural and Anthropogenic Factors in the Changing Morphology of Hangzhou Bay, circa 1000 - 1800*, Environment and History 1(1995)：3 - 54. Mark Elvin、Su Ninghu：*Engineering the Sea: Hydraulic Systems and Pre-Modern Technological Lock-In in the Hangzhou Bay Area, circa 1000 - 1800*, In Ito Suntaro and Yoshida Yoshinori eds, Age of Environmental Crisis.

[2] 伊懋可、苏宁浒：《遥相感应：西元一千年以后黄河对杭州湾的影响》，《积渐所至：中国环境史论文集》，台北"中央研究院"经济研究所，1995 年。

陈吉余等人的研究表明：杭州湾的形成是近数千年的事情。在从浅海转化为海湾的过程中，不仅包括形态的转化，同时也包括动力条件的转化和沉积性质的转化；在杭州湾形成过程中，不可忽略杭州湾上游的钱塘江河口段与海湾的相互影响，杭州湾影响着钱塘江的河口段，钱塘江的河口段也对杭州湾有着一定的影响，特别是钱塘江的河口段在历史时期有着三门的变迁。在分析杭州湾动力条件的时候，陈吉余等认为决定杭州湾形成过程、地貌形态和泥沙运动的最重要条件是水动力，重点分析了杭州湾的风、波浪、潮流与潮汐以及江流等动力情况。陈吉余指出，历史时期杭州湾形成与长江三角洲发育密切相关，长江入海泥沙量多寡不仅影响长江三角洲本身发育，也可以影响杭州湾的形成过程。[1] 这些结论已明确无误表明，杭州湾形成受多种因素影响，而非单纯黄河改道后黄河泥沙所致。

该文还需解决一个至为关键的问题，从黄河三角洲南下的泥沙经长江三角洲后到达杭州湾，这些泥沙对长江三角洲的形成有何影响？是否有部分泥沙在这里沉积？如果有的话沉积比例多少？剩余泥沙又以什么方式到达杭州湾？这些问题如不解决，整个逻辑论证过程缺一中间环节，遗憾的是该文缺少了该环节。其实，对长江三角洲形成过程和地貌变化，以陈吉余为首的华东师范大学河口海岸研究所内已有许多深入研究。[2]

五、可以深化和拓展的空间

统观以往研究成果，大多侧重于海塘兴修过程、修筑和防护技术等问题，其他相关成果则限于研究主体的需要，对海塘背后反映的海塘修筑的社会层面和塘外滩地有关的区域历史地理学问题尚乏深入研究。例如历史上江南海塘的修筑过程和变化、滩地开发引起的景观变迁及海塘修筑与防护过程体现的人地关系等，尚有待深入挖掘。历史上的江南海塘工程毕竟是个历史问题，需要放在具体的时空背景中深入考察。当把目光聚焦在这些问题上时，对海塘修筑史追根溯源式的考证和复原尤为必要。另一需注意的方面是应加强对海塘历史的交叉研究。海塘建设与海岸线变化、河口海岸动力变化、滨海地域开发及其环境响应有密切关系，现有成果在该方面着墨甚少。以下领域是深化中国海塘史研究应该注意的。

第一，全面深入研究海塘建设历史的动态过程。

海塘建设决策、施工过程的时空特征明显，宋代以来千年尺度上各地区海塘

[1] 陈吉余、恽才兴、虞志英：《杭州湾的动力地貌》，《上海市科技文选》，上海科学技术出版社，1961 年。

[2] 陈吉余、沈焕庭、恽才兴等：《长江河口动力过程和地貌演变》，上海科学技术出版社，1988 年。

历史建设的动态过程值得深入研究。两浙海塘中中央政府的作用最为明显，其他很多地区则是地方政府和民间力量在海塘建设中举足轻重。不同时代和不同地区海塘工程技术演进轨迹不同、施工地点的重点也在不断转移，技术变化对民众动员和资金投入的要求也不同，历次大潮灾后政府善后的决策过程更是五花八门。特定时段和地区内的海塘工程建设涉及政治、经济、社会与环境变化等多重因素，而且海塘工程与潮灾之间并无必然的线性联系，需要放在特定时空背景下综合分析。人地关系是具有社会和历史特性的辩证关系，动态过程研究尤为必要。

海塘建设动态过程研究，重视宏观历史背景并结合自然地理学、河口海岸动力学分析史料，否则无法明白关键年份不同自然条件对海岸变化影响的差异以及塘工重点位置的不同，更无法理解海岸边滩自然修复的原因以及当时塘工管理者如何借此来逢迎上峰的历史真相。

在海塘建设史研究中应充分注意特定时代江浙自然环境整体变化对海岸线变化和海塘建设的路径和方法。如前所述，自然环境因素与塘工建设之间的关系已经有学者或多或少关注过。冈崎文夫早在七十多年前就利用自然地理学知识来分析太湖、钱塘江等自然因素变化对江浙水系、海岸线变化和塘工建设的影响；伊懋可和苏宁浒在研究钱塘江海岸变迁问题时候也注意到苏南、浙北水系变化的一致性以及浦阳江改道、三江闸的修建等大型水利工程对浙北海岸线变化的影响。上述研究思路是非常有价值和值得挖掘的，在前辈学者意识到该问题的重要性而未曾持续深入研究的大背景下，尤其如此。

第二，海塘工程建设的环境响应。

明清海塘修筑过程是技术、原料问题中生态与社会要素如何影响工程进展及其如何被克服的过程，两者构成理解海塘工程“环境—社会动态”问题的钥匙。塘工建设需要的材料主要是石头、桩木和柴草。随着塘工范围扩大和塘工形制变更，原料采运随着时间变化出现空间转移甚至还波及到邻近省份，因此，需要研究原材料采运的时空变化、土著的环境感知与反应，复原原料运输路线并分析运输过程中价格、时令和施工技术等因素的相互作用和制约。

海塘工程建设对海岸带的水环境和周边动植物群落等，均会产生环境效应。需要重点关注塘工建设与滨海区域开发之间的关系，尤其是海塘阻断盐场引海水晒盐渠道之后，如何通过涵洞、水闸等措施来解决这一问题，并协调区域开发中的防御咸潮和引内河淡水灌溉之间所形成的水系复杂关系和闸坝存废之争。

第三，与海塘工程有关的公共财政与民众生活史。

正如杨联陞所言，从经济角度看帝制中国公共工程，研究者不约而同地都期待这样的研究有助于了解国家与社会的本质。杨联陞从材料、劳力、资金来源和经济思想等方面考察帝制中国的公共工程，希望激发更多人利用中文文献，重建一个相当清楚的公共财政的图像，而且重建一些民众生活史的外貌和细节。[1]

[1] 杨联陞：《从经济角度看帝制中国的公共工程》，《国史探微》，辽宁教育出版社，1998年，第200页。

不同时间段、不同地域和不同类型海塘的经费来源和劳动力动员方式均有很大差别，虽然和卫国对清代两浙海塘经费来源问题进行过研究，本田治对宋元浙东海塘建设的经费来源有所涉猎，但是其中可以研究的问题仍然很多且其他地方的情况尚无人涉及。大型公共工程建设中技术人员的来源、大规模劳动力的征募和工地管理等制度史问题亟需展开。否则，研究仍缺乏历史活动的主角——人。

清代重力海塘遗产保护的建议*

祝卫东[1] 谭徐明[2] 王 力[2] 万金红[2] 邓 俊[2]
（1 浙江钱江水利置业投资有限公司）
（2 中国水利水电科学研究院，水利史研究所）

摘 要：基于海塘遗产的科学价值和文化价值分析，剖析海塘文化遗产的基本构成，提出了工程措施、非工程措施和专业管理措施并重的遗产保护对策，以及动态与静态相结合的展示技术建议。

关键词：古海塘 遗产构成 工程措施 非工程措施 动态 静态 保护对策

一、引 言

重力海塘既是物质存在，也是文化存在，其中蕴含的多重遗传信息，涵盖历史、地理、技术、经济、社会和人文等各个学科知识，遗传信息的价值展示是研究工作的必要内容。研究古海塘已经不仅仅是一个学术问题，更是一个社会责任问题。以鱼鳞大石塘为代表的清代重力海塘塘工技术承传与发展，见证了明清时期人们与海潮对立统一的一段历史，是中华民族伟大创造力的标志性工程。它的起源、发展见证了历史时期水利与社会、与科学技术的关系。一线海塘和二线海塘的位置差异又反映了海岸变迁与农业社会、经济发展的进程，无论工程技术史层面还是文化遗产的层面，古代重力海塘均具有极高的价值。因而，重力海塘遗产不仅具有工程学意义上的科学价值，也具有社会学意义上的文化价值，其整体价值评估要从科学技术价值、历史文化价值和生态价值等方面的认知去展开。通过一定的形式和技术进行遗产保护、利用和展示，是认识和发掘海塘遗产价值的重要途径，也就是让人们以最亲切而又能有所触动的方式轻松接受海塘遗产的价值所在，并转化为生产与生活中的动力。本文基于海塘遗产的科学价值和文化价值，提出重力海塘文化遗产保护技术对策和展示技术的建议。

---

* 祝卫东，男，1970年4月出生，浙江绍兴人，工学博士，高级工程师。本文内容摘自作者的博士论文《清代重力型石塘及科学价值》。

二、海塘遗产的文化价值概述

由科学技术价值等有关研究可知，海塘遗产见证了古代国家和区域的一段历史，代表了古代塘工技术的最高技术成就，同时基于人文地理学问题的有关观点，[1]反映了国家、省和县三级工程管理文化。科学技术是在进步的，但民族精神、民族文化及其价值观却可能会被冲垮和淹没，这是被世界历史的种种实践所证明了的。从社会学视角总结水利工程遗产的历史文化价值，是一种独辟蹊径的爱国主义教育方式。当今之时，国家和民族的发展正遭遇某种瓶颈，在部分民众眼里，民族尊严、民族信心、民族动力和民族目标等都在全球化趋势中有些许褪色，这一现象令人遗憾。一个民族的悠久历史，是她生生不息的长久动力，这种无形的力量已经被无数次提炼与证实。作为民族历史的一个点，古代海塘的发展史，无疑是不同时期、不同区域历史地理、政治经济、社会文化、艺术审美、生态环境和工程技术等多方面交融的社会综合体。[2] 研究海塘遗产，特别是在用古代海塘，必须研究海塘的工程技术史，以此可以更客观地分析其社会学层面的科学价值。因为工程技术的发展与上述社会综合体中其他各因素紧密相连，互为影响。周魁一教授关于水利的历史模型理论提示我们，[3]在古代，修筑海塘的动机纯粹是为了防洪抗潮，保护民生。在古代海塘建设的发展过程中，这一原始动机得到了保存、延续和发展。受技术和材料发展史制约，海塘建筑形成了自身粗犷、厚实、百折不挠、前仆后继的鲜明个性。也正是其独特个性，当现代人们站在古海塘之顶，心中油然升起稳重、踏实、激昂、悠远的亘古豪气。这就是海塘历史文化底蕴的无形释放，个体的力量虽然点点滴滴，但汇聚成民族力量，即可发挥经济催化剂和社会创造力作用。

现代社会的发展成果有目共睹，但略显浮躁的社会心态也不容讳言。两者的并存，在一定历史阶段有其自身的必然性和延续性。任何一个民族可能都无法避免这一历史时段，但任何民族都有责任通过一定形式和时间的国民教育与实践来缓释这种状况，实现平稳过渡。无视这种状况的民族是不负责任的，也难以良性发展。教育与实践的模式很多，但其目的只有一个，就是提升民族素养，激励民族自豪感，实现民族复兴。在国民教育中，做好挖掘古海塘历史文化底蕴和生态价值的短期和中长期规划，结合一定的社会实践，把辉煌的筑塘史全方位渗透和浸润到人们内心，有利于激发民族自豪感，增强社会创新力，用坚定的信心发展水利科技，促进经济建设。

---

[1] 〔法〕阿·德芒戎著，葛以德译：《人文地理学问题》，商务印书馆，1993 年。

[2] 王英华、谭徐明等：《在用古代水利工程与水利遗产保护与利用调研分析》，《中国水利》2012 年第 21 期。

[3] 周魁一：《略论水利的历史模型》，《水利的历史阅读》，中国水利水电出版社，2008 年。

三、海塘遗产分类

海塘是由多个水工建筑物组合而成的工程结构体系，具有系统性和不可移动性。基于海塘遗产的科学技术价值和文化价值分析，从不同层面划分海塘遗产，便于遗产保护和展示。按照保存现状分，海塘遗产有一线海塘和二线海塘；按照工程体系组成分，海塘遗产包括条石塘身、木桩基础、塘背土戗、备塘（河）、砌石坦水等，有的还有护塘绿化工程。目前遗存的一线海塘主要分布在钱塘江北岸的海宁、海盐和南岸的萧山西江段海岸，外部结构和防潮作用直观；二线海塘尚有200多公里，内退到一线海塘之内，仅作二级防备构筑物，外观结构大部分完整，防潮作用不可见，但具有一定的考古价值和辅助展示作用。按照清代重力石塘相关价值分析和保存现状，把海塘遗产构成分为自然科学层面、文化层面和管理层面三个大类。

（一）自然科学层面

自然科学层面的遗产基于海塘工程实体及其相应的技术成就而言，根据结构和功能，其关键工程和价值如下：

1. 主体工程

主体工程特指上部条石塘身，上述三类型式的海塘由于所处区位不同，基于对相应的潮流动力条件差异性认知，解决塘身结构问题的年代也不同，海塘主体结构由此呈现不同的特点。海盐海塘塘身的主要影响因素是潮流的正面冲击作用，塘身宽厚，条石强调尺寸硕大，五纵五横砌筑；为了尽可能防止海水越顶冲刷塘背，塘顶高程相对较高；条石间用灰浆粘结，顶层条石横向之间嵌固蝴蝶铁以相互牵制，增强整体性。海宁海塘受涌潮作用，冲激作用相对较小，改进了塘身结构，断面尺寸略小，单块条石尺寸有所缩减，但更加注重条石间的连接作用以弥补尺寸减小带来的整体性损失；条石间除了用常规的糯米灰浆和蝴蝶铁连接，还增加了竖向条石间的铁销连接。萧山丁由石塘地处非险工地段，受洪水作用为主，因此简化了重力石塘的砌筑方式，改为丁由式砌筑，即条石只用于面层，塘腹用碎石素土填筑以形成塘身厚度。

从历史时期重力石塘的失事比例和稳定性计算结果分析，条石间的各种连接发挥了积极作用，但由于连接材料老化等因素，塘身整体稳定性一直是重力海塘后期管理的关键控制因素，在维护、修复中需要重点监控，研究和采取针对性措施。

2. 基础工程

重力海塘地处钱塘江塘基土层坍淤频繁的海岸带上，基础工程的重要性主要表现在控制塘身沉降和预防潮流淘刷塘基土。基础工程是重力海塘成功的关键要素，对不同区段海岸地基土工程特性的认识，为塘基工程设计与施工提供了依据。海盐基础工程在临潮侧布置若干路专用木桩以防止潮流冲刷塘基，木桩内以海盐特有的铁板沙层上铺三合土直接作为持力层。海宁基础工程较为复杂，因其沙土松软，整个石塘基础采用了马牙桩和梅花桩组合，桩间填筑碎石与桩顶齐平，筑实、找平后的桩顶之上再砌筑一层条石，既作基础顶层，也作塘身底层，承上启下，均分上部荷载。丁由石塘基础工程采用了简化后的鱼鳞大石塘桩基型式，临潮侧布置排桩，其内布置梅花桩，既防止洪流淘刷塘基，又能支撑上部塘身。

重力海塘的基础工程应用了“桩土共同作用”的科学原理，即下部基础所用的木桩和沙土相互作用，增加了桩基的承载能力；桩端找平层亦优化了桩基的承载性能，有利于更好地把上部塘身的荷载分配到桩基。在基础土层遭受潮流冲刷而流失的情况下，桩基工程还能在一定时间内有效支撑上部塘身，避免塘身坍塌，为维修工程争取了时间。排桩的存在还延长了塘基土层的渗径长度，保护了沙土稳定性。

3. 消能护基工程

桩基工程稳定性的前提是桩土共同作用机理的正常发挥，基于潮流冲刷破坏塘基的认知，清代后期重力式石塘技术重点转向护基工程，特别是在沙土松软的海宁海塘，护基工程技术有效解决了塘基淘刷而引起的海塘失事问题。砌石海塘出现以后，护基工程逐渐得到注意，后来出现了护基、护滩工程的组合型式。鱼鳞大石塘创筑后，护基工程结构作了两个重大改进，首先是用一级或二级靠砌条石坦水来取代坦水与护滩结构的组合，其次是把坦水与塘基紧密靠筑在一起，增强护基效果。靠砌条石坦水不仅保护了塘基被直接冲刷，而且顺潮方向倾斜的条石砌筑型式有利于消耗潮水的动能，减轻潮流的冲刷作用。

护基工程采用排桩固定坦水的位置，使木桩—靠砌条石—沙土共同发挥作用，在防护塘基被直接冲刷的同时，客观上加大了塘基宽度，有利于塘基的稳定。排桩同时延长了渗流，对于内外双向的渗流作用均有裨益。

4. 排水护塘工程

护塘工程有直接保护塘身的塘背附土塘和备塘系统。塘背土戗包括紧贴条石塘身的锥形碎石层及其后的梯形素填土，两者组合相当于塘身背后的反滤层，有利于水土保持。土戗的设置作为塘身宽度的补充，支撑条石塘身的稳定性，防止塘身向内倾覆。在安全性能上，土戗的设计考虑了抵抗潮水冲击条石塘身时的作用力，同时必须保证无潮时段条石塘身不至于向临潮侧倾覆。根据重力石塘的稳定性计算结果，塘身和土戗的整体设计使海塘具有较多的安全储备。备塘系统用于容纳从外部可能越顶的潮水，也用于塘内洪水上涨时通过涵闸向外泄洪。塘内水位上涨会增大塘身所受的水压力，不利于塘身的稳定，在这部分安全性上，早期古海塘一般未作较多考虑。

5. 绿化防波工程

海塘绿化具有工程作用和一定的生态意义。其工程作用根据植物种类不同有所区别，乔木类植物可以固土防风，灌木类植物或草皮主要发挥固土作用，防止表层土戗被越顶的潮波冲刷。植物种类的选择要考虑其存活期和枯萎期的特征，确保存活期植物根系不会挤钻塘身结构，枯萎后腐烂的根系不会形成塘身空洞。生态意义主要表现在对气候改善和绿色景观的贡献率，还表现在用植物型护坡处理来替代硬质建筑材料的柔和度上。

（二）历史文化层面

古代海塘的历史文化价值既是显性的，又是隐性的。在海塘发展过程中，不仅产生了古海塘工程实体文化，还形成了具有潮文化特色的祭除建筑实体与水崇拜文化。这一层面的遗产构成包含两个内容：

1. 内退的海塘遗存

在用一线古海塘和已经内移的二线海塘是最具文化价值的遗产内容，是见证自古以来人与自然和谐共处的标志性工程，隐含了众多遗传下来的科学技术与文化信息。一线海塘作为尚在发挥作用的古代大型水利工程，其建筑本身特有的古朴和沧桑感，可以折射出古代劳动人民前赴后继的奋斗精神和敢于探索的聪明才智；二线海塘虽然已经退出一线防潮作用，但依然具备二线防潮和抗洪作用，在一定程度上还可以用作研究海塘结构的实物标本，具有文物价值；一线海塘与二线海塘之间的位置差反映了古代人们利用土地的能力，显示了筑塘技术对自然条件的认知和技术提升过程，对研究古代海岸带自然地理的变迁历史和规律具有实证意义。

2. 祭祀建筑

古代人们对水的敬畏由来已久，在工程技术尚不足以克服洪潮灾害的时期，人们通过各种方式祈求神灵护佑，由此产生了根深蒂固的祭祀文化。从意识形态上，祭祀文化是某种心灵的寄托，但一般需依附于某种客观实体。庙宇、祠堂、碑刻、牌坊和镇海塔等祭祀建筑为祭祀文化的延续提供了物质条件，在集中式场所存在的前提下，祭祀文化的发展更加具有传播性。祭祀建筑通常位于曾经发生潮灾的塘段附近，不同的建筑表现出不同的祭祀心态和形式。清代重力石塘所在的海宁县古海塘边，上述各种祭祀建筑形态几乎都有存在，特别是龙王庙和镇海塔，在传统祭祀建筑特色的基础上，融入了御碑亭等兼具皇家形态的元素，充分说明了当时国家对海塘建设的重视程度。这些建筑所在的场所使得人们的精神追求有了共鸣的空间，建筑内部的碑刻、人物雕塑等又为人们提供了纪念的依据和可以触及的膜拜对象。祭祀建筑有的形成于灾害期间，此时的初衷多为祈求灾难消除，恢复生产和生活；有的形成于灾害治理以后，更注重于筑塘成功的纪事、有功之士的纪念和保一方水土平安的祈求。

（三）规范化管理层面

清代重力海塘的系统形成离不开施工和维护阶段的规范化管理，包括组织机构、人力、材料、经费和制度等行政管理内容，还包括海塘施工规程、营造法则等技术管理内容。前者是有序管理的日常保障，大多散见于海塘的各类文献记载；后者是修筑海塘的指导性依据，清代有专门典籍作为文件供施工中执行。

管理层面的遗产重点在后者。光绪《海宁念汛大口门二限三限石塘图说》形成于鱼鳞大石塘维修塘工结束后，用图文并茂的方式，重点阐述了重力石塘修筑的基本施工工艺及其技术要点，是清代后期具有较高价值的重力海塘技术概论文献；《大清会典事例》和《海塘录》中关于海塘的建筑规程和营造规程，是重力海塘结构设计和施工技术的指导性和规范化管理文献；《筑塘说》和《盐宁二邑修塘议》作为古代有识之士对潮流动力和工程地质等自然科学现象的认知科学，同样具有积极的遗产价值。诸如此类的技术管理文献还有不少，它们构成重力海塘遗产的重要组成部分。其他许多古代文献皆记载了古海塘的有关历史、工程技术、工程管理等信息，作为古海塘规范化管理的见证和补充。

四、海塘遗产现状

(一) 遗产构成

清代重力海塘的建成约束了钱塘江河口区的岸线，使两岸农业生产和生活安宁有了保障，其直接作用体现在防潮、排涝、航运、渔业等各个方面。由此也出现了内容丰富的水崇拜文化，以祈求平安，纪念海塘修筑过程中的名人和要事。基于现状考察和科学技术价值的研究结果，清代重力海塘现存的主要文化遗产为重力海塘工程体系，其次为祭祀建筑，再次是反应筑塘发展史的古代典籍和碑刻等遗存。具体构成如表 1 所示。

表 1　海塘遗产构成表

类别	类型	类目	描述
自然科学层面	主体工程设施	塘身及塘基	海宁段鱼鳞大石塘(盐官段、长安段、丁桥段)；海盐段鱼鳞式石塘(双盖、单盖)；萧山西江段丁由石塘；海宁老沪杭公路、翁家埠等二线海塘
	附属工程设施	护基消能工程	鱼鳞大石塘靠砌条石坦水，护滩遗迹
		排水工程	盐官鱼鳞大石塘备塘与备塘河
		促淤制导工程	塔山坝
	自然文化遗产	涌潮	盐官一线潮，老盐仓回头潮
历史文化层面	水崇拜设施	石狮	抱小狮牡狮，弄绣球牡狮
		水兽	镇海塘铁牛
	祭祀设施	祭祀建筑	安澜塔、占鳌塔、海神庙、汉白玉石牌坊、乾隆御碑亭
	其他遗产	古宅	陈阁老宅
		历史街区	宰相府第千年古街

（续表）

类别	类型	类目	描述
规范化管理层面	管理设施	水利典籍	《海塘录》,《清会典事例》,《海宁念汛大口门二限三限石塘图说》,《海塘新志》,《续海塘新志》,《两浙海塘通志》
		千字文号碑	萧山衙前镇吟龙村“空”字号碑,萧山义桥镇民丰村“德”字号碑

遗产构成表显示了遗产的组成结构与具体项目。基于工程结构与自然条件相适应的科学价值因素,自然科学层面各组成部分的结构设计尺寸与技术参数自然包含在相应的遗产构成项目中。

（二）现状分析

古海塘工程的局部性破坏隐患在第四章中破坏机理一节已经作了列举和论述,本节就海塘的整体隐患及其保护作一宏观分析。

随着现代水利工程建设的快速推进,对一线海塘的防洪要求大幅提高,钱塘江两岸海塘按照百年一遇的防洪设计标准进行了改造。至今,大部分岸线已经建成了钢筋混凝土标准塘,在用的 40 余公里明清古海塘虽然未予以重建,但钢板桩、混凝土挡浪墙与护坦、水泥砂浆勾缝与护坡等现代材料、现代结构的应用随处可见。海塘的维护和加固肯定需要现代化技术,而过多的现代材料与技术痕迹难免对古海塘的旧貌造成了视觉上的削弱,历史文化的厚重感与历史建筑工程作用的说服力随之降低。年复一年,当新的一切渐渐替代古代塘工杰作之时,其损毁必然是不可逆的。

二线海塘的命运也存在较大隐忧,城市化进程正在逼近或占用二线海塘。部分地段二线海塘毁坏严重,修缮不够,有的甚至直接被拆除而废塘为地;也有部分地段的二线海塘长期被农户非法挪作他用。二线海塘虽然已经不再具有防洪抗潮的直接功能,但作为海岸变迁和农业发展历史的见证,它们并没有退出历史舞台。此外,一线标准塘并不一定能保证解决所有的洪涝灾害问题,二线海塘的存在从某种程度上来说,为可能的应急性灾害提供二级防护功能。

曾经发挥了重要管理定位作用的千字文号碑在清代大量存在,时至今日,除了部分二线海塘尚存少许,多数石碑基本消失或被挪作他用,民间收藏者也少有闻听。这些石碑造型古朴,字体优美,既具工程价值,也具较高的文化价值,是海塘文化遗产保护中必不可少的重要内容。其他历史建筑和文化景观虽然进行了一定的修复,但缺乏系统性、专业性的指导,导致“使然性”结果时有发生。

由此可见,海塘遗产的保护迫在眉睫。想方设法保障一线古海塘继续发挥工程作用,修复二线海塘塘线并充分应用其二级防洪作用,同时挖掘、收集、整理和保护相关的海塘文物,已经成为水利界和文化部门的当务之急了。

五、保护策略

保护古海塘遗产，宜采取工程措施、非工程措施和管理措施相结合的方式。工程措施以古海塘所在位置不同，区别对待险工地段和非险工地段的加固技术和标准；非工程措施主要以数字化保护技术为抓手，建立保护平台；按照中短期和远期要求循序渐进展开；管理措施以岁修、旅游开发等为主要内容，提供安全保障和适量的资金支持。

(一) 工程措施

1. 遵循古代塘型结构和施工工艺

海塘结构在历史时期经历了多次变革，遗留至今的皆为因地制宜，适应潮流动力和工程地质条件的产物，也是海塘科技发展和社会变迁的良好见证。不同地段海塘结构有所不同，但总的来说，重力型石塘结构是最具安全性和稳定性的。古海塘维修或损坏重建时，要按照文献记载的营造规程进行，尽可能做到原汁原味，修旧如旧，保持其独特的风貌。在模仿古代修筑方法施工过程中，要注意两个要点：一是积累有关技术数据，充实古代施工规程中有关塘型结构的内容；二是坚持不改变施工工艺，按照文献记载复原并整理出整套施工工艺。

2. 应用古法采办材料

海塘遗产的材料采办和加工工艺也必须作为一项保护内容加以重视。古海塘的主材是条石和木桩，辅材有糯米灰浆、碎石、铁件、三合土等，现代新型材料取代了这些原始材料，因此，材料虽是古法制造，但其性能和外观会有明显不同。海塘遗产的维修保护仍然提倡采用古法修筑，保证结构风貌的历史性和人文特色。条石的手工凿刻、三合土和糯米灰浆的配置在中国传统生产中有着广泛的基础，手工加工条石的方法在现代农村尚有少量应用，三合土在建国早期也有使用，糯米灰浆工艺消失时间较长，但可根据文献记载模拟配置并用现代手段检测其结构力学行为与性能。木桩的采办在合法前提下，数量应较充裕，但应控制其材质、长度和直径等工程要求。无论是海塘主体还是附属结构，皆应遵循上述原则。

3. 基于安全性原则的保护技术

海塘作为防洪御潮的水工建筑物，首要因素是安全保障，保护海塘遗产也要建立在安全性原则上。古代重力石塘在当时具有先进性，但相比于现代技术，其弱点也是不容讳言的，这也是为什么至今遗存的古海塘数量不多的原因之一。遗存下来的古海塘由于结构变形、材料老化和潮流动力条件变化等原因，其桩基的承载能力也在不断退化，部分塘段已经处于临界状态，护塘设施损毁较严重。为此，需区分险工地段和非险工地段，选用合适的保护技术。同时，在充分考虑生态文明的基础上，探寻既防洪御浪又生态的工程措施，努力保护涌潮并加以控制，适度利用岸滩，构建人水和谐关系。[1]

在险工地段，安全第一，兼顾保护。对于修复工程，可以适度优化古海塘的塘顶高程和塘背附土塘宽度以维护海塘稳定性；塘身条石和塘基木桩间可采用现代灌浆技术进行加固处理；塘脚坦水必要时可采用钢板桩代替木桩作排桩，用混凝土代替靠砌条石作坦水护面。对于改建和重建工程，沿用古代主体结构和主材，必要时在塘身内部采用现代技术和材料作加固处理，但外观上保持原貌。

在非险工地段，保护第一，兼顾安全。一线海塘遗存已经不多，作为杰出的水利历史见证，不应该再让仅有的遗存毁坏或流失。这部分海塘由于受潮流冲击影响相对较小，发生潮灾的可能性和危害性也相对较小，原则上要尽一切可能保持原有结构和风貌。不论是塘身、塘基、护塘消能建筑还是塘背附土塘、备塘等附属建筑，皆应在修复、维护、重建中按照历史文献中的营造规程要求进行，以“建筑标本”的应有高度视之。

4. 疏浚复原备塘系统

备塘系统是重力海塘工程的重要组成部分，现代标准塘建设时仍然较多采用了这一工程形式，海塘遗产保护时要尽可能考虑发挥其应有作用和效益。目前与海塘遗产相关的主要包括一线海塘内侧和二线海塘内侧所筑的两种备塘：一线海塘所筑备塘多已纳入现代标准塘管理范围，运行正常；二线海塘内侧备塘由于基本失去了原有作用，被填埋、废弃和垦荒的现象较为严重。结合可持续发展要求，一线古海塘所附的备塘必须全面疏浚和理砌，严格控制备塘红线不被挤占；二线古海塘内侧备塘尽可能疏浚并恢复原有工程体系，形成一定的三级保护区。对于一线海塘和二线海塘之间的土地，必须在防洪、水保、环境等多角度论证的基础上，做好利用规划，严管严查，禁止一切可能破坏海塘遗产的行为。一线海塘和二线海塘间隔较小的土地，要按照保护区进行管理，杜绝与海塘无关的工程建设。

5. 整治古海塘的运营环境

海塘遗产是存在于室外且不可移动的大型公共水利工程，随着岁月流逝，终将会不断老化。老化来自日晒雨淋、潮流冲击等自然因素，也来自于人类的生产和生活行为等社会因素。这些因素造成了海塘周边的运营环境问题，即一切与海塘发生关系的水、人、交通、农业生产和工程建设等方面的物理和化学侵扰。遗产保护是一种社会行为，[2]整治这些不利因素，需要加大周边环境的改造力度，尽最大努力减少对海塘的损害，延长海塘的耐久年限。其一，改造内河水系，建立通畅的泄洪渠道，防止洪水对海塘的挤推；其二，严控化工污染，包括空气和水质污染，迁移一定区域内的工业、农业类污染企业，防止对海塘的化学侵蚀；其三，改造与海塘相关的交通流线，杜绝违规车辆上塘，控制不必要的非机动车和

[1] 徐有成、龚真真：《钱塘江生态文明建设的思考》，《中国水利》2013 年第 18 期，第 61～63 页。

[2] 孟宪民等：《大遗址保护理论与实践》，科学出版社，2012 年。

行人上塘通行；其四，引导好农业生产项目开发，取缔容易导致水土流失的苗木种植类项目，禁止开采塘边地下水进行灌溉；其五，做好塘内水利工程建设的施工组织设计，防范对古海塘塘基和塘体的扰动，严厉禁止建筑污水排放和擅自在海塘倾倒建筑垃圾。

（二）非工程措施

现存明清重力海塘相比初建时的规模已经大幅缩减，但与其相关联的江潮岸线和流域面积依然相当可观，应用工程措施修复毁损后，尚需用非工程措施开展综合性保护。非工程措施的方向体现在保护的规划性、数字化手段和合理利用等与工程措施的交叉环节。

1. 做好中短期和远期保护规划

虽然古海塘已经被列入文物保护点，但还是应划定红线范围，建立海塘遗产保护区，更深入地确立保护工作的合法性。遗产保护区应划分保护等级，对于一线临潮古海塘，确定为最高等级，定性永久保护级；二线海塘可根据其历史作用和当前与一线海塘的关联程度，设立不同的等级。高等级的保护区不仅要做好各种中短期规划并及时实施，还需考虑其长远规划，科学论证，分步实施，减少干扰，确保海塘的生命力。低等级的保护区以中短期规划为主，实施时服从于高等级保护区和社会经济发展需求，作为海塘遗产远期保护的基础性支撑，可以适度开放参与性活动。

中短期保护规划的内容以检测、修复、抢救性加固技术、适度利用和组织宣传为主；长期保护规划的内容以运营环境整治、险工段加固改建技术和文化遗产的申报为主。

2. 开发数字化保护平台

数字化保护是一种虚拟保护手段，应用于海塘遗产保护，具有数据的全面性、检索的便捷性、监控的实时性和管理的高效性等非工程特性。[1] 海塘遗存位于不同地域，行政区划和自然条件的差别对海塘带来不同影响，建立数字化保护平台有利于保护工作的综合协调和实时联动，相比于古代“字号”式管理，是一种更高级的现代管理手段。平台的开发基础是管理界面的人机互动性能和系统决策性能，这是基于管理效率层面的技术构架和人体工程学设计。开发核心是海塘遗产数据库，既包括海塘的工程学数据，如塘型结构、尺寸与材料、潮流动力与工程地质条件和修复技术等；也包括与其相关的社会经济学数据，如海塘所在区域的受益范围与面积，海塘损毁的应急抢修和安全保障机制等。

3. 建立重力型石塘数据库

古代文献对清代重力型石塘的营造及其所在位置有较为详细的记载，虽然受科技手段所限，缺乏计算依据，但其数据和工艺流程等皆建立在科学认知基础

[1] 祝卫东等：《古代堰坝工程的数字化保护设想》，《2008 年古代堰坝工程历史价值及其保护利用国际学术研讨会议论文集》，2008 年。

上。现代标准塘建设充分利用部分现存一线古海塘主体结构特征，在设计过程中也考虑了古海塘的某些特征参数，提升海塘的可靠性。古海塘主体主要是清代重力型石塘，由于其不可移动性，标准塘建设仅对其作加固补强。鉴于尊重重力型石塘可靠性历史事实的原则，古海塘对于现代海塘设计的反证作用是不可否认的。反证的意义在于对现代计算方法进行实证，对计算结果进行修正，在确保设计标准和安全的前提下，尽可能优化设计，节约投资。考虑历史经验和科学认知过程，根据历史演进建立重力型石塘数据库是实现海塘反证意义的重要手段。第一步，按照文献记载和实测情况，建立古海塘的标准图集，包括附属建筑物及其他工程构筑物；第二，收集海岸演进和动力条件历史数据，包括反应洪潮灾害的历史数据，总结分析区域灾害特征与海塘破坏的经验关系；第三，实测现存一线或二线古海塘的结构和地基土工程特性数据，与后期可能需要的现场勘探值进行对比验证；第四，分析整理铁销、铁锔、灰浆、木桩、条石等材料的类型、成分、尺寸、加工工艺等，便于选用。

无论从哪个角度出发，重力型石塘的修建、重建和新建都是有可能的。建立数据库，不仅有利于保护历史遗产，为设计规范提供参考，也能较好地反证现代设计方法，优化设计和施工。同时，记载和反映古代对海岸潮流动力条件和工程地质特性的认知智慧，总结技术成就。

4. 调查与实测

调查是建立遗产数据库的基本工作，包括文献调查与田野调查。文献调查旨在梳理海塘遗存的演进历史和技术特征，便于管理与保护时参照；田野调查目的是界定海塘遗存的真实数量、完好程度等确切情况，分析海塘周边一切与保护工作相关的因素，特别是不利因素，便于制定保护规划。调查过程中，应用现代量测手段记录与积累海塘遗产的各种技术数据，印证和完善古代文献记载的有关发展轨迹、工程参数等。同时有助于划定保护工作的重点和难点，区分保护区的保护等级。

5. 抢救性修复

抢救性修复是在调查实测基础上开展的保护措施。之所以列为非工程措施，是基于数字化保护考虑的。一线海塘的重大隐患当前基本上已经排除，相应的数据可以直接进入数据库。而相当一部分二线海塘的现状不容乐观，顺其自然和私人垦殖等情况屡见不鲜，甚而局部位置毁坏严重。数字化保护数据源必须是正常运行状态下的海塘遗产数据，上述现象必须及时制止并加以改观，经过抢救性修缮后才能用作数字化保护的数据源。从目前水利工程管理部门的规定和现状来看，虽然原则上对于二线海塘不允许拆除，但也很少投入资金、采取有力措施进行加固和保护，抢救性修复工程势在必行。

6. 合理利用，承载应有效益

在保护的基础上，合理利用古海塘，使其承载应有的社会和经济效益，反映了水利工程与文化价值相结合的可持续发展理念。临潮一线古海塘经过标准化加固后，依然在发挥较好的御潮作用，其历史价值和现代效益显而易见。作为遗产保护，最具现实意义。二线海塘及其备塘系统虽然不再发挥直接防潮功能，但对塘内的防洪排涝作用还需充分发掘。特别是备塘河的开发利用，在水力运输、改善水生态环境等方面具有良好效益，其最大的优势在于可以原有塘河的水系为基础，花最小的成本，创造最大的安全和经济效益，还能增添土地的储备价值。

(三) 专业管理措施

实践证明，管理效益是任何工程建设无法取代的，没有良好的长效管理机制，最好的工程也将日渐衰败，海塘遗产的保护需要战略性和战术性管理措施来保障，同时抓好执行力。

1. 申报世界文化遗产

任何一项古代遗产都应该是全人类共同享有的特殊财富，也应该唤醒全人类齐心协力来共同保护，海塘遗产也不例外。从世界遗产的申报标准来看，钱塘江古海塘有理由、有条件被列入世界文化遗产，向文化保护与传承的最高等级迈进。这项工作已经到了势在必行的地步，原因有四：

(1) 浙西古海塘与运河杭州段、西湖有着千丝万缕的联系，西湖形成前曾经与钱塘江相通，[1]运河杭州段与钱塘江海塘通过关联工程交叉相连。目前，西湖申遗已经成功，大运河申遗工作正在进行，无论从关联遗产效应的角度还是弘扬海塘遗产应有价值的角度，在此环境下推出古海塘申遗工作，正是一个良好的时机；

(2) 维修加固等现代活动不断增多，海塘原貌容易遭受不合理因素的破坏，制定特定的标准与世界遗产的申报条件相融合，有利于保护海塘遗产；

(3) 遗产保护已经越来越深入人心，虽然符合条件的遗产项目也越来越少，但申报关口依然严格，海塘申遗成功可以带动相应的研究工作向纵深发展；

(4) 政府有足够的经济和社会能力创造申报条件，遗产保护规划制定和实施伊始，申报工作与其同步开展，可达到保护效益最大化。

2. 建立长效管理机制

设立专业管理部门，以遗产保护和利用管理委员会性质的机构为宜，强化行政管理和执法力度，同时赋予适当的行政主导权利，便于协调水利、城建、农业、环保、旅游等行业部门；建立一整套专业管理制度，包括岁修制度、执法制度、修复方案论证制度、开发利用申报制度、日常监测记录制度和应急救援制度等；健全人力资源管理体制，组建务实高效的管理队伍，充分利用高科技手段，适度结合人工管理手段，扫清管理死角。

3. 保障资金投入

综合水利、环保、城建、农业和旅游等部门的社会公益性职权分配原则，形成以政府专项管理和维修资金为主的财政体系，确保及时到位；做好专项资金的申

[1] 张志荣、祝卫东：《绍兴与杭州城市水环境的比较研究》，《绍兴文理学院学报》(哲学社会科学版)2007 年第 4 期，第 16～22 页。

报预案，以便在遭遇重大灾情和突发性海塘坍塌等极端情况时，以最快的速度抢救灾情，最大限度地减轻灾害损失；涉及旅游开发等文化建设领域，可以适度引进民间资金参股，作为政府资金的补充。

4. 建立样板段

宣传措施是海塘遗产保护过程中不可或缺的重要途径，外来考察调研团体也将不断增加。鉴于目前重力海塘遗产主要分布在海盐、海宁和萧山段，三类塘型结构系统各有特点，为此，建议在三类塘型所在地选取最具代表性的一段，建立样板区，一方面便于统一宣传口径，另一方面可以避免对其他区位海塘过多的人为干扰。

5. 实施精品化旅游开发与管理模式

世界上没有一个国家的文化遗产是用“开发”来定位的，“保护和利用”才是对待历史遗产的正确态度。旅游开发仅指对旅游行为本身的实施途径，而不是用人为手段对遗产项目作任何改变与修饰。由于古海塘遗产的不可复制性及其特殊价值构成，首先要注意处理好旅游开发的承载能力问题，[1]杜绝任何破坏古海塘遗产的过度渗透行为。作为遗产项目，推行旅游的目的很大程度上在于更好地宣传和保护遗产本身，因而产品设计贵在品质，要在旅游及管理形态上下工夫。[2] 重力海塘遗产项目旅游离不开潮文化这一经典主题，在此基础上，设计出“海潮—海塘—海迹”为主线的精品化旅游开发模式，把海潮之磅礴、海塘之雄伟和海岸之变迁等主题内容融合在一起，不仅给游人以清晰的旅游线路脉络，更可以凸显古代重力海塘辉煌沧桑的历史。

六、展示技术

海塘遗产虽然是静态的水利工程，但其发展历史和防洪抗潮的工程作用却是动态的，相应的展示技术也必须以动态和静态相结合的方式去展开。遗产展示技术发展到今天，已经非常成熟，方法手段种类繁多，选择的标准不强调新、奇、特，而应注重适合遗产项目之展示目的、展示内容和展示特色，寻找适合自身的展示方法组合并适度创新。展示策划要带着研究去进行，酌情考虑展示主题和主线表达方式的生活化取向，[3]从策划周期、策划论证、策划成本等环节去把控质量，实现展示项目的社会效益最大化，讲好文化遗产的故事。[4]

---

[1] Robert N. Thomas. *Tourist Carrying Capacity Measures: Crowding Syndrome in the Caribbean*. The Professional Geographer, 57(1)2005, pp. 13 - 20.

[2] 车震宇：《传统村落旅游开发与形态变化》，科学出版社，2008 年，第 35～39 页。

[3] 刘金宏：《博物馆陈列展览主题主线确定的依据与表达方式的生活化取向——以广东历史文化展览为例》，中国博物馆，2007 年，第 32～36 页。

[4] 严建强：《博物馆要讲好故事》，“中国文物网”，2014 年 1 月 13 日。

(一) 展示目的

海塘遗产经受了历史和自然的洗礼涅槃而来,与其相关的工程学和社会学因素错综复杂。全面解读固然重要,但那属于专题研究范畴,在众多因素中,撷取在历史上具有重大里程碑意义的、对现代社会发展具有警示作用和激励作用的主要因素展开诠释。展示目的具体有五:

第一,解读演进历史。即展示海塘的基本发展脉络和重大转折性节点,特别是塘工技术演进与材料应用变革的转折点,也包括对农业社会产生重要影响的灾情及相应的海塘应急抢修事件,揭示海塘发展与社会进步之间的关联性。

第二,借鉴科学价值。阐述人们对潮流动力和工程地质条件的认知过程,展示相应的技术提升进程及其规范化管理,为现代水利工程建技术创新提供借鉴,同时加强对在用古代水利工程遗产合理利用的意识。

第三,传承文化价值。悠久的历史文化是民族发展的精神食粮,海塘遗产折射出古代劳动人民与自然相处的智慧、前赴后继的奋斗精神,传承随之产生的文化遗存与内在品质,是实现民族百年复兴和可持续发展的强大动力因素。[1]

第四,增强保护意识。通过展示,唤醒人们对海塘遗产保护的重要性认识,鼓励社会各界以各种方式参与保护工作,增强自觉性和能动性。

第五,促进社会进步。展示的直接效果体现在人的意识和素养的提升,激发个体的爱国热情和创业精神,潜移默化地促进社会进步。

(二) 国内外展示技术发展现状

国内外遗产展示多以博物馆、陈列馆等建筑形式为基础,辅之以特定的技术手段来实现。展示技术因展示内容和目的不同,可分为以下几种:

器物型。以文物、模型等作为基本载体,配合适量的图文板来说明其历史。此类展示方法在大部门博物馆都有使用,是最基本最原始的方法,常按照编年体和专题体进行展示。欧美国家的许多博物馆藏品丰富,其优点是借文物的静态展示、体现神秘的历史沧桑,缺点是需要较高的专业水平来识读。

图文型。以文献资料为基本素材,制作成大量的图文板悬挂展示。优点是制作和维护简单,但容易让人产生视觉疲劳,展示效果一般。

三维复原技术。多用于工程类项目展示,根据实测数据,采用立体复原技术重现项目场景、工程结构组成。优点是直观性强,便于受众了解基本的项目情况,缺点是静态模型难以展现其运行机理和内在构造。

声频技术。以语言广播的形式配合解释展示内容,可选多种语言,国际交流,但收听过程比较费力。

多媒体技术。采用声、光、电等现代高科技手段,营造一定的仿真场景,优点

[1] 孟宪民:《大遗址承传与美丽城镇的文化复兴》,《城市与区域规划研究》2013 年第 2 期。

是让人身临其境，加深了参观者的印象，趣味性较强；缺点是前期投入和制作要求高，设备管理和使用要求高，耐久性差，后期维护成本更高。

数字视频技术。以遗产项目数据库为基础，利用三维仿真技术模拟遗产的静态构造和动态工作过程，展现历史演变或各种状态下的工作机理。优点是可以利用计算机设备和投影屏幕直接观看并无限次重复播放，播放成本低，操作简便，直观性强；缺点是一次性研发成本相对较高，视频播放时间不宜过长。

海塘遗产具有科技和文化双重价值，遗产构成内容丰富，主体内容体量庞大。展示技术需要围绕核心展项，充分利用其"在用工程"的主体特点，在上述方法中酌情选取，把握好展示方法的人体工程学要求和结构比例，兼顾性价比，突出遗产价值阐释的实际效果。

(三) 展示方案及技术

基于海塘遗产的科学技术价值和文化价值贡献率，海塘的科学技术价值展示成为核心展项。考虑到海塘遗产的历史地位、区域特征和建设成本，展示区设置在浙江海宁鱼鳞大石塘工程体系所在自然区域内，靠近临潮一线的国家重点文物保护段之清代古海塘。

1. 展示框架方案

(1) 特色

海宁区域内一线海塘和内退的二线海塘遗存较多，借助实体类遗产的确定性和真实性，融合工程价值展示、历史文化承传和休闲旅游体验等展示目的，顺应专业型、交流型和消费型等各类参观群体的心理需求，将多样化展示点连成"鱼骨状"[1]旅游线路，便于各类受众沿着旅游线路按需选择参观重点，达到价值阐释之目的。

(2) 内容

展示的核心内容是临潮一线的重力海塘工程体系遗产，包括演进的自然与社会历史背景、工程布置、工程结构、附属设施，集中反映海塘与海潮的相互作用机理、主要的破坏类型及其自然与社会作用成因。展示策划与设计必须贯穿这个主旨。其次是与海塘遗产一脉相承的文物遗存、古代文献、祭祀建筑等器物，作为主体展示内容的结构性补充。再次是二线海塘、海塘遗迹等反映塘线变迁的遗址等内容，借以反映海塘演进与农业生产发展的进退关系。

其中工程布置、工程结构与附属构筑物作为核心展项，相应的关键工程包括塘身、基础、坦水、塘背附土塘和备塘。核心展项三维模拟的工程形态选定在清代乾隆时期重力石塘护塘消能工程转型后的技术区间。

(3) 设计标准

海塘实体已经客观存在，除了对其投入一定的技术和资金加以必要的修复

[1] 中国就业培训技术指导中心：《企业人力资源管理师》(一级)，中国劳动社会保障出版社，2010 年 1 月第 2 版，第 269～270 页。

和保护外，不建议实施大规模人工扰动。展示设计的主要投入在于设立行政上的保护区和技术上的展示区，前者以政策性为主，后者需要一定的资金支持。着眼于重力海塘申请"世界文化遗产"的目标，展示设计相应地尽可能一次规划，分步实施。按照申遗标准，重历史原貌、轻人工建设，组织好策划设计班子组成，控制好设计周期与设计论证等必要步骤，杜绝盲目赶工，避免设计方案流于形式。

2. 展示技术

按照受众能轻松看懂的"讲故事"原则，针对不同展示内容，选用不同的展示技术。横亘海岸线的海塘本就是一个自然存在的特大型器物类博物馆，在此静态展示基础上，设立不同性质的展示区域，适当采用三维复原技术、数字视频技术和图文板技术，强化动态感知效果和现场体验效果。在展示技术的设计过程中，必须充分尊崇展示内容的"因然性"原则，即不得一味追求视觉冲击而走向"使然性"。一旦脱离这一基本规则而歪曲遗产项目的本真面貌，最令人振奋的展示也将违背初衷，失去遗产展示的目的。

按照旅游线路顺序，设立以下三类展示区域并采用不同的技术来实现展示效果。

(1) 陈列馆

陈列建筑宜靠近一线海塘遗产，建筑形式以平铺式体型为主，不可喧宾夺主，影响海塘周边的其他历史建筑，破坏海塘区域的历史风貌。陈列馆展厅面积约 2 000 m^2，装饰风格以海塘和涌潮为主题背景元素，注重历史的厚重感并做到精致环保，符合人体工程学原理。[1] 参观时间不超过 60 分钟，按顺序分为四个展厅，对应展示项目及技术如下：

序厅的核心展项为三维复原沙盘：以钱塘江河口区为基本范围，按照一定比例复原钱塘江河口区形态、农业地理与海岸位置、一线和二线古海塘分布等主要元素，揭示海塘与潮流的相对关系、农业发展对海塘的依存关系、钱塘江涌潮及重力海塘的对应性。沙盘内设置电子控制装置，配置地理标示牌和不同颜色的 LED 指示灯，用于演示涌潮发生、上溯至回流的整个过程中与海塘的基本依存关系，再辅以适当的人工讲解，引导观众的视觉流线。沙盘应作为陈列馆内的开篇展项，以此为序进入后续展项。展示时间约 10 分钟。

图文展区：以壁挂式展板为主要载体，适当配置多媒体触控技术的展台式展板，图文内容着重介绍海塘起源与发展历史，特别是砌石海塘到重力海塘的各个认知过程和技术提升阶段。图文设计要重点展示重力海塘的分布、塘型结构、施工工艺、破坏形态和重大历史灾情等关键内容，同时兼顾海宁段、海盐段和萧山段涌潮的形态特征差别。展示时间为 20 分钟左右。

器物展区：海塘文物主要有两类，一类是海塘工程所用的材料，如条石、蝴

[1] Weidong Zhu, etc. *Several Problems Existing in Modern Decoration Design Viewed from Engineering Management*, Advanced Materials Research, Vols. 838 - 841 (2014) pp. 3199 - 3203.

蝶铁、铁销、糯米灰浆、木桩等；另一类是记述海塘修筑、营造规程和人文历史的文献资料，重点是反映古代对潮流动力和工程地质科学认知的《筑塘说》、《修塘议》等全文，以及反映海塘设计与施工规范化管理的《海塘录》、《大清会典事例》等官方文献。文物的展示采用展柜作静态展示，适当配置自动语音解读。展示时间约 10 分钟。

数字化视频演播区：以电影小厅的形式，通过电脑投影循环播放。展示内容由五部分组成：① 海塘与太湖平原经济社会发展关系的简介；② 实拍的涌潮视频剪接，特别是风暴潮期间的潮流形态；③ 钱塘江沿岸沙滩形态和特征；④ 涌潮作用下的海塘工作机理与破坏形态的动态模拟，主要是塘身条石抽吸和护塘消能建筑的破坏隐患；⑤ 备塘系统的工作机理动态模拟，主要是作为二级防潮设施的作用。展示重点是涌潮作用期间海塘的破坏机理和备塘的工作机理动画模拟。展示时间约为 15 分钟。

生态农业展区。采用模型和标本展示技术，展现海塘周边的农业形态、动植物物种、钱塘江水产等生态元素，烘托海塘的农业价值。因该区域既是补充展区，也是休息区域，因此展示时间相对灵活。

(2) 观摩区

对海塘作用有了概念性认识后，游客可以直接从陈列馆进入海塘样板区。样板区选择为盐官传统的观潮区。进入该区域后，站在塘顶亲身体验海塘的雄伟和涌潮的壮观，接受历史遗存的熏陶。

(3) 主题园区

在高等级保护区的一线海塘和二线海塘之间的场地内，设置海塘文化公园等主题园区。园区的设计以生态平地为主，地面高程控制在当地防洪排涝的设计标准内，展示项目以室外为主。园区划分出相互联系的各类专题展示功能区，包括海塘施工复原区、海塘人文展示区和室外互动体验区。

施工复原区：建议利用废弃的局部二线海塘，经拆解整理后，营造施工工艺复原场景。条石为原有塘石，木材可现采做旧，施工机具和人物雕塑需要复制。展示重点是突出整个工艺流程。

人文展示区：目前海宁盐官已经开办了海塘公园，附近还有海神庙和镇海塔等古代祭祀建筑，可以此为依托，经统筹论证后，作适当提升，并将三者串联在一个相对围合的小区域内。展示的重点是重力海塘筑塘史上的著名人物及其贡献，以及由此产生的祭祀文化等现象。展示技术以雕塑、石刻为主。

互动体验区：主要针对海塘结构、附属设置和施工工艺，设置一个让游客参与的互动区。可制作多组缩微的真材实料提供给游客，举办多人互助的"积木类"游乐活动，加深游客对海塘工程的印象。

3. 经费筹集

海塘遗产保护具有强制性特征，相应的展示也要配套跟进和持之以恒。为此，展示经费的组成包括固定部分和可变部分，固定部分必须有政府财政支撑，可变部分可以在政府财政补助基础上，以构建社会性融资的模式灵活筹集。

(1) 政府专项投入

这部分资金主要用于前期工作、文物征集、展馆建设、后期维护和管理及人力资源成本支出,实行按年划拨,适当递增的到位方式。

(2) 社会捐助

这种形式的资金额度一般不会太大,但是作为政府投入的重要补充,增强了维护和管理经费的储备,客观上弘扬了爱国主义热情。

(3) 民资参股

民资参股可用于展示园区的互动体验区和低等级保护区,在管理部门的监督下开展适当的经营性项目,实现经费上的适度补充。

七、结　语

一、海塘遗产分为在用部分和内退部分,其遗产构成的主体基本一致,主要包括自然科学、历史文化和规范化管理三个层面,即工程体系组成结构、遗址和祭祀建筑、管理文献等。根据遗产构成内容的历史贡献和现实作用,相应的展示标准和方法技术局部会有所区别。

二、保护策略遵循工程措施、非工程措施和专业管理措施并重的原则。

三、展示技术结合海塘遗产的不可移动性和大体量特性,以静态展示方式为主,数字视频技术作主要补充,在确保因然性的基础上实现轻松愉快的展示氛围和效果。

钱塘江海塘及涌潮景观申遗研究*

李海静
（中国水利博物馆、中国科学技术大学科技史与科技考古系）

摘　要：本文通过对《保护世界自然与文化遗产公约》文件的解析，从世界遗产概念分类、突出普遍价值的标准、与其他类似项目的对比分析、真实性与完整性分析、已有的管理与保护现状等五个方面来探讨钱塘江海塘及涌潮申请加入“世界遗产名录”的可行性。通过文本比对，指出钱塘江海塘及涌潮景观的特色和优势，阐述申遗的可行性。同时，指出现状存在的不足，并提出相关建议。

关键词：钱塘江　海塘　涌潮　世界遗产　文化景观

一、序　　言

钱塘江作为我国东南沿海一条独特的河流，因其特殊的地理位置和强涌潮灾害，历代都备受关注。自隋代漕运开通，钱塘江两岸的江南地区就是国家贡赋的主要来源地之一；海岸之利，渔、盐、垦殖、交通、商务在此均有体现。但因潮灾频发，自古就有以堤御潮的记载。伴随技术的发展，海塘修筑水平不断提升，有清一代不惜帑金修筑鱼鳞大石塘，以保护两岸百姓安全。我们今天所见的千里海塘，是历代人民与潮灾顽强斗争的真实见证。钱塘江海塘充分展示了人类在不同历史时期的创造性成果，是人类创造精神和聪明智慧的完美展现；更是社会发展过程中，人类认识自然、与自然抗争、与自然和谐相处的完美体现；人类无限的创造力和拼搏精神凝聚于此。钱塘江涌潮作为独特的自然景观为历代文人雅士、政治领袖、普通百姓所钟爱，大量的文学艺术作品及独特的地方风俗和祭祀文化，构成钱塘江独有的非物质文化遗产。作为水利工程和自然景观的典型代表，钱塘江千里海塘和涌潮景观，两者矛盾对立又和谐共处，构成了人类独有的文化景观遗产。钱塘江申报世界遗产应以千里海塘和钱塘江涌潮为核心，囊括与其相关的物质和非物质文化遗存。

* 本文是在导师石云里教授的指点下开展的，老师阅读了初稿并提出修改意见；中国水利博物馆赵平博士阅读了本文初稿并提出修改意见，在此谨致谢意。

伴随着科技进步、两岸社会经济的发展及城市的扩张，人类对钱塘江的索取越来越多，江上不断有新的桥梁修筑等水利工程项目的实施，江下沟通南北两岸的穿江隧道，两岸围垦工程仍在继续，这些工程的过量开展无疑将对钱塘江涌潮景观产生破坏性影响，钱塘江大潮这一自然景观正面临着减弱甚至消失的危险。另外，钱塘江两岸古海塘因历史悠久，冲刷损坏严重，未来的保护和修复是一个重要的课题。2014 年 7 月，钱塘江潮水汹涌，曾冲毁一段海塘，而鱼鳞石塘修筑点均为潮水最为凶猛的地段，每天两次的潮汐冲刷，古海塘的老化问题不容忽视，应如何去保护这些古海塘？一旦出现险情如何进行修复？部分仍存在，但已废弃的古海塘该如何界定和保护？这些问题都应引起我们的关注。此外，不同历史时期形成的土备塘现已成为公路，但两侧记载着历史年轮的古树形成了独特的风景线，公路两侧仍保持着桑蚕鱼塘的历史面貌。但很多古树因城市道路的发展而被砍伐，独有的江南乡下"桑蚕鱼塘"的生活面貌也正在逐步消失。同时，近年来政府和大众对钱塘江大潮的关注程度日益高涨，每年大潮期间，钱塘江两岸聚集无数民众观此胜景，为让更多的人欣赏这一壮观美景，媒体每年都进行实况转播。

面对问题，钱塘江海塘及涌潮景观亟需加入"世界遗产名录"，使钱塘江海塘及涌潮景观能够得到长期的、可持续的保护和发展，为人类保存这一独特的自然文化景观。根据联合国教科文组织相关文件要求，申请加入"世界遗产名录"的项目必须具有突出普遍价值、真实性与完整性，并应与其他类似遗产进行对比分析、申报遗产的管理和保护现状。结合钱塘江的现实情况，本文将根据文本要求进行剖析，来阐述钱塘江海塘和涌潮景观的世界遗产价值。同时，指出申遗所面临的困难和不足，提出完善的建议。

二、从世界遗产的概念及分类看钱塘江海塘及涌潮

(一) 遗产概念

"遗产"是指可以继承的财产和权益。联合国教科文组织在此基础上，将遗产的内涵和外延进行扩展，从而形成了世界遗产的概念。UNESCO 对世界遗产有着明确的界定：

Heritage is our legacy from the past, what we live with today, and what we pass on to future generations. Our cultural and natural heritage are both irreplaceable sources of life and inspiration. [1]

世界遗产的概念源于人类对于遗产的定义，遗产是从前人那里继承而来并

[1] http://whc.unesco.org/en/about/。

将继续传承给未来一代。文化和自然遗产是人类物质和精神生活中不可替代的财富。在此概念的基础上，“世界遗产”进行了引申，强调它的普遍适用性，是属于整个人类世界，与其所处的地理位置无关；遗产的外延被扩大，抛弃了其私有的性质，而是扩展为整个人类的历史遗存；作为人类智慧的结晶，是罕见的不可替代的财产，应得到全人类的保护。

此概念源于 1959 年埃及阿斯旺大坝的修筑。大坝的修筑对尼罗河两岸古代遗迹的破坏引起了联合国教科文组织关注，联合国教科文组织使用世界基金对古遗迹进行保护，此次保护行动非常成功。1960 年，联合国教科文组织发起了“努比亚行动计划”，[1]第一次提出了“人类共同遗产”的概念。钱塘江海塘作为人类智慧的结晶，至今仍发挥着防潮御咸的作用，其规模之巨大、历史之悠久，在整个世界水利工程史上是一个奇迹。其与海潮景观的完美集合，体现了人类征服自然，同时保护自然，是人与自然和谐相处的中国传统治水理念的体现，此景观在整个世界范围内是独一无二的；没有机械，完全依靠人力完成的海上工程，就世界范围内，其规模和技术都是独有的，作为“海上长城”的海塘工程也是人类创造精神和不屈的抗争精神的体现，成为不同历史时期经济社会发展的实物见证。同时，钱塘江涌潮这一独特的自然现象，在世界范围内也是罕见的。两者作为矛盾统一体，是人类所倡导的“人与自然和谐共处”的典范代表。

对于世界遗产，世界遗产委员会一直关注遗产的可持续发展性，这也是遗产保护的重点内容。世界遗产的提出，使得人类曾经的历史得到了更好的保护和保留。自 1949 年以来，钱塘江开展了大规模的治江工程和标准海塘的修筑工程，很多古海塘已经变成了路基，还有很少一部分已废弃的古海塘埋没在城市各个角落。与此相关的碑刻、庙宇、祭潮弄潮文化也在不断地消失，这些问题应该引起我们的关注。一旦加入世界遗产名录，相关的物质与非物质的遗产内容都将得到很好的保护和规划。

（二）遗产分类问题

因人类遗产丰富，根据遗产特性的不同，特对世界遗产进行了分类。世界遗产委员会（UNESCO WHC）将世界遗产分为：世界文化遗产（World Culture Heritage）、世界自然遗产（World Natural Heritage）、世界文化与自然遗产（World Culture & Natural Heritage）、[2]世界文化景观遗产（Cultural landscapes）、[3]其他类别遗产（包括线性遗产、工业遗产、非物质文化遗产、世

[1] “努比亚行动计划”，此次行动中，阿布辛贝神殿和菲莱神殿等古迹被仔细地分解，然后运到高地，再一块块地重新组装起来。

[2] 联合国教科文组织世界遗产委员会网站：nesco.org/en/news/1143。

[3] 文化景观这一概念是 1992 年 12 月在美国圣菲召开的联合国教科文组织世界遗产委员会第 16 届会议时提出并纳入“世界遗产名录”的。World Heritage Center. *Operational Guidelines for the Implementation of the World Heritage Convention*, 2013, Annex 3.

界记忆遗产、世界农业遗产、世界湿地遗产)。

根据世界遗产委员会对不同类别遗产划分标准分析,笔者认为钱塘江海塘及涌潮景观申报世界文化景观遗产最为合适。世界文化景观遗产的定义及内容如下:

表一　文化景观的概念

<table>
<tr><th></th><th>定　义</th><th>包含内容</th></tr>
<tr><td rowspan="4">文化景观
(Cultural landscapes)</td><td>文化景观属于文化财产,代表着“自然与人联合的工程”。它们反映了因物质条件的限制和/或自然环境带来的机遇,在一系列社会、经济和文化因素的内外作用下,人类社会和定居地的历史沿革。</td><td>有意设计的建筑景观:包括出于美学原因建造的园林和公园景观,它们经常与宗教或其他概念性建筑物或建筑群有联系。</td></tr>
<tr><td>在选择时,必须同时以其突出的普遍价值和明确的地理文化区域内具有代表性为基础,使其能反映该区域本色的、独特的文化内涵。</td><td rowspan="2">有机进化的景观:产生于最初始的一种社会、经济、行政以及宗教需要并通过与周围自然环境的相联系或相适应而发展到目前的形式。它又包括两种类别:一是残遗物(化石)景观;二是持续性景观,它在当地与传统生活方式相联系的社会中,保持一种积极的社会作用,而且其自身演变过程仍在进行之中,同时又展示了历史上其演变发展的物证。</td></tr>
<tr><td>文化景观涵盖了人与自然相互作用过程中多样性特征。</td></tr>
<tr><td>文化景观反映了该地区持续发展中所形成的独特技术,该技术特点受到自然环境的限制,并形成独特的精神特质。保护文化景观能够保护现代技术可持续发展,能够保护和提高该地区的自然景观价值,能够保护该地区的生物多样性。</td><td>关联性文化景观:以与自然因素、强烈的宗教、艺术或文化相联系为特征,而不是以文化物证为特征。</td></tr>
</table>

从文化景观的概念和内容分析,它更多地强调人与自然相互作用过程中形成的独特文化,且这一过程仍在持续进行;文化景观又包含三部分内容:有意设计的建筑景观、有机进化的景观、关联性文化景观。钱塘江海塘及涌潮景观更符合“有机进化的景观”概念。首先,它的产生源于社会经济发展的需要,自唐代以来,钱塘江两岸的江南地区经济地位不断提升,但潮灾频繁且凶猛,为保护两岸农田,执政者开始关注堤塘的修筑。其次,钱塘江大潮凶猛异常,沿江地区地质、水情复杂,使得海塘的修筑异常困难,历经多个朝代不断修筑、改进技术,至明清方建成坚固的鱼鳞石塘;再次,在历代的修筑过程中,形成了多种塘型,现今尚存海塘可分为两类:一是已经废弃但仍存在的古海塘残遗物,以土塘、条石塘为主;二是仍在使用中的古海塘、民国时期的重力混凝土塘、建国后新建的标准海塘。钱塘江海塘见证了自身的发展变迁历程,同时也见证了两岸经济社会的发展。作为浙江人民的生命线,钱塘江海塘在未来仍将发挥至关重要的作用,它的

安全与否事关两岸经济社会的发展,甚至关乎国家的经济状况。

三、从评估标准看钱塘江海塘及涌潮

(一) 突出的普遍价值评估标准

为了更好地选取最具代表性的人类共同遗产,联合国教科文组织制定了选取的标准,对申报项目进行评价,"突出的普遍价值"就是重要的评估内容之一。《保护世界自然与文化遗产公约》对"突出的普遍价值"制定了10条详细的评估标准,其中i-vi针对文化遗产,vii-x针对自然遗产。凡符合其中的一项或几项标准,方可申报世界遗产。需特别说明:i-vi标准必须同时符合真实性原则;vii-x标准同时符合完整性原则。通过对评估标准的分析,笔者认为,钱塘江海塘及涌潮景观符合(i)、(iii)、(iv)、(v)、(vi)、(vii)六条"突出的普遍价值"的评估要求,下面将进行详细阐述:

(i) 代表人类创造精神的杰作;

钱塘江海塘工程堪称水利工程的杰作,鱼鳞石塘的修筑技术、"凹"型的岸线设计都展示了顺应自然的独到设计理念,以及蜿蜒崎岖的空间艺术感。与此相关的占鳌塔、六和塔两座镇潮塔,独到的设计和建筑风格,展示了中国古代高超的建筑技艺,六和塔独有的"七明六暗"格局更体现了中国古人卓越的建筑成就。

钱塘江鱼鳞大石塘

(iii) 能为现存的或已消逝的文明或文化传统提供独特的或至少是特殊的见证；

“钱塘江海塘及涌潮景观”充分显示了中国古代天、地、人和谐统一的治水理念。钱塘江海塘历经1 300多年的潮汐冲刷，经历了数百次的冲毁、重筑，明清鱼鳞石塘、丁由条石塘、民国混凝土重力土塘、现代技术的混凝土重力石塘，充分展示了不同历史时期技术的演进过程，及其所蕴含和折射的不同时期社会经济状况。汹涌澎湃的涌潮造就了独特的涌潮文化，激励着无数中国人拼搏向上。伴随着海塘修筑、潮灾频发，钱塘江流域形成了独特的祭潮神文化、镇潮文化。钱塘江自古就有观潮的传统，无数文人墨客、政商要人对此胜景的喜爱，更赋予了该景观文化内涵，见证了中国社会的变迁。

明朝时外族不断入侵，钱塘江河口段海塘成为御倭前线，并成为御倭的天然屏障和堡垒，同时修筑大量军事设施，至今仍保存有古炮台遗迹。自明至清末一直有军方负责巡视管理，其沿线地名具有浓重的军事色彩，如“堡”字的大量应用。

(iv) 是一种建筑、建筑群、技术整体或景观的杰出范例，展现历史上一个(或几个)重要发展阶段；

钱塘江南北两岸海塘全长566千米，堪称“海上长城”，其修筑历经了八个朝代(有史料记载)的更迭，修筑技术不断完善。钱塘江南北两岸地形、地势、河流流势迥异，两岸海塘结构、修筑建造技术不同，明清鱼鳞大石塘和丁由石塘至今仍屹立于防洪御潮的第一线。自唐开元元年(713)至今一千多年来，钱塘江历经多次的江流改道，海塘重筑，至明清时建造技术达到顶点。现保存完好的明清石塘全长33公里，其中28公里为明清鱼鳞石塘，5公里为民国时期原石修筑，另外，南岸临江存有2公里左右的古“丁由”石塘。民国时期修筑的海塘，见证了近代水利科技在钱塘江海塘的应用，是海塘塘型的又一次历史变革。临江其余大部分海塘为1949年以后修复或1985年后修筑的标准塘。钱塘江海塘成为展示古代水利工程技术、近现代水利工程技术发展的活化石，真实地展示了我国水利工程技术在不同历史阶段的发展状况，成为水利工程最为完整的建筑群，其技术发展和演进的历程得到完整记录和展现，其修筑技术本身也是一笔宝贵的非物质文化遗产。

此外还有修筑于北宋开宝三年的镇潮塔——“六和塔”，塔身共九层，高五十多丈，巍峨突起，塔的顶层装有明灯，为夜晚航行的船只指路。该塔历经宋、元、清三朝多次重修，其建筑结构、塔身砖雕堪称中国古建筑之杰作。

钱塘江上第一座跨江大桥——钱塘江大桥，作为中国近代桥梁建筑史的杰作，代表了近代中国桥梁技术的发展水平，集中展示了人类的聪明才智和自强不息的民族精神。同时，钱塘江大桥也见证了中国社会变革，成为近代中国抵御外族入侵的历史见证。

钱塘江畔的之江大学——中国近代基督教会大学之一，见证和代表了近代中国高等教育的发展水平，在中国教育近代化过程中起到了一定的示范与导向作用。现保存完整的学校旧址，面朝钱江，绿树环绕，充分展示国难之时，发展高等教育、培养人才、争取民族自强的拼搏抗争精神。

钱塘江南岸新建中国水利博物馆，在这里记录和展示着中国千百年来治水、用水的历史，未来这里必将成为传承中国治水文化，展示治水成果的新摇篮。

(v) 是传统人类聚居、土地使用或海洋开发的杰出范例，代表一种(或几种)文化或者人类与环境的相互作用，特别是由于不可扭转的变化的影响而脆弱易损；

“钱塘江涌潮和海塘景观”是因御防钱塘江涌潮而修筑钱塘江海塘，通过海塘的修筑改善了人类居住环境。钱塘江因江道主流摆动频繁、历经多次变迁，流域内外来泥沙淤积严重，历代均有占用滩涂围垦土地的记载。1949 年之后，钱塘江开展大规模治理工程，通过围垦缩窄江道、减小江道摆动，获得围垦土地 100 多万亩，很好地解决了中国南方地少人多的问题，开发利用了大片滩涂沙地，成为人类聚居、土地使用、海洋开发的典型代表。同时在此过程中，人类对涌潮历经斗争——消灭——保护的观念变迁，展示了人类与自然环境互动过程中，人类认识自然——征服自然——与自然和谐相处的有机演变。伴随着现代科技的发展，钱塘江开发项目不断增加，对涌潮景观将产生不可逆转的影响；古海塘历经数百年潮水冲刷以及白蚁的侵害，正变得越来越脆弱。

(vi) 与具有突出的普遍意义的事件、文化传统、观点、信仰、艺术作品或文学作品有直接或实质的联系。(委员会认为本标准最好与其他标准一起使用)；

“钱塘江海塘及涌潮景观”中的钱塘江大潮景观是中国传统文化精英的“精神家园”，是中国各阶层世代热衷、追逐的壮美景观：它以“豪迈壮阔”的文化特性引发了数量巨大、雅俗共赏的文学和艺术作品，与《马可·波罗游记》及中国文学艺术史上的若干传世作品直接相联，是中国历史上影响最为深远的“文化名潮”；它以其凶猛震撼的自然之力，带来美景和灾难，引起历代当政者的关注；因潮猛浪急，海塘修筑异常艰难，帝王专门撰文祈祷神灵庇佑，由此形成了独特的镇海文化和祭海神的传统。钱塘江海塘修筑倾注了历代君王和百姓的心血，后世留下了大量祭文和碑刻作品，形成钱塘江独有的文化特质。

(vii) 绝妙的自然现象或具有罕见自然美的地区；

钱塘江涌潮源于天体引力和地球自转的离心作用。加之钱塘江河口独特的喇叭形，及河口内堆积的巨大沙坎，水深迅速变浅，因而造就了钱塘江独特的自然景观——钱塘江大潮。

因受天体运动的影响，每月朔望之时钱塘江大潮都较平时大些，而每年的阴历七八月份的朔望之时，潮势最为凶猛。此时如遇台风或天文大潮，潮势将凶猛异常，往往造成灾害。钱塘江涌潮景观极具震撼力，因钱塘江地形独特，从而形成了多种潮姿，如“一线潮”、“交叉潮”、“回头潮”等，成为全世界独一无二的自然涌潮景观。

四、从“对比分析”看钱塘江海塘及涌潮

目前，世界遗产的范围已涉及全球160个国家，总数已达981项，在数量众多的世界遗产类型中，钱塘江海塘及涌潮景观具有怎样的独特性，是评委会最为关注的问题之一。这也必将成为我们研究的一个重点问题。

钱塘江海塘及涌潮景观属于以自然景观和古代水利工程景观为主体的文化景观，并具有“持续演进的”和“有关联性的”特征。从遗产的价值角度分析，该景观具有的基本类型属性：一是拥有独特的自然景观——涌潮，由此形成了独特的海潮文化；二是作为人类水利工程的典型代表——钱塘江千里海塘，其建筑规模、建造技术堪称工程类遗产的典范。

从比较分析的角度来看，钱塘江海塘工程作为最具代表性的东方水利工程，与钱塘江海潮景观完美结合，形成了独特的涌潮和海塘文化，是一个文明古国在人与自然关系上最为和谐与美好的体现。与其他已列入“世界遗产名录”的水利遗产相比，具有突出的特点。

为了深化对遗产总体价值特性的认识，根据钱塘江海塘及涌潮景观的遗产类型和特征，分别从“自然景观类”和“工程类”对国内外相关遗产的价值和特性进行比对，从中显示钱塘江海塘及涌潮突出于其他遗产地的理由。比对表如下（因对比内容较多，在此不一一列出，另文加以详述，在此仅列出比对的对象）：

金德代克（小孩堤防）—埃尔斯豪特风车群

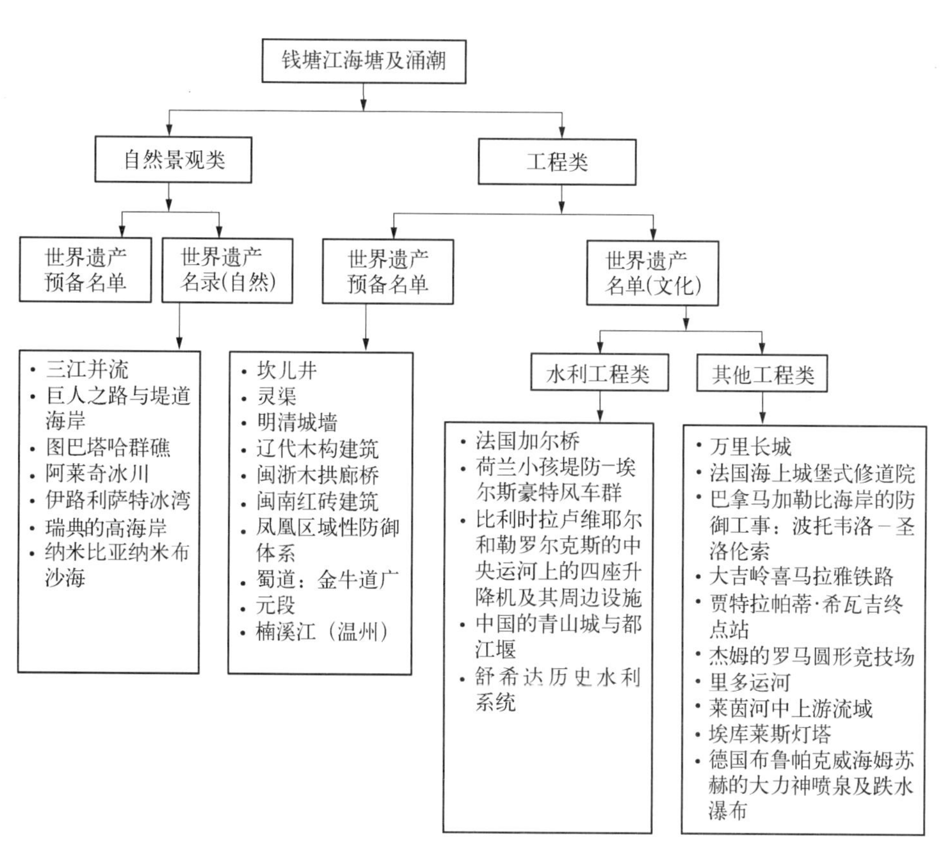

五、从“真实性和完整性”看钱塘江海塘及涌潮

（一）真实性和完整性评价标准

申报项目被认为具有“突出普遍价值”的同时，还必须具有真实性和完整性。“真实性和完整性”作为衡量遗产价值的重要标尺，《保护世界自然与文化遗产公约》对其有着明确的界定：

真实性[1]主要针对文化遗产的(i)至(vi)标准，《奈良文件》对真实性原则进行了详细的约定，主要包括：外形与设计；材料与实体；用途与功能；传统、技术和管理体制；位置和背景环境；语言和其他形式的非物质遗产；精神与感受；以及其他内外因素。

完整性[2]是用来衡量自然和或文化遗产及其特征的整体性和无缺憾状

[1] World Heritage Center, *Operational Guidelines for the Implementation of the World Heritage Convention*, 2013, 82.
[2] World Heritage Center, *Operational Guidelines for the Implementation of the World Heritage Convention*, 2013, 88.

态，主要包括：所有表现其突出的普遍价值的必要因素；形体上足够大，确保能完整地代表体现遗产价值的特色和过程；受到发展的负面影响或被忽视。依据标准(i)至(vi)申报的遗产，其物理构造和(或)重要特征都必须保存完好，侵蚀退化也得到控制。能表现遗产全部价值绝大部分必要因素也要包括在内。文化景观、历史名镇或其他活遗产中体现其显著特征的种种关系和能动机制也应予保存。依据标准(vii)至(x)申报的遗产，其生物物理过程和地貌特征应该相对完整。另外，对于依据标准(vii)至(x)申报的遗产来说，每个标准又有一个相应的完整性条件。

(二) 钱塘江申遗的真实性和完整性分析

"钱塘江海塘及涌潮景观"具有设计性、绝妙的自然现象、有机的演进性、文化和精神关联性，并成为水利工程的典范，在见证丰富文化、体现人与自然和谐互动、世代延续的精神家园等方面具有突出普遍价值。

根据《实施和保护世界文化与自然遗产公约的操作指南(2013 年版)》和《奈良文件》对遗产的真实性和完整性的评价要点标准，在"钱塘江海塘及涌潮景观"千余年的传承和演进中，承载和反映其遗产价值的要素——钱塘江海塘工程、钱塘江涌潮绝妙的自然现象、海塘及涌潮空间特征、大运河南端起点、钱塘江文化史迹，其外形、材料、功能、位置、修筑的工艺、记载的史料，都真实地、完整地保存和延续至今；同时，钱塘江海塘及涌潮景观的工程特性和独特的自然美及其所蕴含的文化传统及精神内涵，也都真实地、完整地保存并延续至今。

钱塘江海塘及涌潮景观的全部价值载体，在有效的传承机制和保护管理体系下，得到了真实、完整地保护和传承，并不断得到改进和完善。历史上积累下来大量翔实的古代文献和工程档案，记录了钱塘江海塘设计的中国传统的治水理念和海塘修筑的工艺技术，反映了传统海塘建造技术体系的历代传承和改进完善；历代流传了大量古代文学和艺术作品，记录了古人对钱塘江大潮的审美方式和审美感受，反映了钱塘江涌潮审美特征的历代延续。其真实性和完整性分别体现在以下几个方面：

(1) 钱塘江海塘真实性的主体体现：水域岸线变迁的历史性；海塘主体、涌潮景观的传统形态和景观特征，自然生态功能的良好保持，地理位置的历史性，传统涌潮审美景观特征的保持，历史建筑规模的保持。完整性表现：钱塘江河口段及江南海塘的完整保存；临江 33 公里明清古海塘的本体、规模的完整保存。

(2) 钱塘江涌潮绝妙的自然景观真实性的体现：观赏主体和观赏要素的保持，观赏要素景观的传统性，审美功能的保持和延续。

(3) 空间特征的真实性主要表现在：观潮位置、海塘与涌潮关系的历史性，海塘功能的保持；完整性主要体现在海塘主体的完整性，海塘与涌潮关系的保持。

(4) 京杭大运河南端起点的真实性表现在：沟通主体水利工程的保持，沟通历史的传承性，漕运文化与海洋文化的保持和延续。完整性的表现：主体沟通工程、历史文献记忆的完整保存。

(5) 与钱塘江相关的水利古籍资料，其真实性表现在大量海塘工程文献资料的保存，真实展现了钱塘江治理的过程、工程技术水平的演变、工程在国家工程中所占地位，从水利工程的角度真实反映了不同时期的社会历史状况。完整性表现：自唐以来，相关历史文献连续、完整地得到保存。

(6) 钱塘江文化史迹的真实性主要表现在传统外形、传统材料、历史功能、传统技术、历史建筑物、历史位置等原状的保持，相关的近代桥梁和近代高等教育的建立发展，以及相关潮神信仰与民间传说的传承，对景观历史文化内涵具有佐证作用。完整性主要表现在遗存的本体、遗存的规模、遗存的技术、遗存历史环境变迁的完整保存。

六、从“OUV 的保护和管理”看钱塘江海塘及涌潮

申报项目的保护和管理现状，也是评审委员会非常关注的内容之一。因钱塘江海塘的特殊地位，历代对海塘的维护和管理都有着明确的规定和专门的管理机构。

如今，浙江省钱塘江管理局专门负责钱塘江的日常管理和维护工作。在遵循国家颁布的《中华人民共和国水法》、《中华人民共和国河道管理条例》基础上，1992 年，浙江省专门制定颁布了《浙江省钱塘江管理条例》，通过地方立法为钱塘江的管理提供法律支持。对海塘的修筑维护工作也形成的专门的管理条例：《浙江省海塘工程技术规范》、《浙江省海塘建设管理条例》、《浙江省钱塘江管理条例》、《浙江省海塘工程管理考核办法》、《钱塘江海塘工程维修养护技术规程》(DB33/T596－2006)、《浙江省水利工程安全管理条例》。

根据浙江省水利厅浙水政[1994]71 号文，省钱塘江管理局负责富春江电站以下桐庐、富阳境内富春江河段的河道规划编制、报批和实施的监督，建设项目的审查管理；负责临浦高田陈以下浦阳江河道、上虞百官公路桥以下曹娥江河道、西湖区社井以下钱塘江河道的管理。负责上述河段堤防的防汛封闭线、部分临江海塘的管理、加固、维修养护，为地方围堤的加固提供技术帮助与指导。[1]因负责的河段较长，钱塘江管理局在不同塘段下设不同的管理机构对海塘进行日常的维护和管理，具体如下：杭州管理处、宁绍管理处、嘉兴管理处、富春江管理处、钱塘江安全应急中心、嘉兴钱塘江海塘维护有限公司。

2001 年，制定的钱塘江治理规划中明确要求钱塘江开展的各类项目必须首先考虑对钱塘江大潮景观的影响。此项工作由浙江省水利河口研究院承担，任何即将开展的有关钱塘江的项目，都须由该单位首先论证其对海潮可能造成的

[1] 王杏会：《关于钱塘江流域管理的设想》，《浙江水利水电学报》2000 年第 2 期。

影响,然后再考虑是否批准该项目。但对涌潮景观的保护尚缺乏立法和法规依据。

七、钱塘江海塘及涌潮申遗前景及建议

按照申报加入“世界遗产名录”的要求,申请项目首先要向所在国的遗产委员会递交《世界遗产预备清单》,申请加入《世界遗产预备名单》。在成功加入预备名单后才可以继续申报加入“世界遗产名录”。

(一) 钱塘江海塘及涌潮申遗的前景

(1) 竞争激烈,但前景乐观

我国已拥有的世界遗产的数量居世界第二位,共有 47 处。其中,世界文化遗产 30 处,世界自然遗产 10 处,世界文化与自然遗产 4 处,文化景观遗产 3 处。且我国每年各地申报到国家文物局的遗产项目不断增加,2012 年统计数据显示,国内已列入世界遗产预备名单的项目已有 50 项,大运河今年已申遗成功。其中有大家熟知的北京古观象台、卢沟桥、北海、独乐寺、安济桥、良渚遗址、殷墟、西安碑林等都准备申报世界遗产。同时,因遗产数量增长过快,联合国教科文组织遗产委员会本着名录应具有代表性、平衡性、可信性的原则,2009 年在苏州召开的第 28 届世界遗产大会修改了申报数量,规定每个缔约国每年只能申报 2 个遗产项目,其中至少有一项是自然遗产。[1] 从目前世界遗产的分布状况来看,文化遗产项目最多,文化景观项目相对较少。因此,钱塘江海塘及涌潮应朝着申报文化景观遗产的方向努力。

(2) 申遗条件基本成熟,但需进一步完善文化内涵

钱塘江海塘工程一直在作为水利工程来维护和管理,大家很少关注它的文化和遗产价值,直到近年来“水文化”建设的提出和开展,此类水利工程遗产才引起大家的关注,因此相应的研究成果明显不足。另外,除海塘和大潮景观外,相应的文化和自然景观应进一步加以挖掘,如海神庙、两座镇海塔、镇海神针、镇海铁牛、古水闸、土备塘及备塘景观、白塔、钱塘江一桥等已有的相关景观。第三,还应进一步拓展挖掘钱塘江两岸的自然风光和相关的遗产点调查。关于钱塘江海塘和涌潮景观的遗产价值相关的研究成果严重不足。

(3) 海塘的保护和文化建设已引起重视

临江一线古海塘仍在发挥着作用,其保护开发及文化建设问题已经引起了钱塘江管理局的关注;已废弃的古海塘的界定、保护、开发问题也引起了钱塘江管理局和地方文物保护部门的关注。

[1] 晁华山编著:《世界遗产》,北京大学出版社,2005 年,第 12 页。

(4) 钱塘江海塘及涌潮的管理和保护较完善,但部分塘段的管理需加强

钱塘江海塘总体虽归钱塘江管理局管理,但南岸部分塘段是由萧山区水利局负责管理,两方的管理存在差异;另外,部分塘段由民间负责管理,海塘的维护和相关沿线的开发存在混乱现象;第三,海塘有其独特性,作为一线的水利工程仍发挥着作用,且会持续发挥作用,从专业技术角度看,水利部门的管理和维护最为专业;但作为遗产又需要相应的文物部门对其进行监管和保护,这中间就会出现矛盾。同时,因涉及涌潮的自然景观,旅游部门又要进行参与。多部门的交叉参与、交叉管理必然会对海塘及涌潮景观后续的管理维护造成困难,如何进行协调规划是我们需要关注的重要方面之一。

(二) 钱塘江海塘及涌潮申遗的建议

通过对钱塘江海塘及涌潮景观的分析研究,笔者认为此景观完全符合申遗的条件。钱塘江海塘工程如申报遗产,应与位于上海市的江南海塘、钱塘江上游的富春风光、千岛湖美景及水下古镇一起采取整合策略,以钱塘江流域为申报主体,突显人工、自然和历史景观。在行政协助方面,水利部门、主管机构、文物部门、文化部门应联合行动,跨区域、跨行业开展研究工作,以丰富相关研究成果。同时,将其看成是一个系统工程,认真对待每一个流程和步骤,将文本的撰写工作看成是一项科研成果,对每一个部分的文字和内容都进行详细的推敲和考察。

另外,我国幅员辽阔,拥有很多类型相同、特点不一的遗产。加之近年来国内对遗产申报工作持续升温,项目申报的竞争压力增大;联合国教科文组织本着公平性、平衡性的原则又在限制申报数量。钱塘江海塘及涌潮景观在申报时,能否进一步考虑采取整合策略,与其上下游的景观结合,除将沿线其他省份的海塘纳入外,尚可考虑将千岛湖的自然景观及其水下古城景观联合申报世界文化景观。

参考文献:

1. 联合国教科文组织世界遗产中心等:《国际文化遗产保护文件选编》,文物出版社,2007 年。
2. 联合国教科文组织:《保护非物质文化遗产公约》,2003 年。
3. 国家文物局:《杭州西湖申请加入世界文化遗产文本》,2011 年。
4. 国家文物局:《大运河遗产保护与管理总体规划书》,2011 年。
5. 汪恕诚:《资源水利——人与自然和谐相处》,中国水利水电出版社,2005 年。
6. 谭徐明:《水文化遗产的定义、特点、类型与价值阐述》,《中国水利》2012 年第 21 期。

钱塘江古海塘的社会推动作用研究

金　迪
（浙江水利水电学院水文化研究所）

摘　要：钱塘江古海塘对历代经济社会有非常大的推动作用。在地理方面，使得南沙得以形成和开发；在社会管理方面，行政管理、土地管理以及盐业管理发生了变迁。钱塘江古海塘促进了沿海地域自然生态的改善和沿海区域农村经济发展，并推动了沿海市镇发展和沿海地域人口增长。

关键词：钱塘江　古海塘　社会推动

钱塘江古海塘对历代经济社会有非常大的推动作用。在地理方面，使得南沙得以形成和开发；在社会管理方面，行政管理、土地管理以及盐业管理发生了变迁。钱塘江古海塘促进了沿海地域自然生态的改善和沿海区域农村经济发展，并推动了沿海市镇发展和沿海地域人口增长。

一、南沙的形成和开发

南沙是钱塘江南大门、中小门逐步淤塞成陆后，原海宁赭山至蜀山地区被江道分割到南岸，而与萧绍海塘之外广袤沙地相连形成的半岛型低地，广义上的南沙西起萧山，大致包括“今杭州市萧山区南阳、河庄、赭山、头蓬、义盛、乐园、靖江、甘露等乡镇及梅西乡的西部和大园乡的北部”。

元代到嘉靖十六年，虽然北岸时而遭受潮水冲击，但潮水多从南大门进入，《萧山县志稿》记载：“明嘉靖年间，（萧山）西兴灶地多坍没入江，潮汐由龛山之南大门出入。其赭山、岩门山俱在北岸也。江之南惟长山、冠山为屏岸。”在这幅《元天历至明嘉靖十六年钱塘江江道图》中，北面的海宁州城（县城）距海甚远，河庄山与赭山偶尔遭受潮水的侵袭，成为海中的沙洲，潮水依然主走南大门。

民国《绍兴县志资料第一辑》中的这张《绍萧海塘形势图》中，详细地阐述了清代南沙形成的过程，其中南大门于雍正元年后逐步淤塞，中小门于乾隆二十三年后逐步淤塞，之后潮水大致走北大门，南沙滩涂开始形成和发展。

嘉庆十六年南沙改隶萧山，南沙的范围大致包括赭山、河庄山、岩门山直到蜀山一线以南区域。随后南沙的面积逐步扩大，“道光五年之前，南沙止千余丈，十二年已涨至三千余丈”，之后南沙越来越向北扩展，“（道光三十年）三月间，（舒化民）过江巡视南沙，由萧山之长河、河庄至山阴之党山埠一百数十里，昔之海潮故道，今则尽成沃壤。登河庄山，遥望东北，海面宽不及十里，旧沙之外，接涨新沙，又接涨阴沙数百丈。有潮退尚未露出者，南沙日涨日宽，北岸愈来愈猛”。

二、行政管理的变化

清代，北岸大规模兴建鱼鳞石塘。随着河道总体的“南涨北坍”，海宁海塘以南的赭山到蜀山这一区域本在江北，当时时和乡和六都等属于海宁。时和乡在《海宁州志稿·宋四境图》的西南角，其南为钱塘江，江北有蜀山、岩门山、赭山寨等地名，“三山”之西为其六都，北为五都，再北一些是七、八、九、十都。《浙江省海宁县地名志》载，宋咸淳年间，时和乡为盐官县六乡之一。《海宁州志稿·都庄》记载，在元代，时和乡为海宁六乡之一，辖五、六、七、八、九、十都。清初，由于潮水北趋，六都的土地被分割在南北两岸，相当一大块区域分布在江南，而南岸逐渐开始淤积，南沙的面积越来越大。清政府几次疏浚中小门引河，但效果不佳。随着钱塘江潮水的不断北趋，南面的积沙越来越多，南沙渐渐形成，逐渐与南岸大陆连为一体。

嘉庆十六年四月二十七日，湖广道御史萧山人陆泌奏报浙江南沙就近改隶绍兴府，并请移驻官员分巡防范，并将改隶南沙萧山县官员移驻设想绘图上奏。

陆泌上奏力陈将这一地区改隶萧山：“浙江水道趋西龛赭地，连赭山之外，亦复沙涨，海宁与萧山争地，岁有械斗，伤人实多。地则贴在萧山，而海宁需渡江才可耕种。泌为奏请属于萧山，其地设河庄司巡检，以资弹压。”

嘉庆十六年五月十四日，在陆泌上奏半月后，浙江巡抚蒋攸铦奏为接奉谕旨，恭折先行复奏事：“臣伏查南沙界在浙江杭府属之海宁州、绍属之萧山县及山阴会稽等县，江海纡延绵亘二百余里，深邃五六十里及一二十里不等，地势本属浮沙，惟凭潮势往来以为坍涨。向因潮汐靡常，每有此岸平陆之地，节经水刷沙冲，不数年而即徙于彼岸者。地势之迁移靡定，是以未敢轻议更张。今就现在情势而论，江流北徙，业已尽归于江之南岸，与萧山县毗连。而该管之海宁州转相隔一江，揆度情形，自以改隶萧山县管辖为便。”

但是针对陆泌的意见，蒋攸铦当时只表示初步同意，他指出需要经过更详细的查勘后再做决策。“查近日霉雨连绵，该处现在停煎。且沙土松浮，经雨之后不能履勘。容俟天气晴霁，臣即亲赴该处逐加查勘，并查明何处丞倅场官堪以移驻？附近居民有无应征赋额，应否一并改隶？督同藩臬盐运各司，暨该管巡道，悉心筹议，另行奏请训示外，合先恭摺复奏，伏乞皇上睿鉴。谨奏”。

经过第二次详细的调查后，嘉庆十六年九月十六日，浙江抚臣蒋攸铦奏为勘明海宁州属南沙地方今昔情形不同，而且南沙的淤积经年累月，潮水难以恢复之前南大门和中小门的情形，应行改隶萧山县管辖，“兹臣于九月初一日天气晴霁之时，带同杭嘉湖道李垣并委员等驰抵该处，逐加履勘。缘杭州府属海宁州城之西南，中隔海面，南沙坐落海之南，与绍兴府属萧山县城之东北陆路相通。海宁、萧山二州县向以中流南北分界，西南属萧山，东北隶海宁。其地江海迂延绵亘二百余里，深邃五六十里及一二十里不等。溯查从前，因海道由南大亹行走，海面以北之地逐渐涨出，与海宁境地相连，故觉管理甚便。自乾隆二十四年海道由中小亹北徙以后，河庄山迤南已成平陆，所有向归海宁州管辖之赭山等处，均已尽徙于江之南岸，与萧山县境地毗连”。

南沙在嘉庆时已经完全成为一个地在江南而行政上仍然归海宁管辖的区域，管理、征税等颇为不便，百姓从南沙至海宁绕道萧山西兴，继而需绕道省城杭州，直至海宁，路途遥远，司狱不便。“现查由海宁州城陆路至石塘头二十里，由石塘头至南沙海口，计经海面二十余里，询之居民，据称海中风汛靡常，潮汐汹涌，一时不能径渡，须由陆绕至省城。至钱塘江从西兴而至南沙，统计水陆程途一百七十余里。其萧山县城由水路至白鹤浦三十五里，登陆至灶龛山五里。又自龛山至宁萧分界之中流南沙地界计程十里。虽南沙地面宽广，并无江海间阻。此海宁萧山相距南沙迂捷不同之情形也。臣复与司道等悉心参酌，窃以州县为亲民之官，一切命盗应行勘验案件，必得行程迅速，于公事始无迟误。今由海宁之南沙航海，则天时有风涛之阻，遵路则道里有纡折之遥，诸多不便。即民间户婚田土，赴官控诉之事，亦以道路迂远跋涉为难。曩因沙形坍涨，迁徙不常，未敢轻议更改。今细加体察，江流北徙业已五十余年，揆度现在情形，洵应酌量改隶。应请将原隶海宁州属南沙全境，改隶萧山县所有。”

在改隶的实际操作过程中，蒋攸铦明言应妥善完成行政转换：“内有应添工料，饬令估计，照例借廉凑用，分年扣还归款。以上各事宜，如蒙俞允，容即督同司道，饬令该州县等，将改隶户口及业户花名田地赋额数目分析查明，并将应改铸关防印信，及一切审理案件、催征钱粮等事，分别照例详议章程，题咨办理。”

嘉庆十八年，南沙正式改隶萧山县。

三、土地管理的变化

明代南沙沙地已趋成熟，不仅农作物已开始大面积种植，而且还栽桑种杏。嘉靖年间(1522～1566)雷山至现河庄镇“九里桑”过西一带多栽桑，号称“九里桑园”；雷山至河庄镇“杏花村”过东一带多种杏，号称“十里杏花村”。随着南沙的逐渐淤积，南沙的移民渐渐增多，新升科土地越来越多。

关于南沙的土地管理，蒋攸铦建议南沙的租税暂时仍以海宁旧额为准：南沙地界内之民田山溇地亩，及公租沙地，并新涨试垦沙地，统归萧山县管辖。查萧山县牧地分上中下，科则每亩征钱自六十文至一二三百文不等。南沙地土浮松，硗瘠不同，向归海宁州征租，每亩征银自一分四厘以至一钱九分五厘不等。兹虽改隶萧山，未便照萧山牧地科则，应仍照海宁原征公租之数征收。将来题升时，一并归入萧山县，赋额批解，造报题销，以归核实。

针对地方吏员在查勘新升土地时强加沉重的杂税，道光十九年十二月，特调浙江绍兴府萧山县正堂王为颁示《永免南沙加升查丈碑记》，并勒石以垂永久而杜弊混事："案照南沙地面，迭经勘实，按则报升完纳公租钱粮。前奉部行饬令，按照五年勘丈转则加升等因，经前县朱党两县内先后察访舆情，查明已升各地，土瘠利微，民创地广，委实难以勘丈加租缘由，详奉府宪转详抚宪，咨复大部。业奉部复，南沙已升各地，循旧原定则科完粮，管业永免查丈加租等因，转行到县，即经出示晓谕地民遵照在案。"政府永免查丈加租，以安民业，促进了南沙的持续开发。

历史上曾属于海宁的赭山、岩峰山地区，由于潮水的完全北趋，现在在行政区划和管理上划给了萧山区。

四、盐业管理的变化

一直以来，赭山地区都是重要的盐场。这一地区的盐业发展最早始于越国，《越绝书》载："朱余者，越盐官也。越人谓盐曰余。"赭山地区当时在北岸，盐场众多，太平兴国四年(979)，岩门场、蜀山场为海宁八大盐场之一，岩门场岁额"五千九百二十六石三斗一升"，蜀山场岁额"两千五百八十三石一升"，岩门场与蜀山场齐名，后因亭、灶相连，统称蜀山岩门盐场，为海宁最大盐场之一。

是时，农作物如棉花、豇豆等虽有种植，但数量很少。沙地生活主要靠盐的生产——刮泥煎卤盐，售于收私局。

清康熙以来，水势北趋，南沙渐渐与江南相连，形成一片广袤的土地。原海宁的盐场也被江水分割到江南。

由于被分割在南岸，再加上北岸的石塘工程征用了大量的船只，盐的收贮遇到了很多困难，"乾隆二十七年，因兴修石塘，船奉拨工涵，鲜舟运，(前道员)责令赭山巡司就近点验，填给运票，运归本场北岸盐仓，至三十四年北岸海沙复涨，盐难运归本场，寄贮仁和场观音堂，引归本场"。

嘉庆十六年，海宁南沙改隶萧山的盐场中就有蜀山盐场和岩门盐场，加上萧山原有的钱清场，萧山的盐业规模变得很大。

在中国古代，盐业主要生产资料定为国家所有，由官府拨给盐户使用，不得私置。在盐的运输上，实行官运官销或委托商人运销。但是官盐较为昂贵，大多数百姓食用不起，而低价的私盐相对有市场，贫苦盐户生活十分困苦，私下出售一部分盐，因而私盐贩售历代屡禁不止。乾隆时海宁萧山地区私盐的问题严重到商人私雇盐捕及巡船，"凡遇奸商夹带，大枭私贩，公然受贿纵放"。

嘉庆十六年四月二十七日陆泌的奏折中多处提到了南沙的盐务现状："(时)

南沙仍隶海宁州管辖，然其地实在江之南岸，与萧山县地界相毗连，该处沙淤草细，不能佃种，游民聚处搭盖草寮，俨同灶舍，刮卤煎盐，竟无虚日，囤积既多，去路亦广，侵越杭州、嘉兴、湖州、绍兴、金华各府引地也。”陆泌更进一步认为“杭、绍、嘉三所官引滞销实由于此”。可以看到，当时南沙的私盐已经威胁到官盐的生产和运销。

为了加强南沙盐区的管理，当年五月十四日，巡抚蒋攸铦在南沙改隶一折中建议提高南沙行政管理的级别：“该处赭山，为南沙聚处稠密之区，原设巡检，职小权轻，未足以资弹压。应请将向驻府城之绍兴府同知，移驻赭山，改为绍兴府盐捕同知，专司稽查缉捕等事。其赭山巡检移驻各员，应将旧有衙署变置移建。”清廷批准了这一奏请。

另外，蒋攸铦总结了嘉庆以来南沙盐政种种乱象的原因：“南沙界在浙江杭府属之海宁州，绍属之萧山县及山阴会稽等县，江海纡回，绵亘贰百余里，深邃五六十里及一二十里不等。其地犬牙相错，附近之港汊繁多。无业贫民搭寮栖止，每每刮淋煎盐。”这种情形使得政府对于灶户的管理不能够较为精确地掌握，而煎户受商人定价的控制，生活较为拮据，所以偷漏私销现象普遍存在，而且与浙江定海等盐场相比，由于南沙是冲击平原，所以煎盐的燃料多为细草，产盐的成本较高。早在“嘉庆七年，经前任盐政臣延丰会同前抚臣阮元奏请设立官厂，发帑收盐，招商配运，并派宁绍运副暨试用运副二员前往稽收，立法本为周备。惟因该处盐觔系用柔草煎烧，盐质暴嫩，卤耗过重。及后商人亏折渐多，帑本不能辘轳转运。且原定盐价每斤制钱六文，遇有场盐价贱之时，商人计及锱铢，收买势虽踊跃，不得不议照场盐时价，减价收买。而煎户成本不敷，遂不免别图偷漏”。

这里，阮元指出了制定南沙的盐价宜宽，他同时规定具体的价格制定：“查定海帑盐每百斤定价钱三百文，现在（南沙）合计煎盐成本每百斤需钱五百五六十丈，自应按照时值给价，且需略使有余，庶贫民可以度活，不至再有漏私等弊，请定每百斤给价六百文，所有各商领配帑盐应行照数缴完，则帑本不致亏短，穷黎口食有资矣。”

为了应对南沙这种难以稽查的局面，浙江巡抚臣蒋攸铦“曾经饬委杭嘉湖道李桓前往确勘，知彼处地方居民甚属安静，惟煎厂散处，稽查难周，必将各煎灶以少附多，以远附近，分图编号，改用大盘。一经聚团，即如地方之编设保甲，有所管束，而易于稽查。并将近地私设渡船酌量裁汰，以绝其贩私路径。其委赴稽查收买之员，试用人员，呼应不灵，难期整顿。”

九月十六日，浙江巡抚臣蒋攸铦再次上奏，提出组团煎盐，与陆泌先前上呈之行政改变图较为一致，将煎户集中起来，易于管理一策，蒋攸铦提出：“该处民人栽种棉花，与煎盐灶户不成村落，未免散漫难稽。应令各灶户聚处成团，则煎盐种花篷舍聚散判然，丁口易于稽核。现在移篷聚团，河庄拟聚十二团，党山拟聚十团，各灶每户一锅一盘，合灶煎烧，可以按团稽察，毋庸改用大盘。向来发帑收买，虽可辘轳转输，究不若佥商自办，官为督率，更属妥协。”这种方式可以提高政府盐税的收入，清廷同意了蒋攸铦的方案。

五、沿海地域自然生态的改善

明清时期修筑的浙西大石塘成为浙西强有力的防御屏障，稳固了海岸线，体现了治海的智慧与力量。就整个浙西或太湖流域而言，作为水乡泽国，长期危害地方的自然灾害主要为水潦和海溢。唐宋时江南构筑了精致的塘浦河渠体系，基本解决了泄水和灌溉问题，但对海塘的修筑和重视相对不够。只有到明清时期，海塘修筑得到更高层政府的重视，易土塘为石塘，其重视程度空前，从而较大程度上制服了海溢，改善了沿海及整个太湖流域的自然生态环境。

六、促进沿海区域农村经济发展

沿海农村经济是多方面的，主要涉及水稻、棉花、蚕桑、盐业等方面。

沿海土壤的盐碱化在明清得到根本性改善，土壤日趋肥沃。宋元及明前期，平湖、海盐的濒海地带河道淤塞严重，海水不时入侵，荡地众多，良田化滞后。广陈一带“海漱其上，如虫啮木间，飞潮于岸，则黄茂不粒”。明清河海治理使平湖东北境“濒河之荡始为田”。全公亭稍北的新仓元明间，“故老传闻，濒海而处，几飘荡于烟波者屡矣”，“嗣后渐涨而东，有涨沙桥者其址现在，而新仓遂为内地云”。可见，河海兼治对平湖沿海的良田化作用极为明显。海盐白洋河和新河的疏浚使滨海濒河三万亩农田受益。明代前期“常稔之田，亩才入谷三四斗”，加上杂派繁多，民间弃田甚多，而到了明代中后期，沿海田地“皆成上腴”，“亩收一石五”。

蚕桑是明清江南农村的主要副业，其收入几乎占农家收成的十之七。但蚕桑种植、缫丝对水质要求极高。得益于河海整治，沿海区域的水质日益优化，为明清沿海蚕桑事业的发展奠定了基础。由于蚕利厚，民间以蚕务为急。海盐素不饲蚕，晚明“蚕利始兴”，以至“桑田多，稻田为之渐窄”。清中叶海盐更是“桑柘遍野，无人不习蚕”。平湖则“城乡居民无不育此者”。海宁近海的袁花一带，蚕桑种植与缫丝成为农户家庭新经济。近代园花丝（袁花）与南浔辑里丝、大蚕丝一起成为畅销海外的生丝品种。

沿海地势高阜，土质沙性较重，所以更适合耐旱的棉花。沿海州县的南乡地势稍高，棉花种植很普遍，纺织业兴盛。乍浦以东至金山界，“其闲田荡之种棉花者十几三四，约足供数万户纺织之资，纺织所出布匹约可衣被百万人”，尤其是产于乍地者“其利特溥”，布匹成为清代乍浦港重要出口商品。澉人在澉浦港失去优势后，针对地方旱情得不到根治的实际，逐步调整种植结构，普遍种植棉麻苎等耐旱的经济作物。海宁棉花"西乡东乡多艺之",所出布匹称海宁布、搭膊布、乔司布、五色布。从事纺织的家庭达一万三四千户。

沿海一带自两汉以来,盐田相望,煮海煎盐历来是沿海农村的主要家庭工业和手工业,不但利源不断,而且解决了相当一部分人口的就业问题。自东而西,平湖有芦沥盐场,海盐有海沙、鲍郎盐场,海宁有黄湾、袁花、新盐场、下管、上官、蜀山、当门山、许村等盐场。芦沥场规模巨大,有草荡 107,447 亩,灰场 672 亩。光绪年间海盐海沙课荡为 24,275 亩,鲍郎场为 10,290 亩。海宁盐场元明以后统称许村、西路。盐场的延续,自然得益于岸线的相对固定,从而成为王朝政府的一大税源。这一税源通过盐商丰厚的捐输,又起到充实海塘经费的作用。

七、推动沿海市镇发展

海岸的整固,沿海经济经济的发展,促进了明清更多市镇的形成。这种情况主要发生于晚明倭患警报解决之后。在平湖,大批人群扎根滨海,清代东乡沿海新市镇有全公亭、南庙桥、牛桥、黄泥堰、衙前、秀平桥、韩家庙、赵家桥、白沙湾、青莲寺。平湖东乡大片土地开发,有"东乡十八镇"之称。在海盐,新生市镇有西塘、场前、长川坝、官堂、通元。在海宁,有黄湾、旧仓、新仓、丁家板桥、周王庙、盐仓、许村等。

新生、新兴市镇是沿海区域开发的一个硕果。此外,沿海原有历史古镇在明清大放异彩,成为太湖流域的咽喉和港口市镇。宋元,澉浦港几乎是东南第一港。清代,在钱塘江口日益缩小的情况下,乍浦港后来居上。康熙二十三年(1684)解弛海禁,次年建宁波镇海关,澉浦、乍浦被列入十五口岸之中。乍浦港成为杭州湾北岸的中心港口。至雍正七八年,镇海关实征 57,600 余两,其中乍浦为 39,000 两,俨然东南一巨港。

八、促进沿海地域人口增长

海塘的修筑促进了沿海府州县经济发展,人口也迅速增加。如平湖析县前一年的宣德四年(1429)全县人口为 44,279 人,至清代道光十八年(1838),为 304,306 人;宣德四年海盐人口为 81,496 人,道光十八年为 523,461 人。清代海宁因大片土地沦为海或划为萧山,加之相当的人口死于海难或内迁他乡,人口数量比明代有所下降。反映在家族上,沿海许多土著及移民家族家业大兴,诗书有成,人丁兴旺。如新兴镇胡氏(祖籍徽州,盐业、典当业)、乍浦莫氏(福建,木业)、乍浦陆氏(海宁长安,木业)、盐官陈氏(渤海,盐业)、硖石吴氏(休宁,新仓盐业)等。

参考文献：

1. 张宗海等修，杨士龙等纂：《萧山县志稿》，台北成文出版社，1983 年。
2. 绍兴县修志委员会编：《绍兴县志资料第一辑》，台北成文出版社，1983 年。
3. 海宁县地名办公室编：《浙江省海宁县地名志》，1985 年。
4. 许传沛等纂，朱锡恩等续纂：《海宁州志稿》，台北成文出版社，1983 年。
5. 乐祖谋：《越绝书点校》，上海古籍出版社，1985 年。

清代各朝皇帝与钱塘江海塘

李续德
（浙江水利水电学院水文化研究所）

摘　要： 清代各朝皇帝或钦临塘上，或深宫宵旰焦劳于浙江海塘。从雍正朝一直到光绪朝，每一位皇帝都对浙江海塘建设有所贡献，保护东南民生之功，不可泯灭。雍正年间开始钱塘江海塘建设进入了国家级工程，乾隆帝缵承乃父之风，于浙江海塘建设亦不遗余力，其后嘉庆、道光、咸丰以至于慈禧太后，都曾倾力我浙海塘，东南民生赖资保障。

关键词： 清代　皇帝　钱塘江海塘　兴筑

随着海平面的下降，浙江的先民们从西部的山区、丘陵沿着母亲河——钱塘江一路东进，在富饶的北岸杭嘉湖、南岸宁绍平原繁衍生息，建立起新的家园。钱塘江为两岸人民提供了灌溉之利、舟楫之便，然而特殊的地理位置所引起的钱江潮虽为天下伟观，却也严重地威胁着两岸人民生命财产的安全。在几千年来与浩瀚狂潮所作的坚持不懈的抗争中，人们创造了"海塘"这一有效的捍御潮汐的人工工程。《越绝书》即有钱塘江南岸绍兴海塘的记载，有文字记载的钱塘江北岸海塘修筑始于已佚的刘道真《钱唐记》。吴越王钱镠开创了一方之主修筑海塘的先例，其后宋元明虽多有兴筑，但除明成祖朱棣《遣孟瑛祭东海神文》外，并未有帝王关于海塘建设的谕旨及事迹留存。

满清入主中原之初，仍是"修筑海塘，历来皆随筑随坍"（方观承《敕修两浙海塘通志序》）。至康熙五十七年，浙江巡抚朱轼奏请逐年将修筑工段、用过帑金据实报销，而岁修之名由此始。雍正六年，浙江总督李卫奏请将一时骤决、不可缓待之工先行抢筑，随后奏闻，而抢修之名又于是始。

雍正年间，海潮直逼北岸，雍正二年七月的潮灾揭开了有清一朝大规模修筑海塘的序幕。也是由此开始，钱塘江海塘建设成为国家级工程，其后各代皇帝都有有关海塘的谕旨颁布与实施。自此，海塘兴修多由国家投入巨资，工程的策划与组织实际由上至皇帝及军机处、王大臣会议，朝廷各部以至总督、巡抚，道、府所组成，厅、备、县各级负责工程的具体实施。

清代专为指示海塘建设的上谕实际自雍正始，读雍正帝的文字有非常震撼的感觉——印象中刻薄寡恩的雍正皇帝竟是“如此汉子、如此秉性”。登基之初,闻灾“朕即密谕速行具闻赈恤。但思被灾小民望赈孔迫,若待奏请,方行赈恤,恐时日耽延,灾民不能即沾实惠。朕心深为悯恻,着该督、抚委遣大员,踏勘被灾小民,即动仓库钱粮速行赈济,务使灾黎不致失所。其应免钱粮田亩,即详细察明请蠲”。“着即查明各处损坏塘工,料估价值,动正项钱粮,作速兴工。至沿海失业居民,度日艰难,藉此庸役,俾日得工价,以资糊口。是拯救穷民之法,即寓其中矣”。“不料经理诸臣各怀私意,彼此参差,以致乖戾之气上干天和”。“倘有不肖地方官扣克工银及怠缓不力者,该督、抚严查,即行题参,从重治罪”。“伊等私心蔽锢,意见参差,但分彼此之形,全无公忠之念”。其对灾黎百姓的念切、对贫庸官员的愤怒,跃然纸上。

而从“朕思海塘关系民生,必须一劳永逸,务要工程坚固,不得吝惜钱粮”,“朕为浙省海塘宵旰焦劳,年来所降谕旨不下数十百次”,“尔等到浙详细踏勘。如果工程永固可保民生,即帑金千万不必惜费”。可见其对浙江海塘之关注,亦可见其执政之勤且谨。即于海塘观之,雍正帝于康乾盛世启承转接之功,自不待言。

“国家财赋仰给东南”的格局虽早已形成,然而我们读雍正帝的上谕,多有“不惜数百万帑金,冀以保全一方民生”之字样,而“堤工木石皆出脂膏,力役所需民众劳苦。伏冀洪昭福佑默相大工,绥静百灵风恬波息。俾功作得施,长堤孔固,克底厥绩,护卫烝民,保聚生全,安享乐利,则东南列郡溥被庥祥”为海塘建筑目的,未见“国家财赋所赖”之提法。

乾隆帝缵承乃父之风,于浙江海塘建设亦不遗余力。甫御极,即选定河南河道总督嵇曾筠替换即将赴浙的老臣朱轼总理塘工,接着停止了筹措海塘经费,经九卿会议议准《增添捐纳条款》,然后更将绍兴府属五县修理海塘按亩派钱之例停止。“其堤岸工程遇有应修段落,着地方大员委员确估,于存公项内动支银两兴修,报部核销。永著为例”。以减轻浙江人民的负担。

乾隆五年完成了雍正十一年开始实施的尖山水口堤塘工程,“堤岸坚完,沙涂高阜,藩篱既固,石塘可保无虞。庐舍、桑麻绮分绣错,东南七郡,咸登衽席之安”。借用黄河切沙法开浚中小亹,于乾隆十二年见效,海潮南趋由中小亹出入。自此至乾隆二十四年海潮重行北趋的十二年间,“海波不扬,塘工巩固。……大溜直趋中小亹,两岸沙滩自为捍御,滨海诸邑得庆安澜,利及生民”,“北岸之河庄山,畴昔宛在水中者,今且舆马可至其下,沮洳斥卤之区行变而为膏壤。盖自中小亹畅然无梗,而江流海潮日益南注,仁、宁一带之塘殆若虚设焉”。

乾隆二十四年,潮复北趋,江溜、海潮全由北大亹出入,北塘重行吃重。乾隆二十七年《阅海塘叠旧作韵》曰:“今日海塘殊昔塘,补偏而已策无良。北坍南涨嗟烧草,水占田区竟变桑。父老常谈宁可诿,明神显佑讵孤庆。尖山跋马非探胜,万井安全虑不遑。”

乾隆帝曾四次亲临塘上指授机宜,并于乾隆十四九年一次拨给部库银五百万两,予限五年分段从东而西陆续修筑。在君臣、兵民的共同努力下,海塘巩固,咸庆安澜。乾隆帝还创作了大量的海潮海塘诗文，其中有相当分量的志事诗，这些诗文本身就是一个系列，足以反映此一时段浙江海塘建设的轮廓。

嘉庆一朝，基于前代的塘工基础且两岸沙涂坍涨无定，故而大工无多，从留存的海塘上谕看，其海塘工程主要是一些临时补苴之工。嘉庆帝特别敬重神鬼，有关海塘上谕中最常见的"特(再)发去大藏香二十枝，交与某某，于海神庙虔诚祷祀，以期北岸沙滩日益增涨，而南岸涨沙日渐刷卸，俾塘工益资巩固"。因宫内火灾档案缺失，海塘书籍及其他资料收录内容直接从乾隆进入道光朝。从中国第一历史档案馆馆藏每月奏报之《海塘沙水情形》及上谕档、光绪《海盐县志》等处，可以略窥嘉庆时海塘工程之大概。

道光初期，海塘工程仍为小范围的临时修补，此一阶段虽多有上谕颁发，亦仅为具体事件的指示。至道光十三年，因历年久远，塘岸破损连绵，再举大工，势在必行。此前浙江海塘所需经费主要来源于藩、运两库正项钱粮，偶尔动用捐监项下银两。乾隆时动辄拨运"五百万两"，至道光时已不复雍、乾之盛，强调"国家经费有常"。道光四年，署理浙江巡抚黄鸣杰奏《杭嘉湖三府河道水利各工估计银数借款修浚分年摊征》，于道光五年正月初十日奉上谕："准其借给兴办，查明得沾水利各县，分年摊征还款。钦此。"十三年，浙江巡抚富呢扬阿奏请："援照前办嘉湖水利成案，在于仁和、钱塘等十六州县得利民田内，分作八年摊征归款。"并"劝谕江浙绅富捐助"。道光一朝除岁修、抢修工程外，大规模的修筑自道光十四年八月开始，至道光十六年二月工程完竣，统计修筑各工共一万七千余丈，共用工料银一百五十七万二千余两。期间公文奏疏往来及上谕的下达，频且密矣。

乌尔恭额所修《续海塘新志》终于道光十九年，此后修筑各工，因咸丰年间"发匪之乱"，各署档册荡然无存，惟道光三十年及咸丰朝有关海塘上谕尚存于宫中。

咸丰一朝承前朝余荫，海塘尚属稳固，工程多为加镶拆筑岁修之工，未有兴举大工。上谕档中有关海塘的谕旨仅有至咸丰七年的寥寥数篇，其后由于"发逆之乱"且杭州两次被攻陷，海塘修补工程也被迫停止。

同治三年杭州克服，"海塘年久未修，近日坍塌愈甚，潮水内灌且直啮海宁城根。本年五月二十三、二十八两潮灌入州城，上溢之处波及仁和地界。"地方大吏如左宗棠、蒋益沣、御史洪昌燕等亟请修复塘工，于是在省城设立塘工总局以领其事。

此时同治帝尚年幼，朝廷主事名为两宫，实为慈禧太后独断乾纲。其时外患连连，国内又于兵燹之后百废待举，慈禧太后一介妇人，主见无多，有关海塘上谕以对地方官员海塘修筑的奏疏批复为主，但充分信任任事官员，由臣下负起完全的责任。慈禧太后用人无疑，虽于此后造成一定的乱局，然此时国家处于战火之后，各级官员尚知公忠体国与国家同休戚，与民生同患难，勤勉任事。在东南蹂躏之余且减漕三十分之八、经费无着的情况下广开财源；在料物不齐、人夫难集、缓不济急之下多方措办。至光绪三年，共实施海塘工程二十一案，共销例估、加贴、新加银五百五十五万一千四百二十两五钱二分三厘，办竣柴、石、土工五万三千二百七十一丈六尺四寸及盘头十五座。《海塘新案》之二十一案完成于光绪三年，其后几年依靠新近修筑的海塘，海潮未为钱塘江两岸之患，“同光中兴”从海塘的修建得到一定的印证。

光绪之初仍由慈禧太后执政，内忧外患接二连三，浙江海塘经费开始挪作他用。光绪四年，于浙江本年海塘丝捐内再提洋银四五万元助赈直隶灾区。光绪七年，巡抚谭种麟核减岁修原额二十三万余两为十七万四千两。光绪十四年，巡抚卫荣光再减通塘岁修额银为十四万二千两。以致岁修项下不敷拨用，而历年限于岁额，应修工程日积日多，且南岸阴沙渐涨，势渐北趋，海塘形势日窘。

钱塘江古海塘与大运河并称为我国古代最著名且至今仍在发挥作用的建筑工程。今天海宁、海盐一线明清海塘尤巍然屹立，担负着捍御潮汐、保卫人民生命财产的使命。这其中清代各朝皇帝或钦临塘上，或深宫宵旰焦劳，于保护东南民生之功，不可泯灭。我们今天通过阅读当时上谕和来往奏疏可以追溯前辈往昔劳绩，又可以探寻国家政治经济状况的变化，也可以探查当政者的性格特质，甚至对有清一代国运由盛至衰的改变，也有管窥之效。

参考文献：

1. （清）方观承纂：《敕修两浙海塘通志》。
2. 翟均廉：《钦定四库全书·海塘录》，台湾成文出版社。
3. 杨鑅：《海塘揽要》。
4. 喀尔吉善：《海塘新志》。
5. 乌尔恭额：《续海塘新志》。
6. 马新贻、杨昌浚：《海塘新案》。
7. 许瑶光：《（光绪）嘉兴府志》。
8. 许傅霈等：《海宁州志稿》。
9. 王彬：《（光绪）海盐县志》。
10. 第一历史档案馆编：《嘉庆道光两朝上谕档》。
11. 第一历史档案馆编：《同治朝上谕档》。

古海塘建筑物料采购与运输研究

王生云
（浙江水利水电学院水文化研究所）

摘　要：对清代海塘修筑的就近取土及引发的问题进行分析，梳理了石料和木料的开采和运输，以及由于资源日益匮乏而造成的价格变动问题。研究表明，清朝历代对于鱼鳞大石塘的工料选择均相当考究，其目的在于追求工程稳固的永久性，达到永保安澜的目的。尽管清廷当局对于工程质量的重要性有高度认知，但当局在工程管理水平和塘政管理水平上仍显不足，这与当时的科技水平和大型工程可行性评估能力密切相关。

关键词：清代　古海塘　工料　运输

一、引　　言

海塘是捍御海潮的塘堤，由于受江潮的冲刷及江流的摆移，塘身日夜受到浪潮冲击和侵蚀，常常因此坍塌，而海宁、海盐两地的海潮为患尤甚。海宁、海盐两地的海塘修筑一直是历代皇帝关注的重大工程。由于科技水平和经济发展水平的差异，加之地基有软沙和硬沙之分，若潮浪横冲软沙基，则跟基极易搜空，由此筑法重在加固塘根；若直冲硬沙基，则塘根之沙不患坍，筑塘之法重在塘型。潮患虽同，也应因地制宜。塘身的稳固既与塘型相关，而与工程选材尤为密切。历代治塘者汲取过去成功的经验和失败的教训，在原始的土塘开始，不断探索塘身结构，唐末和五代吴越国有木桩塘和竹笼木桩塘，北宋出现柴塘河土石塘，元代有石囤木柜塘，明代有坡陀式石塘、重力式基桩石塘和五纵五横鱼鳞石塘，到清代出现鱼鳞大石塘和条块石塘，随着科技水平的进一步提高，到近代已出现各种型式的混凝土塘等。

木料、石料和十料是古代海塘修筑过程中的三大重要材料，其中鱼鳞石塘的修筑耗资尤巨，在这方面，清政府不惜帑金，采购筑塘工料，奠定了东南“海上长城”的基础。

二、取 土 问 题

石塘必护土，自古以来所有石塘都要有土来护卫。筑塘需要大量的泥土，而这些泥土需要经过选择。张文彩先生在《中国海塘工程简史》中指出："筑塘取土，万不可任地挑用。筑垒土塘要与开挖随塘河同时兴工，以掘开河之土筑垒塘身，可以一举两得。实际上，随塘河亦为土塘的内护工程，故又称护塘河。在畚土筑塘时，须先铲去表沙，然后选用无沙之土。因为土中带沙，不但塘身无法杵坚硪实，而且松沙容易漏水，一旦遇有潮冲浪击，就会造成岸裂塘崩。此外，在挑土时还规定将混杂于土中的草根取出，不可混夹于塘土中。"另外，在备塘河的泥土不够时，需在附近额外取土。

雍正十三年，浙江巡抚程元章为修筑海宁县东、西塘，"取土应用，挑动民田地荡，共十七顷六十九亩有奇。应征银米，准其照数豁免"。

随着工程的进展，乾隆初年海塘建设中产生了一些取土的问题，很多工程取土过近，塘根出现了坍塌的现象。

乾隆二年五月，大学士总理浙江海塘兼管总督事务嵇曾筠奏海塘事宜：取用土方，宜远隔塘身，预行签售也。查河工定例，凡离堤三十丈之内，不许取土，浙省旧塘，多因就近取土，塘根洼下，竟成河渠，易于坍矬。应请将通塘岁修、抢修，及帮筑土、石各工，俱委员相视地形，定于离塘三十丈以外，择不碍室庐坟墓之处，按工签定，照亩价买，挑挖应用，给与工价。如不法员役贪便，仍于附近塘身取土，及将民间室庐坟墓，并未经签买田地，混行挑挖，藉端索诈者，立即查明参处。塘工取土田地，应随时给价豁粮也。查沿塘取土地亩，遵奉恩旨，给价豁粮。惟是海滨地狭民稠，尺土寸田，皆小民生业。今既签买挑挖，冀即领受价银，别谋生计，尤望豁除粮额，以免追呼。从前造册汇题，每迟至数年之后，请将塘工取土田地，履亩签定，即给价值，其应纳钱粮，令地方官照依弓口分数，查丈明白，随时详请开除豁免，仍俟岁底造册汇题。至于签买时，胥役如有减改弓口，给价之时，官吏如有丝毫扣克，查出严治。嵇曾筠的意见获得了乾隆的批准。

土备塘的修筑需要大量的泥土，在取土的过程中，不能离海塘太近，同时应该给予取土的居民以补偿。道光十四年，在修护海宁、仁和海塘时，严烺与富呢扬阿等也遵从这一取土规则："埽石各工取用土方，应分别官地民地酌量办理——查塘身里面旧多坑坎，不能取土，即有平衍可取之处，而贴近塘根，断不容仍前挑成深坑，致留暗险。无论官地民地，凡距塘十丈之内，一概严禁取土，其在十丈以外二十丈以内，官地听其取土，民地按雍正年间成案，照河工例购买应用。所买民地额征钱粮，由抚臣题请豁免，庶于工有益于民无损。"

虽然百姓能得到补偿，在取土的过程中政府也注意开采表土下的深土以保地力，但这种靠挖民田取土的方式遭到了嘉兴文人钱泰吉的反对，他认为海塘就近取土会降低土地的肥力，增加民众的负担，而应该在附近的淤塞河道或较远处买土来建造土备塘，虽费用增加，实则有益："近塘之地，半属桑地，辛苦树艺，十年乃成。旦晚护视，无异金玉。欲取其壤，不能不拔起桑本。拔起后栽，势必不活。是执事虽有爱民之心，民未必实蒙其利。执事又谓取土限于尺寸，不许过深，使其地仍可耕种，用意良美矣。但恐从事畚挶者未必人人能实体爱民之心，倘所取过限，小民岂敢力争？况按亩而计，取土既属有限，给价不能过制，粮赋不能蠲除，是民坐失数年之利而有数年之累也。"同时，钱泰吉提出应该"于备塘河旁近，相度淤塞河道有宜疏浚者，筹划施工。即离塘稍远，以买土之价为运土之资，彼此相准，虽所费较增，而小民获水旱之备。沃壤无旷废之患，农业不失，大工速成，亦两得之道也。"

三、石 料 问 题

(一) 石料的采办

海塘的修筑需要巨量的石料，例如海宁鱼鳞大石塘自浦儿兜到尖山，长6 097丈，南门绕城鱼鳞大石塘长 505 丈，以每丈石塘所耗石材 14.2 方计算，则共需石材 93 748.4 方。在石料的取材上，"必用极大极厚之石，纵横鳞叠，不可头大头小(若使叠砌之石，稍不极其厚重，则水力排击，轻如弄丸)"。采办石料是海塘筑塘工程的重要环节，但产地并非一处。宋元时期，石料产地多在本省的杭州、湖州和绍兴三府。明代成化十三年，"二月，海宁海决堤，逼荡城邑，镇巡因命采石临平、安吉诸山"。

明代后期在海盐修筑的双盖鱼鳞石塘，其石料来源有四：江苏太湖厅所属洞庭山石；江苏吴县金山、椒石山；余杭裘山石；武康狮山石。

康熙五十九年，朱轼修筑老盐仓 500 丈鱼鳞大石塘时，石料在武康开采；随着鱼鳞石塘的逐步推广，石料愈加紧张。四十六年二月，大学士阿桂、闽浙总督兼巡抚事陈祖辉奏称"鱼鳞大石塘每丈用条石一百十三丈，钉桩一百五十根"。

雍正十三年，为了加快工程进展，雍正提高了开采石料的价格，"从前采运石块，每方给银八钱九分有零。今运送多资人力，着每方增银六分，俾夫役等工食宽裕，努力修筑，早告成功"。

乾隆元年至八年，修建海宁鱼鳞大石塘所需条石主要在山阴、武康两县和江苏省苏州府洞庭山一带开采。需数较多时，金华府、严州府亦供应一部分，其中以山阴羊山、会稽乌门山的石料资源最为丰富。

在老盐仓鱼鳞石塘的修筑中，一由于本身的石料已经不能满足工程的需要，二由于巡抚李质颖对全盘改建石塘的抵触，乾隆四十五年，王亶望奏称："浙省产石之山阴等四县，先后据报，采就石料二万余丈，运抵工所者止三千余丈，仅敷二千丈塘工之用。若先行尽力开槽，石料未能应手，浙省阴雨较多，倘槽底积水泥泞，转多未便等语。"之后高宗让富勒浑和闵鄂元在江苏寻找石料以济浙省巨工，但是“常州府属之宜兴、荆溪二县山石，石质松脆，线纹碎裂。难以见方成丈，未能适”，乾隆提议开采无锡惠山之石，但是闵鄂元复奏“无锡惠山北首，勘明沙石零星，无可采用。祇因土色带黄，居民挖土，以培工作，是以遥望似系旧开石塘”。结果，该县之西洋山石，与荆、宜二县之石均被开采，作为里石之用，而外面用质量上乘的条石，以缓解石料紧张的状态。到四十六年正月，太湖厅济运浙江石料开采工地的工匠已不能满足要求，时任江苏巡抚闵鄂元“随将江宁、镇江等处工匠，调到三百余名，又委员赴安徽。到道光时，石料产地和用量更为不敷”。统计修筑鳞塘及韩家池条块石塘并范公塘鳞塘各工共应用条石十八万余丈，对此，严烺有一番言语，说到：“查塘工条石向在绍兴府属采购，岁需无多，尚可敷用”。而此次石工，“估需条石二十余万丈，除已派工承办外，约尚少条石十七八万丈，为数既多”。“现于绍兴府外，查得湖州、杭州二府之属县亦有山可采，即分派该三府领银采办，赶速运工，核计其数，仍有不敷”。作为塘工的督头，严烺除了对所用石料“分别协济采办，以期迅速”外，还从以往筑塘的实际案例中寻找参照办理的依据。说：“案查乾隆四十五及四十八等年，浙省塘工条石由江苏先后协济，所用银两即由江苏报销”。依此，提出“兹浙省采石不敷，相应援照成案，仰恳圣恩敕下江苏抚臣，按照浙省现办宽一尺二寸、厚一尺、长四五尺、六面见方之条石，于苏州洞庭一带采办，协济四万丈，期以来春，全数交工”。到道光十七年止，时任江苏巡抚的林则徐共“协济浙省条石四万丈，共用过脚价银八万五千六百九十四两三分六厘”，但问题是邻省江苏能够产石之地也不多，大概而言，只有苏州府属太湖、吴县；常州府属无锡、宜兴、荆溪等五厅县。为避免这些地方的石材置办后因质量问题而不能使用，林则徐曾经细致地分析说：“苏省产石惟太湖吴县石质尚坚，勘以充选面石、墙石之用，荆溪、宜兴、无锡多系黄石，质地松脆，溯查乾隆四十六年间钦奉谕旨无锡、宜兴、荆溪三邑之山质虽松脆勘作里石之用等因，此次该三县之石自应照案采作里石”。可见，虽然附近有丰富的山体，但适合大石塘的石料还是很紧缺的，有时为了等待石料到位，要花三五年时间。

（二）石料的运输

北岸石料的运输一般通过内河水网到达施工现场，而南岸绍兴府的石料则通过海运运抵北岸。乾隆四十五年十二月，钦差大学士公阿桂等条奏修筑海塘事宜：应用条石二十五万四千八百丈，应照原议，浙江、江苏二省分办。查鱼鳞塘遂层收分需厚一尺，宽一尺八寸条石，方能间砌压缝。现飞咨江省，按照尺寸趱办，至浙省运石船，绍属现有三百六十只，由外海济运，每月饬运五千余丈。湖属由内河运工，每月饬运三千余丈，加以江省按月济运，自足敷用。

乾隆初年，由于北岸涨沙日益增多，塘工的石料在运输过程中也遇到了困难，来自绍兴府羊山等山的石料无法运抵，四年十二月，卢焯通过疏浚备塘河来运送塘工石柴木料：“塘工石料向由海运直达公所，今涨沙一望无垠，石船不能泊塘，舁运艰难，人皆束手，不得不熟筹挽运之法以济巨工。按尖山迤东海盐境内三涧寨高矮石塘之外，海船可以抵塘，塘内旧有河形长一千五百三十六丈可达海宁，而海宁之东西土备塘内外，从前取土筑塘已挖至河形，自尖山以自天开河计长一万四千三百七十余丈，即达仁和之范家木桥。若循故道一律深通，舟楫往来，风涛无阻，一应石料柴木，皆可由内河转运，诚属至便。”除了疏浚备塘河之外，清朝在钱江北岸还疏浚过上塘河，以更方便地从安吉、临平、武康等地运送石料。比如同治年间浙江巡抚杨昌浚疏浚临平长安上塘河，“军兴以来，海塘失修，潮水挟泥沙灌入内河，自长安上至半山七八十里，河道淤成平地，舟楫不通，农商交病”。同治丁卯，杨昌浚会同前巡抚马新贻对上塘河“陆续加挑，并疏天河、许村两处支港，悉资商力，不动官帑。于是自省至嘉兴河道无阻，时方修海塘，转运工料，尤为称便”。

四、木 料 问 题

除土料、石料之外，木料在海塘建设中需求量也很大，无论是桩木、柴塘、木柜，坦水的建筑都需要大量木料。宋元时期，木料主要来自严州、衢州。至明清时期，除以上供应地之外，木料也有自长江上游或者海运而来，如土塘松板就出自江西、湖广。乾隆时期，杭州湾海塘体系基本形成，其建筑材料用量加大，再自杭州西南的严、衢州等府采办木料，已明显供不应求，仅木料的采办就扩大至安徽徽州、宁国府和江苏江宁，乃至更远处的江西、湖南、福建、四川、贵州等地。其中，湖南、福建、四川与贵州是最重要的供应地，尺寸巨大的木材主要靠四川、贵州提供。尤其是乾隆以后，海塘建筑区域内几乎不能供给建材，如开化、淳安、徽州等处木材越来越不敷工用。再加之“棚民”垦殖，树木砍伐严重，一些主要的木材市场都萎缩了。

二十四年闰六月，巡抚庄有恭奏请提前预备老盐仓修塘的柴塘物料，抚臣庄有恭疏：“老盐仓西华家卫、翁家埠等处现在江溜海潮均由北大门，水势宽七八百余丈不等，虽塘外老沙尚未摧圮，然水势靡常，请先发银给富、建、桐、永四县速运至工所，以备应用。”乾隆皇帝回复：“着即发帑兴工，上紧赶筑。”

由于清代巨大的城垣、营房等工程的需要，木材十分紧俏，“康熙二十二年题准各项木植按四季贵贱合算定价，二十四年定木价随时低昂，若豫行减定，有累商民，应照时价估给”。

海塘工程亦需要大量木料，为了加快工程进展，木材价格被提高。二十七年三月初三日，乾隆巡视老盐仓，面对柴薪的供应不足问题，指出应提高采购价格，“至缮工欲固，购料不得不周，现在采办柴薪，非河工秫苇之比，向为额定官价所限，未免拮据，应酌量议加，俾民乐运售，而官易集事，其令行在户部，会同该督抚，详悉定议以闻”。

乾隆四十五年十二月，钦差大学士公阿桂等条奏修筑海塘事宜：“一、应用排桩木、及梅花桩，原派金、衢、严三府属承办，每月约办塘一百丈，应用桩木一万五千根。分于各该县余银内，勒限采运，责成各该府催解，并饬州县雇觅钉桩人夫到工，至塘工首重底层，现派佐杂各员，分段按照桩木围圆、长短、尺寸，亲身量记，点检入土如式。一、各处采办木石，应先出示，将给发采购装运各价晓谕，如有短价勒派情弊，严行参处，其运解到工时，即令解役，一面报明总理道员，一面持印票批文，自投管收专员处，立为验收，并用该员印信。”

乾隆时对木料的采运、价格都有着严格的规定，以保证工程的进展。

道光初，严烺主持修建海宁、仁和海塘，已深感木材不敷，并陷入紧缺的困境。故而针对木材不敷、采办困难的问题，严烺说道：“向来（海宁）塘工桩木均于附近购办，兹查本省所产，龙游、开化诸山者为最。”这些木材“质性坚老，入水久而不朽”。只是已经“所产无多，不敷工用”。由于这些质量上乘的木材价格较贵，不得已，只得用“由福建泛海贩运之木”。但是这些木材，“质性松脆，又多大头小尾，不适工用”。为保证工程质量，严烺又“委熟谙诚干之员，赍带银两前赴龙游、开化产木处所，如式购运，以应目前工需”。问题是仅仅关注木材质量，也不能解决木材数量，更不能迅速按期备料，以保证筑塘工程按期完成，就仍然只好“分委干员前诣江宁、江西各省按工用、围圆、尺寸，定例挑取匀称直长者，赶速运工，以资接济”。可见，邻近地方木材已无，不得不远赴江西等地采办。另外，严烺也说“其埽工、柴束，向于富阳、分水、建德、桐庐四县购办，现在需用较多”，除“委工员自办，仍分派该四县协同购运，以期迅速”。可见，海塘工程的木料也是非常紧缺的。

五、结　论

清代历朝在修筑鱼鳞大石塘的过程中，为达到一劳永逸的目的，均十分重视鱼鳞石塘建筑工料的选材。在修筑初期，多数就近取材，但这也引发了若干问题：一是取土对塘身本身稳定性构成的威胁。为此，采取禁止就近取土而采取远处挖田取土的方式，并给予农民以一定经济补偿。尽管有文人提出挖田取土对土壤肥力造成破坏，但相对于海塘修筑对于民生保障的重要性而言，修筑意义更大；二是由于鱼鳞石塘的大规模修筑，大量透支了附近的石料和木材等自然资源，造成一定程度的生态破坏；三是由于选料严格，加之资源的枯竭，造成这些工料价格的高涨，相应地带动了鱼鳞石塘工程造价的攀升，给当地政府和清廷国库造成了一定的财政压力，而这些都不可避免地会以各种方式转嫁到社会普通民众身上。

尽管在鱼鳞大石塘的修筑过程中出现了一些负面影响，但应该指出，缘于当时的科学技术水平和修筑经验，这些负面影响也是当局修筑时所始料未及的。特别是由于工程修筑的紧迫性，对于修筑大型工程的生态环境评价是未曾意识到的。并且由于建筑技术水平的落后，加之以修筑为焦点，因此有关海塘的周边保护尚未纳入当局视野，也就是说海塘修筑的工程管理和塘政管理水平是比较低下的，其科学管理水平有待提高。

参考文献:

1. (明)仇俊卿:《全修海塘录》,《哈佛燕京图书馆藏中文善本丛刊·史部》,第15册,广西师范大学出版社,2000年。
2. 《两浙海塘通志》卷六,《故宫珍本丛刊》第236册,海南出版社,2001年。
3. (清)《雍正朝上谕档》,国家图书馆。
4. 汪家伦:《古代海塘工程》,中国水利电力出版社,1988年。
5. 张文彩:《中国海塘工程简史》,科学出版社,1990年。
6. 朱契:《江浙海塘建筑史》,上海学习生活出版社,1955年。
7. 叶建华:《论清代浙江水资源的开发利用与海塘江坝的修建工程》,《浙江学刊》1998年第6期。
8. 俞为洁:《浙江采石业历史概述》,《东方博物》2002年第6期。
9. 张芳:《乾隆皇帝和海塘》,《明清农田水利研究》,中国农业科技出版社,1998年。
10. 张华:《乾隆南巡与浙西海塘》,《南京大学学报》1989年第4期。
11. 张华:《论明清时期浙西海塘的修筑》,见洪焕椿、罗伦主编《长江三角洲地区社会经济研究》,南京大学出版社,1989年。
12. 郑肇经、查一民:《江浙潮灾与海塘结构技术的演变》,《水利史研究》(第1辑),第156～171页。
13. 朱建明:《浙江德清古代采石宕历史调查》,《东方博物》2005年第9期。

清代保固制度研究及对我国海塘管理的启示

魏　佳
（浙江水利水电学院水文化研究所）

摘　要：清代的保固制度以及责任追究制度紧密配合形成了较为完善的建筑质量保障制度体系，其具有一定的必要性、合理性和适当性，其重在以果推因，施以严刑峻法，监管者责任与营造者行政责任连带，加之为数众多的赔偿方式相结合值得我国海塘管理制度借鉴。

关键词：保固制度　海塘　管理

一、清代保固制度的渊源

所谓保固制度就是法律设置一定年限，在工程竣工投入使用后，如果该项工程在设定年限内塌坏，相关人员将依法承担相应的责任。该年限即“保固之限”。

崇德、顺治、康熙年间尚无明确的“保固”之说，虽然不见“保固”作为术语出现在正式官方文件中，但康熙后期有了明确的保固期限。

至雍正时期，“保固之限”作为一项常制存在于工程建造管理制度中。《大清律集解・工律》“盗决河防”条之条例三规定：“凡黄河一年之内、运河三年之内，堤工陡遇冲决，而所修工程实系坚固，于工完之日已经总河督抚保题者，止令承修官赔修四分，其余六分准其开销。如该员修筑钱粮俱归实用，工程已完，未及题报而陡遇冲决者，该总河督抚将冲决情形并该员工程果无浮冒之处，据实保题，亦令赔修四分，其余俱准开销；如黄河一年之外、运河三年之外，堤工陡遇冲决，而该管各官实系防守谨慎并无疏虞懈弛者，该总河督抚查明具题，止令防守该管各官共赔四分，内河道分司知府共赔二分，同知、通判、守备、州县共赔一分半，县丞、主簿、千总、把总共赔半分，其余六分准其开销。其承修、防守各员俱令革职留任，戴罪效力，工完之日，方准开复。倘总河督抚有保题不实者，后经查出，照徇庇例严加议处，所修工程仍照定例勒令各官分赔还项。若河员有将完固堤工故行毁坏，希图兴修，借端侵蚀钱粮者，该总河察访奏闻，于工程处正法。”条例三为雍正朝增纂的钦定例。

乾隆以后，保固制度进一步发展。《乾隆会典·工部·河工》规定："……以济覆舟则有救生桩木，均如式建置限年保固。"

至嘉庆时，"保固之限"成为《嘉庆会典》之专节。《嘉庆会典·工部·定保固之限》专门规定了各类土木营造工程的保固期限，以及"未及限"工程的处理措施等。

二、清代保固制度在水利工程管理中的体现

清代保固制度可分为五大要件：其一，具体的时间段，黄河一年，运河三年；其二，指定的保固对象——黄河与运河；其三，明确的保固主体，保固期限内由承修官负责，而期限之外则由防守官负责，防守官包括河道分司、知府、同知、通判、守备、州县、县丞、主簿、千总、把总等；其五，区分工程坚固陡遇冲决、防守谨慎或故行毁坏等情形。本例客观上采用了无过错原则，只要出现河工工程毁坏，承修官或者防守官都要承担责任，只是责任大小有所区别而已。

1. 水利工程的保固期

顺治初定，黄、运两河堤岸修筑不坚，一年内冲决者，管河同知、通判、州县等官降三级调用，分司、道官降一级调用，总河降一级留任。……如一年外冲决者，管河等官革职，戴罪修筑，分司、道官住俸者，督修完日开复。康熙元年题准：凡修筑黄河堤岸，一年内冲决者，参处修筑之官，一年外冲决者参处防守之官。运河堤岸三年内冲决者参处修筑之官，三年外冲决者参处防守之官。如限年之内修筑之官已去，而防守之官不行料理，至有冲决者，将防守官一并参处。康熙四十四年谕：高家堰石工完者准先兴销算，保固三年，免其赔修。雍正四年又议准：直隶河道、子牙河及天津以南运河新修工程，俱照运河例，定限保固三年。北运河工程较之永定河稍平易，较之南运河则为险要，立限保固二年。倘限内冲决，照例着落承修官赔修。雍正五年议准：永定河新修工程，照黄河例定限保固一年。《乾隆会典·工部·保固》规定：黄河工程限一年，运河限三年，江南河东同直隶南运河限三年，北运河限二年，永定诸河险工限一年、平易工程并限三年，均以报竣之日起限。限内冲决责成修官及督修官赔修，不修治以罪；限外冲决，守讯官弁及该管文武官、沿河州县皆分别议处。这种规定一直保留至清末。

《嘉庆会典·工部·保固》中对塘工的保固期限有记载："……沿江沿海等处六年后即准兴修。直隶、江南、山东、河南，埽江保固一年。堤岸土工：直隶永定河保固一年，北运河保固二年，南运河、通惠河保固三年，江南、豫东二省黄河保固一年，江南、山东运河保固二年；江苏海塘柴埽各工保固一年，土塘保固二年，石塘保固三年，柴塘保固三汛；浙江海塘、石塘保固一年，附石土塘保固半年，土备塘保固三年，柴塘竹篓保固三汛，江塘保固三年，柴埽工保固三汛。江西江防石工与浙江同。湖北江夏荞麦湾照黄河之例保固一年，荆州万城堤工保固十年，

汉阳江工保固三年。四川都江堰工保固十年。”

2. 保固制度赔偿责任

凡营造物在保固期内发生损毁的，营造者及监管者均要承担相应的赔偿责任；当赔偿责任未如期落实时，则应当对责任者予以追偿。为了将追赔责任落到实处，清代营造法规定了诸如“赔偿”、“赔缴”、“赔修”、“赔补”、“独赔”、“代赔”、“摊赔”、“分赔”、“追赔”、“连带赔”、“免赔”等为数众多的赔偿方式。其中最为常见的是“赔偿”、“赔修”、“赔补”三种责任形式：赔偿，主要适用于营造过程中人工、物料、钱粮被擅用、侵欺、浮冒、拖欠以及因失察、扶同循隐等而造成财产损失的情形；赔修，适用于房屋、城垣、围墙、庙宇、堤工等营造物在保固期内坍坏、倾坯、渗漏、瓦片脱落等情形；赔补，适用于小件器皿损坏、补种树株回干、苲盖荆茨脱落等情形。而“独赔”、“代赔”、“摊赔”、“分赔”、“追赔”、“连带赔”、“免赔”则为承担责任的具体方式。各种赔偿方式之间存在着交叉或补充关系。比如当独赔责任者无力全额赔偿时，可以演变为分赔；若承查、承估人员失职，则可以演变为代赔；如果具备一定的条件，则又可以演变为免赔等。

以上各种赔偿方式均有一定的履行期限，《通例・追赔》对此作了较为明确的规定：首先，对于追赔款项进行汇总，“各省承追核减、分赔、代赔并别省咨追各项银两，将完欠数目年终汇册报部，以便按限催追”。其次，分别万两以上、以下限定承追期限：“承受一切工程核减、分赔、代赔、摊赔等项银两，均于文到日起，如数在三百两以下者，定限半年完缴；三百两以上者，定限一年完缴；数在壹千两至伍千两者，定限四年；伍千两以上者，定限五年，勒令限内完缴；其数在万两以上者，准于五年之限酌加一年；数在贰万两以上者，再加一年；数在三万两以上者，以次递加。银至拾万两以上者，或予限十五年，或另行酌加年限之处，临时奏明，请旨办理。”河工例规定的追赔期限与上相通。再次，对于银数在万两以下逾期没有追回的做如下处理：“如限满不完，查系现任人员，或虽非现任，其原案系由该员一人贻误独赔，情节较重者，旗员即由都统移部查参，汉员即由该省督抚咨报查参，按例办理。若查系离任及已故人员，或行追时系现任，届限未完业已身故，其欠项又事属因公核减，情节较轻，或上司下属及前后接任摊赔、分赔，或同案官代赔，或上司代属员赔、本官代吏役赔、子孙代祖父赔，而银数又多至伍千两以上者，以十分计算，于限满日能完至七分，其余准其另照未完银数，按年起限完缴。”而对于银数在万两以上逾限未完的则未作出相应的处理。

3. 清代保固制度的特征

一方面，保固期限中水利、河工内容占了很大比重。这是因为治水防灾一直是封建国家工作的重点，水患破坏经济，危害民生，赈灾花费巨大，而且灾情严重时，大量灾民形成流民队伍，其不稳定因素动辄伤及国本，动摇其统治。

另一方面，保固制度的规定越来越具体化。如黄河、运河堤岸，顺治初定一年内、一年之外冲决的，管河官等分别受相应处分；康熙元年，黄河堤岸仍分为一年内冲决和一年外两种情况，而运河堤岸则改为三年内冲决者和三年外冲决者两种情况；康熙十五年，黄河堤岸仍定限一年，运河堤岸仍定限三年，增加黄河堤岸半年内、运河堤岸一年内冲决者及黄河堤岸过半年、黄河堤岸过一年冲决者的规定;黄河又分江南、豫东二省黄河各自定有不同的保固之限。运河分南运河、北运河及江南运河、山东运河,保固期限各异。另外,除了黄河、运河,更详尽规定了在京衙署、各省衙署、监墙、荆茨、沿海沿江营房、内地营房、永定河、通惠河、江苏海塘、柴埽、土塘、石塘、柴塘、浙江海塘、石塘、附石土塘、土备塘、柴塘竹篓、江塘、石塘、柴埽工、江西江防石工、湖北江夏荞麦湾、荆州万城堤工、汉阳江工、四川都江堰工等的保固期限。

最后,清代的保固与吏治结合。工程保固不及限,往往与吏治败坏有关。康熙时就注意到,内廷工程除赏赐外,每月用银不及千两,而在外杂项工程每月花费常至数万两,其中定有预算过大、支取克扣等弊端。工部每遇工程所派官员,都是瞻徇情面、请托派出,如此,工程质量如何可想而知。所以法律设计了"不及限"制度,即工程"不及限则议赔"。不及限,即工程不到法定的保固期限而毁坏坍塌,需要依法赔修。而且鉴于工部所派监修官渎职塞责导致工程花费巨大,质量不堪,将监修官等也纳入惩罚对象。惩处措施有赔修、罚俸、革职、降级留任、降级调用等。补官、升职及降职开复与工程赔修皆有关系。

三、清代"保固制度"给我国海塘管理带来的启示

1. 清代"保固制度"的建立,一方面将工程制造方法融入其中,根据做法来确定保固期;另一方面,工程质量由内在监督转向外在监督,即主要以时间为标准来判断工程是否坚固。而一旦工程限内坍坏,则要综合考虑做法,使得内在监督成为外在监督的补充,最大限度地实现过错责任具体化。营造活动的保固期制度仅以时间为标准来确定责任归属,而实行外在监督是不需要任何"工程制造方法"方面的知识,这与以"做法"为标准的内在监督相比,更易于操作。所以,保固期制度更有利于权利保护,是界定责任的分界点,是对营造活动实行法律监督的关键所在,因此,建议在我国的海塘修造管理中加入保固期限。

2. 清代营造法中的赔偿责任与其"保固制度"密切相关,是"保固制度"发挥效用的一个重要表现:凡营造物在保固期内发生损毁的,营造者及监管者均要承担相应的赔偿责任;当赔偿不能如期实现时,则应当对责任者予以追偿。其中为了将追赔责任落到实处,清代营造法规定的诸如"赔偿"、"赔缴"、"赔修"、"赔补"、"独赔"、"代赔"、"摊赔"、"分赔"、"追赔"、"连带赔"、"免赔"等为数众多的赔偿方式,值得我们借鉴。

参考文献:

1. 陶存焕、周潮生:《明清钱塘江海塘》,水利水电出版社,2001 年。

2. 支向军:《试论钱塘江海塘的寓工于兵管理体制》,《浙江水利水电专科学校学报》1999 年第 2 期。
3. 刘志松:《清"冒破物料"律与工程管理制度》,南开大学博士论文,2010 年。
4. 严水孚:《清乾隆十五年重修后海城塘工程考证》,《浙江水利科技》2004 年第 1 期。
5. 饶明奇:《论清代防洪工程的修防责任追究制》,《江西社会科学》2007 年第 3 期。

三江闸及其在浙东运河工程体系中的地位

李云鹏*　谭徐明　刘建刚
（中国水利水电科学研究院 水利史研究所）

摘　要：三江闸是萧绍平原水量节制的枢纽，是我国古代最大的多孔石闸，迄今已有400多年历史。浙东运河与西小江构成萧绍平原水网骨干，对区域水量调度有至关重要的作用。本文首先阐释了三江闸兴建的自然与社会背景，指出三江闸是在浙东水系发生突变、区域受咸潮内灌、旱涝问题和蓄泄矛盾突出的形势下兴建。研究表明：三江闸在浦阳江改道、钱清堰废弃的形势下，实现了萧绍平原水网水量的调节，改善了区域水环境，同时保障了浙东运河水量的稳定，改善了水运条件。三江闸作为区域水利关键控制工程，在规划设计、施工及工程管理等方面具有较高科技价值。

关键词：三江闸　浙东运河　萧绍平原　水系演变　工程地位

三江闸建成于明嘉靖十六年(1537)，位于浙江绍兴市北部西小江、曹娥江、钱塘江交汇的三江口，是我国最大的砌石结构多孔水闸。以往的研究[1]指出，三江闸是萧绍平原水系的控制枢纽，具有挡潮、蓄淡、排涝效益。本文以浙东水系的演变为切入点，研究了三江闸兴建的历史背景、工程特点和运行机理，并分析三江闸优化区域水资源条件及对浙东运河的控制作用。

浙东运河是萧绍平原的重要水道之一。本文中的浙东运河即西兴运河，由萧山西兴至绍兴曹娥堰。其开凿源于春秋时期的山阴水道；东晋贺循(260～319)傍鉴湖堤凿渠溉田，是西兴运河的雏形；到南北朝时期已经形成初具规模、

---

* 李云鹏(1985～)，男，河北行唐人，硕士，主要从事水利史和灾害史研究。

[1] 周魁一：《中国科学技术史》(水利卷)，科学出版社，2002年。沈寿刚：《试议绍兴三江闸与新三江闸》，《鉴湖与绍兴水利》，中国书店出版社，1991年，第196～210页。汪家伦、蒋锡良：《古代绍兴三江闸述略》，《中国水利》1983年第3期，第49～51页。华红安：《我国古代最大的拦潮排水闸》，《水利天地》，2006年。

工程设施较为完备的运河水道。[1] 萧绍平原西南高东北低，自然河流大都为西南-东北流向。浙东运河形成后，与萧绍平原各主要水系约呈90°相交，成为萧绍平原水网的东西骨干水道，将自然河流整合为相互贯通的水网系统。浙东运河及相关水道可称为浙东运河水系，是萧绍平原水网系统的主要组成部分。

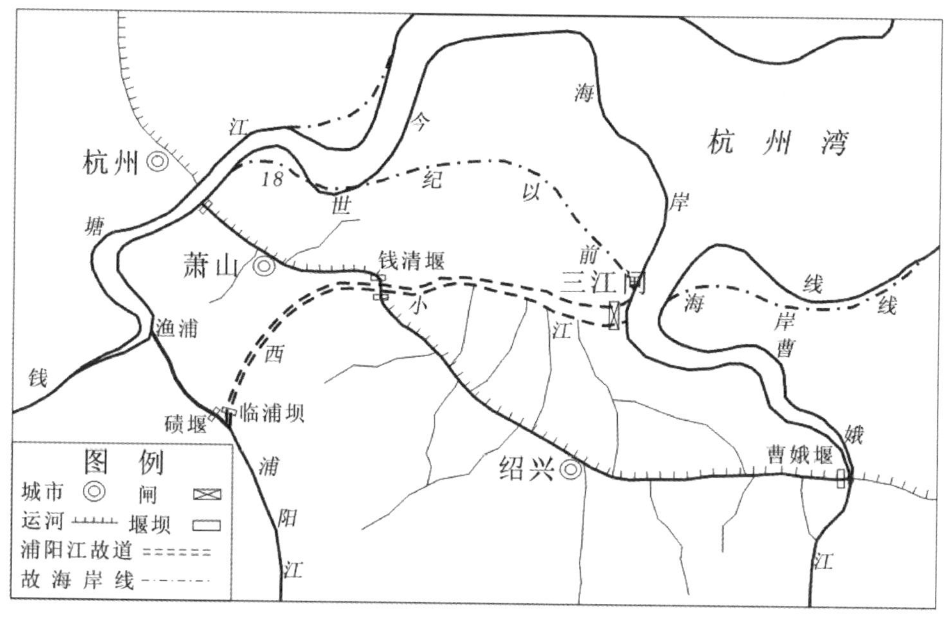

图一　萧绍平原各水系及历史时期控制工程位置示意图

一、三江闸兴建前后的区域水利形势

（一）浦阳江改道及其影响

三江闸兴建的直接原因是浦阳江的改道。浦阳江是纵贯萧绍平原最大的自然河流，发源于浦江县，向北流经诸暨，入萧山县境之后称西小江，15世纪以前，浦阳江主流由西小江至三江口入海。明宣德年间(1426～1435)开始，浦阳江逐渐在碛堰分流，西流至渔浦入钱塘江；成化年间戴琥[2]在浦阳江上游建临浦坝，所拦截江水全部由碛堰改道西流；正德时(1506～1521)“商舟欲取便”，[3]

[1] 姚汉源：《京杭运河史》，中国水利水电出版社，1998年，第478页。
[2] 戴琥(生卒年不详)，字廷节，江西浮梁人，成化九年至十九年(1473～1482)任绍兴知府。在任期间开通碛堰、建临浦坝，使浦阳江改道西流至渔浦入钱塘江，并立禁：“(碛)堰决不可成，(西)小江决难复通。”(《(乾隆) 绍兴府志》引戴琥《水利碑记》)。成化十二年(1476)设立山会水则，并据此制定萧绍平原闸坝启闭的统一制度。
[3] (清) 李亨特：《(乾隆)绍兴府志》，《中国地方志集成》，上海书店出版社，1993年，第355页。

开临浦坝建闸，浦阳江又与西小江恢复联系；直至嘉靖十六年(1537)汤绍恩重开碛堰并修复临浦坝，浦阳江才彻底结束了由西小江入海的历史。[1]

浦阳江的改道使西小江河床迅速淤高。浦阳江改道之前，西小江河床低于运河数米："钱清江者，自三江口来，西过诸暨约三百余里，阔十余丈。运河半贯其中，高于江水丈余，故南北皆筑堰止水，别设浮桥渡行旅。大舟例剥载，小舟则拖堰而过。"[2]船只在钱清渡江时往往需要候潮。自浦阳江由碛堰逐渐分流，西小江由于径流量剧减及海潮挟沙上溯的影响，河床快速淤高。到成化初年(1465)，西小江河床已与运河淤平，钱清堰因阻碍行船而被拆除。[3] 正德年间(1506～1521)，浦阳江一度向西小江分流，但并未使西小江的淤积状况改善。

浦阳江改道使西小江对萧绍平原的洪水威胁减少，却使西小江由原来的受径流规律控制为主变为完全受三江口潮汐规律控制，在此基础上造成萧绍平原严重的蓄泄矛盾。西小江是萧绍平原的排水干道，由于河床淤塞及海潮涨落的干扰，没有关键工程的控制，区域涝水很难顺利排泄。由于缺少径流抵冲，咸水内灌甚至能到达绍兴城，造成淡水供给不足和农田盐渍，萧绍平原水环境严重恶化。15 世纪以前在萧绍平原北部海塘以及西小江上修了许多闸来控制，虽取得一些效益，但由于没有一个占据要津的大型枢纽工程，平原的水旱问题并未解决。[4]

(二) 钱清堰废弃及其影响

钱清堰是 11～15 世纪浙东运河与西小江平交处的控制工程，功能是控制两河之间的高差，保证运河水位、水量的稳定。浦阳江改道、西小江淤高之后，为方便行船，成化二年(1466)将钱清两堰拆除，从此"舟行由运河直抵西兴"。[5]

水运需要航道保持稳定的水位与水量。钱清堰的废弃，使西兴至曹娥堰 100 多公里的运河与西小江直接连通，由原来工程控制下相对独立和稳定的水道，变成随西小江受三江口潮汐涨落自然规律的控制。海潮涨落引起西小江水位变化，从而造成运河水位、水量的不稳定，水运条件恶化。同时，作为萧绍平原水网的东西干道，浙东运河沟通萧绍平原各水系，浦阳江改道造成的西小江蓄泄矛盾和水环境恶化通过运河水系延伸到整个萧绍平原。

---

[1] (清) 李亨特：《(乾隆)绍兴府志》，《中国地方志集成》，上海书店出版社，1993 年，第 355 页。陈鹏儿：《古代浦阳江下游改道与山会平原农田水利》，《鉴湖与绍兴水利》，中国书店出版社，1991 年，第 185～195 页。

[2] (清) 黄宗羲：《余姚至省下路程沿革记》，《黄梨洲文集》，中华书局，1959 年，第 390～391 页。

[3] 姚汉源：《京杭运河史》，中国水利水电出版社，1998 年，第 478 页。陈鹏儿：《古代浦阳江下游改道与山会平原农田水利》，《鉴湖与绍兴水利》，中国书店出版社，1991 年，第 185～195 页。

[4] 沈寿刚：《试议绍兴三江闸与新三江闸》，《鉴湖与绍兴水利》，中国书店出版社，1991 年，第 196～210 页。

[5] [明] 萧良幹：《(万历)绍兴府志》，《四库全书存目丛书》，齐鲁书社，1996 年，第 348 页。

(三) 三江闸的兴建

三江闸正是在萧绍平原水环境恶化的背景下兴建的。嘉靖十四年(1535),汤绍恩任绍兴知府,他在勘察绍兴水利后指出当时区域水利状况:“山阴、会稽、萧山三邑之水,汇三江口入海,潮汐日至,拥沙积如丘陵。遇霪潦则水阻,沙不能骤泄,良田尽成巨浸,当事者不得已,决(海)塘以泄之。塘决则忧旱,岁苦修筑。”[1]根据萧绍平原地势及水系特点,在三江口建闸可以控制内水与外海联系的咽喉,总揽萧绍水利全局。于是勘察地质、选定闸址,嘉靖十五年(1536)七月动工,次年(1537)三月建成。三江闸建成之后,汤绍恩又接筑海塘、重开碛堰、建蒿坝清水闸、修鉴湖堤,以全面整合萧绍水系,使三江闸的效益能更好地发挥。[2]

三江闸建成之后,汤绍恩将成化十二年戴琥在绍兴府佑圣观前府河设立的“山块水则碑”移置闸下,作为三江闸运行标准。[3] 万历十二年(1584),知府萧良幹主持大修时将其改进,创立三江水则碑,自上而下依次为金、木、水、火、土五字,并据此制定三江闸启闭运行以及工程管理的详细规定。[4]《三江闸务全书》对此有评价:“萧公虽有所因以成事,而闸之规制益增而广,闸之形势益壮而厚,实因而兼创也。凡此,皆汤所欲行而未及行者。”[5]由于明末清初钱塘江出水主槽北迁,清康熙十年(1671)之后,三江口逐渐淤涨成滩,闸功能从此逐渐衰落,但仍一直发挥作用,直到 1972 年被新三江闸所取代。[6]

二、三江闸工程技术成就分析

三江闸总扼萧绍平原水系的咽喉,以科学的建筑结构和先进的工程管理,持续发挥效益四百余年,在规划设计、施工、工程管理方面具有较高科技价值。

(一) 三江闸的选址及工程布置

西小江是萧绍平原的最低处,各水系都汇入西小江至三江口入海。三江闸横截西小江河口,此处两岸皆山,正是内河外海连通的关键。因此,建成之后的三江闸成为控制以浙东运河水系为主的萧绍平原水环境的总枢纽。

三江闸枢纽主要由闸和则水碑构成。闸全长 100 多米,分 28 孔,各孔自东

[1] (清) 张廷玉等:《明史・汤绍恩传》,中华书局,1974 年,第 7213 页。
[2] (清) 程鸣九:《三江闸务全书》。
[3] 陈桥驿:《戴琥“山会水则”》,《中国水利》1983 年第 2 期。
[4] (清) 程鸣九:《三江闸务全书》。
[5] (清) 程鸣九:《三江闸务全书》。
[6] 沈寿刚:《试议绍兴三江闸与新三江闸》,《鉴湖与绍兴水利》,中国书店出版社,1991 年,第 196～210 页。

南向西北依次以“角”至“轸”命名,“以应天之经宿”,因此又称为“应宿闸”。各孔闸底随基岩高程不同,深度也不同,这样的设计利于闸基稳定,还可调节泄水流量,内河大水时先开深孔,小水时先开浅孔。两端的角轸二孔称“常平洞”,闸顶高程常年保持正常蓄水位。[1]

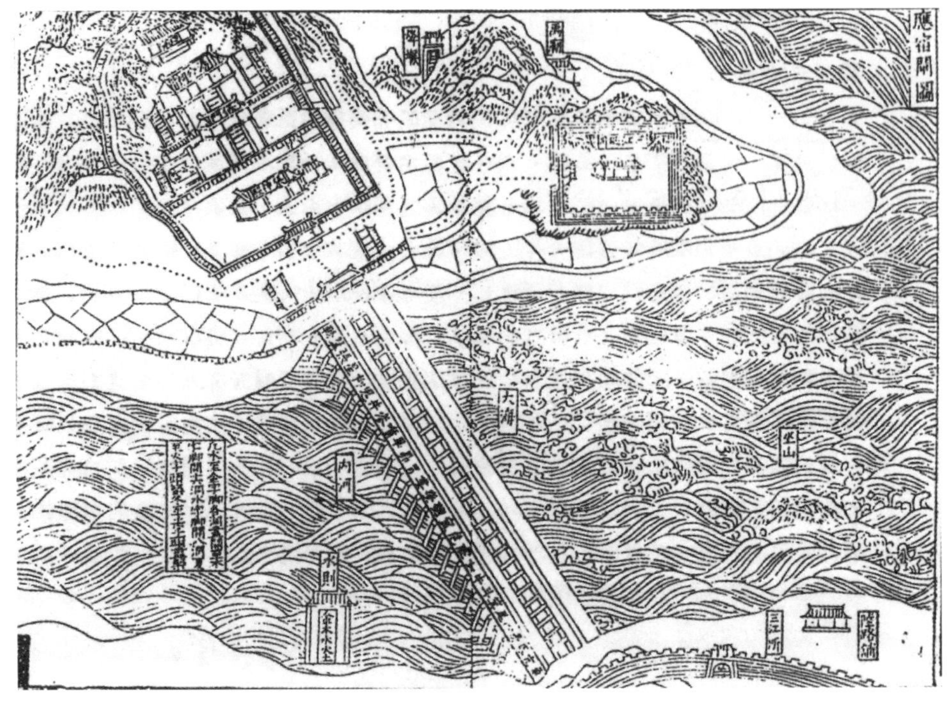

图二　三江闸平面布置示意图[引自《(万历)绍兴府志》]

则水碑为三江闸运行提供定量标准。其位置位于“闸内平澜处”,[2]建在近岸的基岩上,既利于基准点稳定,又不受闸孔水动力学显著影响,能够准确反映内河水系客观的水位。萧良幹又于绍兴府城立一相同水则,为三江闸调节内陆运河及城河的水位提供定量参考。[3]

(二) 三江闸的工程结构

三江闸是我国现存最大的砌石结构水闸,采用传统材料和工艺建造,历时四百余年,结构依然稳定。自嘉靖十六年(1537)建成后,三江闸虽历经大修,但主体结构未发生改变。对工程的取材、构造、地基及上部结构施工,《三江闸务全书》记载:“命名工伐石于大山洋山,以巨石牝牡相衔,胶以灰秫。其底措石,凿榫于活石上,相与维系,灌以生铁,铺以阔厚石板,诸洞皆极平正,惟参洞外板下有

[1] (清) 程鸣九:《三江闸务全书》。

[2] (清) 黄宗羲:《余姚至省下路程沿革记》,《黄梨洲文集》,中华书局,1959年,第390~391页。

[3] (清) 程鸣九:《三江闸务全书》。

一活石。间有几洞底两旁无石板者，其叠石为坊，不过八九层；上有几洞十余层者则患洞也。每隔五洞置一大梭墩，惟近要关止隔三洞，因填二洞之故。其近闸磬折参伍之，使水循崖以行，而飞湍奔驶之势始杀。”[1]三江闸用生铁水将大石板固定在基岩上作为基础；其上用大条石交错砌筑，连接处用铁锭固定，缝隙灌锡以防漏水；每隔五孔建一大梭墩，以保障海潮冲击下多孔长闸的结构安全。工程设计及施工的科学合理，是三江闸功能持续发挥的基础条件。

据 1935 年对三江闸的测量：全闸共长 103.15 m，共分 28 孔。孔净宽 62.74 m。闸洞深浅依天然岩基而定，闸底高程最深者 5.14 m，最浅者 3.4 m。闸每孔净宽也不一致，最宽的 2.41 m，最狭的 2.16 m。闸顶高程 8.5 m(吴淞高程)，全闸最大泄量 384 m^3/s。[2]

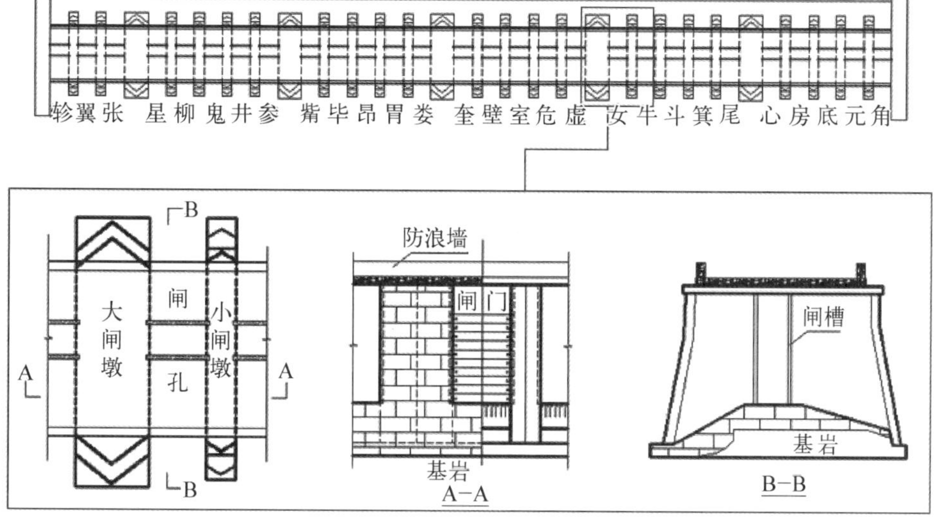

图三　三江闸工程结构示意图[3]

(三) 三江闸的运行机制

三江闸在则水碑对水位定量监测的基础上，通过对三江口水位的控制来实现对内河水网水量的调节。萧良幹以则水碑为依据制定启闭制度：“水至金字脚，各洞尽开；至木字脚，开十六洞；至水字脚，开八洞。夏至火字头筑；秋至土字头筑。闸夫照则启闭，不许稽迟时刻。”[4]又规定，开闸时必须将叠梁闸板全部起出，以防闸底淤沙；闭闸时用草土填筑两闸板之间，以防渗漏。大泛排涝时，则需根据潮势变化来实时操作闸门的启闭。潮涨之前开闸泄水，为节省闭闸的操作时间，在潮水涨平之前先将各闸闸板用绳子系在一起，全部悬挂在闸槽之上，

[1] (清) 程鸣九:《三江闸务全书》。
[2][3] 周魁一:《中国科学技术史》(水利卷)，科学出版社，2002 年。
[4] (清) 程鸣九:《三江闸务全书》。

待潮水涨至与内河平，赶紧全部下板堵筑，有效防止潮水内灌；再待潮水落下之后，将闸全部开启以泄水。[1]

三、三江闸在浙东运河工程体系中的地位

三江闸是萧绍平原水网系统的控制枢纽，具有挡潮、排涝、蓄水等综合功能。三江闸的运行，使萧绍平原涝时可以排泄，旱时可以蓄水，咸潮内灌得到遏制，扭转了浦阳江改道以来萧绍平原水环境的恶化趋势。以往研究[2]中对三江闸这方面的功能已有充分论述。浙东运河是萧绍平原水网的东西骨干，浙东运河水系是平原水网的主要组成部分。三江闸作为萧绍平原水网的控制枢纽，对浙东运河的水位、水量具有控制作用。在以往对三江闸的研究中，鲜有论及其对浙东运河水运条件的控制作用；而对浙东运河的诸多研究也从未将三江闸纳入其工程体系分析其对运河水运的控制作用。以往研究中二者相互割裂的关系，造成我们对三江闸、浙东运河工程价值的认知均不全面。

1466年钱清堰废弃之后，浙东运河与西小江在萧绍平原构成交叉水道，通过两者的整合，平原水系全部汇聚三江口。三江闸建成之后，通过西小江和运河的联系才得以实现对萧绍平原水系的统一控制。因此三江闸的运行对浙东运河的水位、水量有直接的影响。

浦阳江改道、钱清堰废弃之后，浙东运河受三江口潮汐控制，水运条件急剧恶化。三江闸通过闸前和绍兴城的两块水则，通过对水位的调控保证了水运所需的稳定水量条件，从而替代钱清堰成为浙东运河新的控制工程。从浙东运河的角度来说，相对于钱清堰三江闸的位置发生变化，这种变化使其控制的范围由单纯的运河水道扩大到整个萧绍平原水网，其功能也由以水运控制为主扩展为包括挡潮、排涝、蓄淡等综合功能。萧绍平原对挡潮、排涝、蓄淡等功能的最终要求，是使整个平原水网的水位、水量维持在一个相对稳定的安全范围，而这与浙东运河水运效益的要求一致。由此，三江闸才得以将包括水运调控在内的多种功能的发挥，统一到自身单一工程的运行管理上。

其次，从历史文献的记载中看，三江闸自建成之后，其运行自始至终都考虑了运河水运的要求。前文已经提到，汤绍恩建成三江闸之后将戴琥的“山会水则”移置闸下，作为工程运行管理的依据。《山会水则碑》规定：“低田秧已旺及常

---

[1] (清) 平衡：《三江闸务全书续刻》。

[2] 周魁一：《中国科学技术史》(水利卷)，科学出版社，2002年。沈寿刚：《试议绍兴三江闸与新三江闸》，《鉴湖与绍兴水利》，中国书店出版社，1991年，第196～210页。汪家伦、蒋锡良：《古代绍兴三江闸述略》，《中国水利》1983年第3期，第49～51页。华红安：《我国古代最大的拦潮排水闸》，《水利天地》，2006年。

时，及菜麦未收时，（水）宜在下则上五寸，再下恐妨舟楫矣。”[1]非常明确地讲到对水运条件的考虑。50年后，萧良幹将山会水则改良，创立金木水火土五字水则，整合区域挡潮、排涝、蓄水及水运的综合要求，统一为三江闸的水位控制。由此可见，对运河水运的调控一直是三江闸的功能之一。其实早在18世纪，时人舒瞻就指出其水运方面的效益：“钱清故运河，（西小）江水挟海潮横厉其中，不得不设坝（即钱清堰）。每淫雨积日，山洪骤涨，大为内地患。今越人但知钱清（江）不治，田禾在山、会、萧三县皆受其殃，而不知舟楫之厄于洪涛，行旅俱不敢出其间。”[2]

四、结　　论

本文将三江闸水利工程置于区域自然环境历史变迁的背景下，分析其建设、运行、管理及功能；并分析了浙东运河在区域水系变迁的影响下水运条件的恶化。论文研究了三江闸对区域的综合水利功能，并着重分析了其在浙东运河工程体系中的地位。主要结论如下：

（一）三江闸是在浦阳江改道、钱清堰废弃，萧绍平原水环境恶化的背景下，为解决海潮影响下萧绍平原水利突出的蓄泄矛盾而兴建的。三江闸建成之后，萧绍平原水系得以重新整合，形成以西小江和浙东运河为骨干的统一水网。

（二）三江闸的运行，通过位于不同位置的则水碑对水位实行定量控制，从而实现对整个区域水量蓄泄的定量控制，工程管理比较先进。作为区域关键枢纽工程，三江闸具有挡潮、排涝、蓄水、航运等综合功能。西小江和浙东运河作为萧绍平原最主要的骨干水道，对三江闸综合效益的发挥具有重要作用。

（三）三江闸的建成，改变了钱清堰废弃之后浙东运河受潮汐涨落自然规律控制的状况，使水运功能所需的水位水量重新得到工程控制，因此是继钱清堰之后浙东运河的控制工程，在浙东运河工程体系中具有不可替代的关键地位。与一般的运河控制工程不同，三江闸远离运河干道，因此在实现对运河水量、水位有效调节的同时，不对船只航行产生阻碍或干扰。作为运河的控制工程，与钱清堰等横截运河的闸坝相比，三江闸更具科学价值。

---

[1] （清）李亨特：《（乾隆）绍兴府志》，《中国地方志集成》，上海书店出版社，1993年，第355页。

[2] （清）平衡：《三江闸务全书续刻》。

绍兴三江闸保护、利用工作的思路

邱志荣
（绍兴市水利局）

摘　要： 绍兴三江闸在水利、航运史上有着杰出的地位，已是中国大运河珍稀的文物。对其保护、利用、传承工作意义重大。当务之急是提出精准的传承文脉、系统保护、整治环境、合理开发的工作思路。

关键词： 三江闸　保护　利用　思路

明代建成的绍兴三江闸，是中国古代最早、最大的滨海大闸，代表了传统水利工程建筑科技和管理的最高水平。[1] 三江闸作为绍兴水利、浙东水运的枢纽和里程碑工程，历经近五百余年依然屹立在东海之滨，1963 年被公布为浙江省重点文物保护单位。三江闸的地位崇高，保护、利用、传承工作意义重大。

一、三江闸的建设与历史地位

明嘉靖十五年(1536)，绍兴知府汤绍恩主持兴建了绍兴三江闸，此举使绍兴自鉴湖湮废，水体北移之后，又形成新的平原河网水系。旱可蓄、涝可排、潮可挡，绍兴鱼米之乡以及浙东航运绍兴段又有了新的更高标准的水利保障。汤绍恩的治水精神为绍兴人民广为传颂，明代著名文人徐渭在汤太守祠题联：“凿山振河海，千年遗泽在三江，缵禹之绪。练石补星辰，两月新功当万历，于汤有光。”[2]

---

[1] 2013 年 2 月 1 日，中国大运河水利遗产保护与利用战略论坛全体代表《加强绍兴三江闸保护倡议书》，载邱志荣、李云鹏主编《运河论丛——中国大运河水利遗产保护与利用战略论坛论文集》，中国文史出版社，2014 年，第 379 页。

[2] “缵禹之绪”为明徐渭为绍兴三江闸的缔造者汤太守祠题写的对联，原作为：“凿山振河海，千年遗泽在三江，缵禹之绪；练石补星辰，两月新功当万历，于汤有光。”

（一）兴建缘由

南宋鉴湖湮废，会稽山三十六源之水，直接注入北部平原，原鉴湖和海塘、玉山斗门两级控水全部由沿海地带海塘控制。平原河网的蓄泄失调，导致水旱灾害频发。南宋以来，浦阳江下游多次借道钱清江，出三江口入海，进一步加剧了平原的旱、涝、洪、潮灾害。为了减轻鉴湖湮废和浦阳江借道带来的水旱灾害，自宋、明以来，山会人民在兴修水利上付出了巨大的努力，如修筑北部海塘，抵御海潮内侵；整治平原河网，增加调蓄能力；修建扁拖诸闸，宣泄内涝；开碛堰，筑麻溪坝，使浦阳江复归故道等，有效地缓解了平原地区的旱涝灾害。但正如清程鹤翥《闸务全书》罗京等《序》中所称："於越千岩环郡，北滨大海，古泽国也。方春霖秋涨时，陂谷奔溢，民苦为壑；暴泄之，十日不雨复苦涸；且潮汐横入，厥壤泻卤。患此三者，以故岁比不登。"此外，明代初年浙东运河通过钱清江的航运状况也堪忧：

> 钱清故运河，江水挟海潮横厉其中，不得不设坝，每淫雨积日，山洪骤涨，大为内地患。今越人但知钱清不治田禾，在山、会、萧三县皆受其殃，而不知舟楫之厄于洪涛，行旅俱不敢出其间，周益公《思陵录》可考也。[1]

因此，兴建一处能够在新的水利形势下能控制泄蓄、阻截海潮、总揽山会平原水利全局的枢纽工程，是继戴琥筑麻溪坝、建扁拖闸以后，明代绍兴平原河网水利、浙东航运所必须及时解决的重大水利问题。

（二）规模与效益

嘉靖十四年(1535)，汤绍恩移守绍兴。时"郡濒海，每受潮患，逢淫雨汜溢，决塘泄水，苗槁泉枯，且筑堤之役，殆无虚日，民甚苦之"。[2] 汤绍恩遍察山会平原地理水道，"见波涛浩淼，水光接天，目击心悲，慨然有排决志"。[3] 嘉靖十五年(1536)七月，汤绍恩毅然决计在钱塘江、曹娥江、钱清江三江汇合处的彩凤山与龙背山之间建造三江闸。三江闸历时六月完成，闸身全长 310 尺，共 28 孔，系应上天星宿之意，故又称"应宿闸"。

三江闸的工程技术水平在当时领先中外。闸基处理：在岩基上清理出仓面后，置石、灌铁、铺石板。施工方法："其底措石，凿榫于活石上，相与维系。"[4] 再"灌以生铁"，然后"铺以阔厚石板"。底板高程一般在 1.92 米左右。闸墩、闸墙全部采用大条石砌筑，条石每块多在一千斤以上，一般砌八九层，多的在十层以上。石与石"牝牡相衔，胶以灰秫"。闸墩两端"则剡其首"，形如梭子，俗称梭墩，以顺水流。顶层履以长方体石台帽，上架长条石，铺成闸(桥)面。墩则凿有内外闸槽，放

[1] 舒瞻：《重修明绍兴太守汤公祠堂碑文》，载平衡《闸务全书续刻》卷一。
[2] 《汤神事迹录》，程鸣九纂辑《三江闸务全书》上卷。
[3][4] 《郡守汤公新建塘闸实迹》，程鸣九纂辑《三江闸务全书》上卷。

置双层闸门，闸底设内外石槛，以承闸板，总有木闸板 1 113 块。有大墩 5 座、小墩 22 座，每隔五洞置一大墩，惟闸西端尽处只三洞，因“填二洞之故”。此外，在闸上游三江城外和绍兴府城内各立一石制水则，自上而下刻有金、木、水、火、土五字，以作启闭准则。又在三江城西门外南建六洞减水闸（也称平水闸），在玉山之东北建一洞撞塘闸（后增一洞，称两眼闸），以缓和三江闸泄流时的水势。

三江闸与横亘数百里的萧绍海塘连成一体，切断了潮汐河流钱清江的入海口，按水则启闭，外御潮汐，内则涝排旱蓄，正常泄流量可达 280 立方米/秒。至此，绍兴平原河网新格局基本形成，也开创了绍兴水利史上通过沿海大闸全控水利形势的新格局。三江闸建成使绍兴水旱灾害锐减，原西小江沿岸一万多亩咸卤地也成为良田沃土。三江闸还是浙东运河航运萧绍平原的控制性水位和调度工程。“其沮洳可蒲草，其泻卤可盐，其泽可渔，其疆可桑，其途可通商旅。噫公之举，然直水患是除，而利之遗民者溥矣”。[1]又所谓“当年填海家家怨，今日宁澜处处烟”。[2] 建闸 50 年后有人评价说，三江闸“盖举三邑之水而节宣之，其利甚大，至于今几五十年，无以苦潦告者”。[3]

三江闸发挥效益约近四百五十余年。岁月沧桑，随着水利形势的变化发展，1981 年，绍兴人民又在三江闸北 5 里处，建成了流量为 528 立方米/秒的大型水闸——新三江闸，老三江闸遂完成了光辉的历史使命。

(三) 崇高地位

1. 水利枢纽

(1) 三十六源之水所汇。会稽山三十六源之水汇入山会平原，通过主流若耶溪到直落江，经约 48 公里的主河道到三江闸。

(2) 鉴湖水系之总控。1536 年至 1981 年 445 年绍兴鉴湖河网蓄水、排涝、挡潮、航运水位调蓄的枢纽工程。

(3) 萧绍平原水系三江口之咽喉控制水工程。

2. 发展空间

(1) 大自然的厚赐。滩涂淤积，人类活动围堤，天人合一，绍兴地域扩大与发展。绍兴城市与平原发展的土地资源库。萧绍平原 965 平方公里。建国以来已围涂约 40 万亩(26 平方公里)。

(2) 曹娥江大闸建成，形成新的城市发展区域。

3. 塘闸文化中心

(1) 绍兴三个文化圈之一。绍兴山—原—海文化圈，即以大禹陵为核心的会稽山文化；以水城为核心的鉴湖、水乡、水运文化；以三江闸为核心的塘闸、围涂、滨江文化。

---

[1] 《(乾隆)绍兴府志》卷十四。

[2] (清) 佚名：《题汤公祠》诗。

[3] 徐渭代笔：《修撰张公初修大闸碑记》，程鹤翥《三江闸务全书》(上卷)。

(2) 领先世界的水利工程。在钢筋混凝土工程出现之前，为世界上规模最大的滨海砌石重力闸坝，其技术领先世界三百多年。

二、现状与周边环境

(一) 保护管理不到位

1. 闸体破损严重，文物多遭损坏。前些年这里曾成为周边工程几十吨塘渣车运输的主要通道，对闸体已造成内、外伤。

原三江闸东西两边有三江闸和纪念汤绍恩的多处文物，如汤公祠、碑石等，现已不存。

2. 危桥隐患、环境差。与三江闸西端相连的，建于1987年的汤公大桥因不负来往重车之压，已成危桥。由于大桥封航，从南部过往几百吨的大型泥浆运输船，在不符通航要求的情况下，已开通三江闸孔通航，狭窄的闸洞一经撞击便可造成大闸整体倾塌。

东边的凤凰山荒草离离，河岸多有垃圾堆放；上下游有沉船数十条；有十几处固定渔船和扳罾，影响行洪排涝。

3. 长期失管、失修。对出现的交通超载、航道险阻、桥闸破损、文物不存、违章捕鱼、清障保洁等问题，缺少协调与实际有效的综合管理。

(二) 管理体制不顺

1. 三江闸闸体原属绍兴县管理。本世纪初市、县体制改变，划定汤公桥、三江闸本体及上游河段属袍江开发区管理。文物管理单位则为绍兴市文物局。

2. 两边的土地及行政村，企业也管属袍江开发区。周边的三江村已确定动迁。

3. 新三江闸与老三江闸之间约2.5公里的河道(包括河道管理范围)现属柯桥区塘闸管理处管理。钱管局委托柯桥区塘闸管理处管理西侧的古海塘。

(三) 工程文化资源丰富

三江口位于杭州湾南岸，地处古代钱塘江入海口和钱塘江涌潮区。关于三江口的三江说法有二：一说为曹娥江、钱清江、浙江；[1]另一说即曹娥江(西汇咀)、钱清江和若耶溪。[2] 三江口扼绍兴城、山会平原北出后海之排涝、交通要

---

[1] 吴家瑜等：《三江纪略》，载程鸣九纂辑《三江闸务全书》上卷。
[2] 陈桥驿：《闸务全书・序》，收于冯建荣主编《绍兴水文化丛书》，广陵书社，2014年，第2～5页。

道，地理位置重要，文化资源丰富。

1. 三江闸(工程部分见前文)

包括立祠祭祀、请封赐谥、著述、碑文、诗词等。

(1) 汤公祠

有两处。[1] 一称汤太守祠，在绍兴城东街口开元寺内，明万历时初建。一处在三江闸西侧今汤公大桥处，明嘉靖中建，有明万历十五年(1587)《绍兴府志》所附《应宿闸图》标明具体位置。后又在汤公殿右廊设莫公祠，祭祀为建三江闸献身的夫役主事——莫隆。

(2) 敕封

有二次。第一次在清康熙四十一年(1702)七月三十日，[2]以"汤绍恩筑塘建闸以来，至今田庐得免飘没，尽力农桑，增益课赋"之功德，敕封"灵济"。第二次在清雍正三年(1725)六月，[3]因"明代绍兴府太守汤绍恩创建三江闸，有功绍郡"，钦定封号"宁江伯"。

(3) 工程专志《闸务全书》

又名《三江闸务全书》，分上、下两卷，五万余字。上卷记汤绍恩建闸实绩及明万历、崇祯、清康熙年间三次三江闸大修与成规等；下卷论述大修成规之《管见》及三江闸水利等。程鹤翥辑著，成书于清康熙四十一年(1702)。道光十六年(1836)后，又有平衡辑著《闸务全书续刻》四卷问世，记述乾隆、道光年间三江闸第四、第五次大修及修闸的施工、技术、管理和图文碑记，与《闸务全书》互补融合，组成一部出色的水利工程志。

(4) 碑文

仅据《闸务全书》和《闸务全书续刻》收录，有明清碑文多达16篇。

(5) 诗联

初步统计，自宋迄清，吟咏撰题三江、三江闸、三江潮和汤绍恩的诗词、匾联多达百首(副)以上。

2. 玉山斗门闸

位于距绍兴城北约三十里的斗门镇东侧金鸡、玉蟾两峰的峡口水道之上，距三江闸西南约5里。

玉山斗门又称朱储斗门，为鉴湖初创三大斗门之一。宋嘉祐四年(1059)，沈绅《山阴县朱储石斗门记》首记玉山斗门，"乃知汉太守马臻初筑塘而大兴民利也，自而沿湖斗门众矣。今广陵、曹娥皆是故道，而朱储特为宏大"。宋曾巩《鉴湖图序》云："其北曰朱储斗门，去湖最远，盖因三江之上、两山之间，疏为二门，而以视田中之水，小溢则纵其一，大溢则尽纵之，使入于三江之口。"这是唐以前玉山斗门的排涝情况。

[1] 程鸣九纂辑：《三江闸务全书·郡城汤祠》(下卷)。
[2] 程鸣九纂辑：《三江闸务全书·敕封汤神"灵济"原案》(下卷)。
[3] 平衡：《闸务全书续刻·敕封宁江伯咨文》。

唐修建防海塘，东起上虞，北到山阴，全长百余里，基本隔绝了平原河流与潮汐河流曹娥江的关系，使原北流注入曹娥江的东部河流，从此汇入平原中部的直落江河道，北出玉山斗门入海，玉山斗门对鉴湖和平原河流的调节作用也随之提高。唐贞元初（788 年前后），浙东观察使皇甫政改建玉山斗门，把二孔斗门扩建成八孔闸门，名玉山闸或玉山斗门闸，以适应流域范围扩大而增加的排水负荷。北宋沈绅的《山阴县朱储石斗门记》记："嘉祐三年（1058）五月，赞善大夫李侯茂先既至山阴，尽得湖之所宜。与其尉试校书郎翁君仲通，始以石治朱储斗门八间。"这次整修将原玉山斗门的木结构改成了石结构。

三江闸建成，切断了钱清江的入海口，平原内河与后海隔绝，三江闸替代玉山闸。其地现为"斗门大桥"。

玉山斗门是一个地处滨海鉴湖灌区的控水、灌溉、挡潮枢纽工程。自鉴湖兴建、晋代西兴运河开挖到明代三江闸的建成、玉山斗门（唐改建成玉山闸）废弃了近 1 400 年，绍兴平原河网水位主要由玉山斗门调控。

玉山斗门北缘的斗门老街历史悠久，街河相依。沿玉山、金鸡山绵延三四里，街区集老闸遗址、古寺小庵、街河石桥、小弄长巷、名人故居、旧式台门、传统商铺于一体，古风犹存，原汁原味。

3. *萧绍海塘*

萧绍海塘西起今萧山临浦麻溪东侧山脚，经绍兴至上虞蒿坝清水闸西麓，全长 117 公里。自西向东分别由史称西江塘（麻溪—西兴）、北海塘（西兴—瓜沥）、后海塘（瓜沥—宋家溇）、东江塘（宋家溇—曹娥）及蒿坝塘组成，海塘保护范围为今杭州萧山区，绍兴柯桥区、越城区、上虞区境内的海塘以南，西界浦阳江，东濒曹娥江，南倚会稽山北麓的萧绍平原地区。

萧绍海塘的始筑年代有说是"莫原所始"。《越绝书》卷八记："石塘者，越所害军船也，塘广六十五步，长三百五十三步，去县四十里。"最初大概是为军事服务的港口堤塘，同时还建有防坞和杭坞，距城均约为 20 公里，即今萧山境内的杭坞山一带，都是依山而建的。石塘应是当时后海沿岸零星海塘的其中一段。东汉建成鉴湖，同时在沿海建玉山斗门，附近必然也会有连片海塘、涵闸，否则斗门不能发挥控制作用，但当时的海塘以土塘为主，标准较低。

《嘉泰会稽志》卷十载："界塘在县西四十里，唐垂拱二年（686）始筑，为堤五十里，阔九尺，与萧山县分界，故曰界塘。"界塘位于山阴与萧山两县交界的后海沿岸。《新唐书·地理志》："会稽……东北四十里有防海塘，自上虞江抵山阴百余里以蓄水溉田，开元十年（722），令李俊之增修；大历十年（775），观察使皇甫温，大和六年（832），令李左次又增修之。"防海塘大部分位于会稽县的北部沿海，建成后，使山会平原东部内河与后海及曹娥江隔绝。与此同时，又建成山阴海塘，山会平原后海沿岸的海塘除西小江外已基本形成。

宋代，萧绍海塘修筑技术虽将部分土塘改为石塘，但结构还比较简单，难御较大潮汐的冲击。宋宁宗嘉定六年（1213）的一次风潮，山阴海塘"溃决五千余丈，田庐漂没转徙者二万余户，斥卤渐坏者七万余亩”。[1] 时任绍兴知府赵彦俠，召民工万余人，主持大规模海塘修复工程，自汤湾至王家浦全长 6 160 丈的堤塘全部修复一新，其中有三分之一用石料砌筑，此为绍兴历史上时间最早、规模最大的石砌塘工程。

明嘉靖十六年(1537)三江闸建成后，又建有长 400 余丈，广 40 丈的三江闸东、西两侧海塘，即《(万历)绍兴府志》所载“嘉靖十六年，绍兴知府汤绍恩建，凡二十八洞，亘堤百余丈”。萧绍海塘至此全部连成一片，沿海塘挡潮、排涝水闸基本配套齐全，塘线此后无大变迁。

清一代海塘建设得到进一步加强，康熙五十五年至五十六年(1716～1717)，绍兴知府俞卿主持修筑自九墩至宋家溇的海塘。耗资四万两，投劳十余万工，“长堤四十里，俱累累叠以巨石，牝牡相衔”。[2] 清代海塘建筑技术也不断提高，根据海塘所处的位置险要程度，分别将土塘、柴塘、篰石塘改建为各种类型的重力式石塘，主要有鱼鳞石塘、丁由石塘(条块石塘)、丁石塘、块石塘、石板塘等，现存的重力式石塘基本是清代新建或改建。

长数百里，犹若巨龙的萧绍海塘是水乡绍兴的壮丽奇观。“声飞两浙天捶鼓，浪压三江雪满城”，[3]形成了钱江潮气势澎湃的独特景观。三江潮是钱江涌潮的一部分，虽不及杭州湾之潮有翻江倒海、吞天盖日之气势，但却有变化无穷、跌宕起伏，寓奔腾千里与奇秀气象于一体的景象。

1998 年 12 月，萧绍海塘绍兴段被浙江省人民政府列为省重点文物保护单位。

4. 三江所城

绍兴城北“三十里”，[4]三江闸东侧，今越城区斗门镇三江村，“皆洪武二十年(1387)汤国公筑”。城跣山背海，方三里二十步，水门一，陆门四，为海防要塞。也称三江所关，“港口深阔，外通大洋，甚为险要”。今三江村内尚有东城门古迹。

5. 三江巡检司城

在绍兴城北四十里，浮山之北麓，与三江所城南北相峙，为东海之门。城唯一门西出，亦明洪武年间(1387)汤和所筑，嘉靖二年(1523)增治为“方一里二十步”。[5]清嘉庆以后渐废。

6. 滨海水闸

以三江闸为枢纽，辅以龛山闸、山西闸、姚家埠闸、宜桥闸、楝树下闸、黄草沥闸、西湖底闸等山、会、萧三邑的滨海排涝蓄水闸系。

[1] 任桂全总纂：《绍兴市志・大事记》，浙江人民出版社，1996 年。
[2] (清) 陈绂：《俞公塘记事略》，《(嘉庆)山阴县志》卷二十。
[3] (清) 沈香岩：《南塘观潮》。
[4][5] 《(万历)绍兴府志》卷二。

三、保护、利用的主要思路

(一) 指导思想

依据《中华人民共和国文物保护法》、《绍兴市城市总体规划》、绍兴市“五水共治”的要求,开展和推进三江闸的保护、利用、传承工作。

(二) 保护范围

以三江闸为核心,玉山斗门至新三江闸约 5 公里的河道为纽带,划定 3~5 平方公里范围为重点保护区域,按规划要求实施。

(三) 保护原则

统一规划、分期实施;突出保护、综合治理;先难后易、有序推进;属地管理、条块结合。

(四) 任务措施

1. 切实加强文物保护

(1) 确定方案。对区域内三江闸、明代三江所城、明清古海塘、古闸、玉山斗门遗址、濠湖大桥等文物作一次全面调查,按分类要求提出保护意见方案,并分工抓紧实施和全面升格;对区域内即将动迁或散落的文物进行抢救性保护。

(2) 车辆禁行。抓紧实行三江闸及汤公大桥的车辆禁行,落实日常现场管理人员。

(3) 通航改道。抓紧实行三江闸闸孔通航改道方案,加强日常管理,确保三江闸和汤公大桥安全。

2. 全面开展河道清障

及时组织开展整治范围及周边河道清障、清草、清垃圾、清沉船、清鱼罾等,此项工作在今年 10 月底完成,并实行长效管理。

3. 实施环境综合治理

(1) 推进工业污染治理。结合《推进“五水共治”重构绍兴产业重建绍兴水城产业转型升级行动计划》,争取提前完成规划范围内工业企业关停搬迁和集聚升级工作。

(2) 推进生活污染治理。按照“五水共治”的工作要求,细化年度治理目标,加快推进规划范围内沿线农村生活污水截污纳管和分散处理等工作,要求提前完成。

(3) 推进沿河拆违整治。按照“三改一拆”工作要求,在今年 12 月底前完成整治范围内河道沿河违章设施拆除工作,建立并落实长效管理机制。

4. 抓紧三江闸等文物保护升格

按照全国文物保护单位保护要求，及时制定三江闸保护方案并组织实施。具体申报材料明年6月前要正式书面报省文物局，确保三江闸成功申报第8批全国文物保护单位。

对区域内重要的文物如三江所城、濠湖大桥等，在保护的同时争取升格省级文物保护单位。

5. 加强文化基础研究

(1) 重视文化的保护和传承，形成三江文化特色。开展区域内文化资源调查。

(2) 开展三江闸为中心的历史文献点校，编著出版《三江史》、《绍兴海塘志》、《水利诗词》等史志著述。

(3) 采取系统性、比较性、多学科的形式和方法，研究确定以三江闸为核心的重点课题研究，提交高水平的学术、文化研究成果，提供学术、文化支撑。

(4) 适时举办国际、国内学术研讨会，加强鉴湖、三江闸、绍兴水城等文化研究和学术交流。

6. 编制规划方案

(1) 编制综合规划。按照保护世界文化遗产，建设环境优美、景观高雅、文化深厚、特色鲜明，绍兴水城璀璨的滨海明珠的要求，编制好"三江文化休闲景区"综合规划。

(2) 编制专项规划与方案。编制闸、塘、桥专项保护规划；编制文化布置方案；编制斗门老街修复规划。

7. 加强宣传推介

(1) 报纸、电视、电台、网络要采取多种形式和方法，加强对三江闸保护、利用、整治工程重要意义和必要性的宣传和普及，营造良好工作氛围。

(2) 拓宽视野，加强对外宣传，提高三江闸等绍兴古代著名水利工程在全国、全球的知名度和美誉度，获得更多的重视和关注。

8. 组织领导

成立绍兴市"三江闸保护、利用、传承工作"领导小组，领导、协调、监督，加快此项工作推进开展。下设办公室，主持日常工作。

浅析三江闸的沿革、现状及保护

魏义君
（绍兴市鉴湖研究会）

摘　要：三江闸以地处钱塘、曹娥、钱清三江交汇口而得名，明代嘉靖十六年（1537），绍兴知府汤绍恩直走三江，遍观地形，选址于浮山之南、三江所城西、彩凤山与龙背山之间的三江口，其主持兴建的滨海水闸规模宏大、技术先进、管理科学，领先世界300年。三江闸建成后，建国前较大的修理有六次，建国后又多次整修，历经435年，遂成为内河节制闸。当前，原真性修复三江闸是做好三江闸保护、利用、传承工作的关键。

关键词：三江闸　维修　原真性保护

地处绍兴三江口的三江闸起到抵御咸潮和调蓄淡水的作用，保护了萧绍平原80多万亩农田和环境，是中国古代著名水利工程之一。1963年被列为浙江省重点文物保护单位。据中国水利科学研究院考察，建在河口的水闸规模宏大、技术先进、管理科学，领先世界300年，是世界上最早的水利工程之一。

一、三江闸创建

萧绍平原南纳若耶溪等36源之水，东、西、北三面临江，受潮汐影响。东汉永和五年（140），会稽太守马臻兴筑鉴湖“周三百五十八里”，分东、西两湖。东湖自会稽郡城东至曹娥江；西湖自会稽郡城西至夏履江。可供调蓄上游会稽山36源诸水，湖面水域约200平方千米，以平均水深3尺2寸计，正常蓄水量约2亿余立方米，用以蓄水溉田，沿湖又建斗门、阴沟以事排灌。《水经注》载：“沿湖开水门六十九所。”东、西两湖各设水则碑，和斗门配套使用，以控制鉴湖水位，“凡水如则，乃固斗门以蓄之；其或过则，然后开斗门以泄之”。唐贞元元年（785）、大和七年（833），浙东观察使皇甫政、陆亘先后在今绍兴城北20余里处及西湖堤扩建、兴建朱储、新径两斗门以泄水、御咸。北宋景德三年（1006），大理丞段棐修朱储斗门后，嘉祐三年（1058），山阴令李茂先复以石治朱储斗门八间。熙宁二年

(1069)，曾巩作《越州鉴湖图序》时，称沿湖有阴沟三十三，石林及柯山斗门以通水溉田，还有曹娥、蒿口斗门以泄水入东小江；广陵、新径斗门以泄水入西小江；去湖较远之朱储斗门，则以之泄水入三江口，为平原排涝之枢纽。此后，鉴湖围垦面积日益扩大。南宋以后，鉴湖废，尽失潴蓄之利，其后浦阳江又改出碛堰汇入钱塘江，萧绍平原蓄泄形势发生重大变化，御潮排涝已成急务。明成化九年至十三年(1473～1477)，绍兴知府戴琥周历全境，就地势之高下，“于其要害处，建石以为闸，……曰新灶、曰柘林，为洞者四，以泄江(西小江)南之水；曰夹蓬、曰扁陀(拖)，为洞者三，以泄江北之水；曰新河，为洞者二，以泄麻溪(进化溪)、五湖之水；……曰龛山，为洞者二，以泄湘湖之水。……诸水悉有所往”(丘浚《重修水利记》)，不致造成严重内涝。正德六年(1511)，山阴知县张焕又扩建扁拖闸，新建泾溇闸，后又建黄草沥闸，萧绍平原内涝得以就地分散排泄。嘉靖十五年(1536)，绍兴知府汤绍恩相中三江城北石址，兴建 28 孔大闸，名应宿闸。

三江闸位于绍兴市北部斗门镇，距绍兴市区 16 公里。以地处钱塘、曹娥、钱清三江交汇口而得名。明嘉靖十四年(1535)，汤绍恩初任绍兴知府。一日，汤绍恩登望海亭，见波涛浩淼，水光接天，目击心悲，慨然有排决之志。于是直走三江，遍观地形，以三江所城相对的浮山为要津，闸基选于浮山之西。虽经多次筑基，均未成功。又相地形于浮山南，三江所城西北，见东西有交牙状，度其下必有石骨，掘地数尺，果有石如甬道，横亘数十丈，闸址选定在玉山闸北、浮山之南、三江所城西、彩凤山与龙背山隔江对峙而石脉中联的古三江口，依峡建闸，嘉靖十六年(1537)建成。起初欲建 36 孔，因太长改为 30 孔，后又填 2 孔，成 28 孔，以

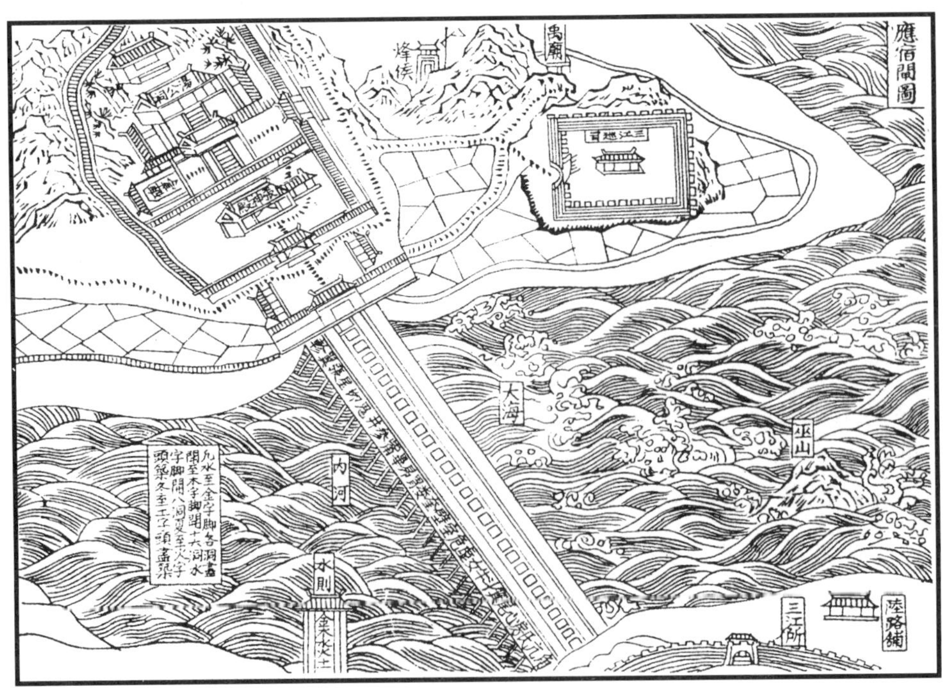

三江闸总体布置图

应天上星宿之名，故又称应宿闸。

全闸28孔，长103.15米，总净孔宽62.74米，单洞宽2.16～2.42米。闸顶面宽9.15米，闸顶高程6.63米(黄海高程下同)，闸底高程1.10～2.92米。闸最大泄流量384立方米/秒，正常泄流量为280立方米/秒。闸墩和闸墙用绍兴大山、洋山每块重500公斤以上条石砌筑。闸墩一般砌石8～9层，亦有10层以上者。石与石“牝牡相衔，胶以灰秫”，灌以生铁，其底措石，凿榫于活石上，使相维系，建于天然岩基之上。每隔5洞置一大墩，全闸共有大墩5座，小墩22座。墩侧均凿有内外闸槽各一道，底设石槛。用木闸板1 113块，闸墩顶部覆以长方体石台帽，上架7块石梁，铺成路面。闸上游三江所城外及府城佑圣观前河中各立有水则碑石，碑面自上而下刻有“金、木、水、火、土”5字，以示闸内河湖的水位高低。闸成后筑两翼海塘400余丈，并配套建有“以杀水势”的小闸，主要有三江所城西门南首减水闸、两眼闸、蒿坝清水闸。

三江闸建成，山会海塘全线连接，钱清江由此纳入山会平原成为内河，形成了绍萧平原统一的三江水系。从此，“旱有蓄，潦有泄，启闭有则，山阴、会稽、萧山三县。塘闸内得良田一万三千余亩，外增沙田沙地数百顷，至于蒲苇鱼盐之利，甚富而饶”。

闸建成后，汤绍恩在三江闸左岸龙背山上立张神庙，祀宋代治水名臣张夏。张夏在宋仁宗景祐年间(1034～1038)出任两浙转运使。其时，钱塘江用薪土筑堤，屡被潮水毁坏，张夏履任后，即采石修塘筑堤，使百姓免受江潮之害。张夏死后被百姓尊其为神。汤绍恩以“(张夏)神有捍海灭倭功，故立庙以祀，有司春秋致祭”。

明万历年间(1573～1620)，绍兴人民感念汤绍恩之功，又在张神庙后建汤公祠，祠共三进，第三进祀明代莫隆。莫隆为郡守汤绍恩皂隶，“公建三江闸，隆董夫役，悉心所事。一日在工所，方下探闸底，巨石猝下，被压以死。汤公震悼，为恤其母终身。闸成，祀为司闸之神”。

元末明初，中国海盗与日本倭寇相勾结，倭寇所到之处，烧杀抢掠，无恶不作，造成了严重的海患。明洪武十六年(1383)，兴国公汤和在巡视浙东沿海一带后，根据海岸地形和防御要点，在沿海岸线构筑沿海军事防备网络。绍兴地处浙东沿海，为浙东之要地，绍兴府境北边为海，绍兴府设三卫五所，即绍兴卫、观海卫、临山卫和三江所、沥海所、三山所、龙山所、余姚所，以卫率所。

三江所位于三江闸东1公里处，三江所为方三里二十步，城高一丈八尺，设水城门一处，陆城门四处，引河为池，可通舟楫。内设兵马司厅、公署、左库镇抚司、千百户及仓库，所城南门外有教场，规方六十二亩；东门外有梧桐庵，为三江诸村土壳祠，庵之北为六路铺；曾编额军1352名。三江闸西侧下游设有三江巡检司和蒙池山烽堠，三江巡检司配备弓兵100名。

三江闸自闸成始，历时135年，为效能全盛期；自康熙十年(1671)至1972年闸外出水口被封堵，历时301年，为效能衰减期。

二、三江闸维修

三江闸几经大修，史载，建国前较大的修理有六次。

第一次修理：明万历十二年(1584)知府萧良幹主持。历时三月，费银一千三百两。闸上自首迄尾覆石令平衍，两旁加石板为栏，以二十八宿名分属各洞，凿于栏洞上。其有罅泐处，沃锡加灰秫，令固其内。对闸底槛石及两涯有应补换整齐者、有应用灰铁者进行修缮。还订立《三江闸见行事宜》规章，开始实行依法管理。

第二次修理：崇祯六年(1633)十月中旬动工，十二月完工。墩缝处用锅犁废铁、碎缸填漏。采用夏履西巫埠老荡好灰加纸筋羊毛舂之补缝。修成后订有《余公修闸成规条例》15 款，涉及管理机构、启闭规则、修理方法、技术要求和闸务经费等。

第三次修理：清康熙二十一年(1682)，闽督姚启圣(会稽人)主持修理。是年九月初四日开工，十一月十五日完工。于闸墩隙缝先塞以废铁，再用石灰羊毛纸筋卤鹾糯米舂合灰弥缝；十余洞木板闸门槽宽狭不一则进行闸槽整修，添换闸板五百块；建亭于闸首，修汤公祠、张神殿、仪门。

第四次修理：清乾隆六十年(1795)，尚书茹棻(山阴人)、知府高三畏主持修理。十月初六日开工，十一月十八日完工，堵塞罅漏，“改用鱼网包灰之法”。

第五次修理：清道光十三年(1833)郡守周仲墀主持。九月动工，勘得该闸栏多损，石缝石槽，层层渗漏，晴久即干涸，有妨灌溉，潮至又灌咸水，患及田禾。其闸西首镇闸之要关及两旁护闸之雁翅，石多蹶裂。因上次以网灰修补不能经久，所以，对水面以上部分缝隙改用灰铁填补，缝小处取千年水底松浸油削针塞入。次年冬再修，“纯以铅锡溶汁沃之”，全闸始臻巩固。十一月竣工。

第六次修理：民国二十一年(1932)，浙江省建设厅水利局主持。十月初九日开始围堰筑坝，十二月初竣工。罅漏严重，漏水量有开 4 洞之数。石槛与岩基间沃锡已冲刷殆尽；墩缝宽有 5 厘米，墩闸多风化裂解。这次修理共筑长 16、17、120 米的内坝 3 条，长 126 米的外坝 1 条施工围堰，排水用柴油机配离心水泵(装在船上)，施工期以附近西湖楝树、宜桥、刷沙四小闸为导流泄水闸。修理中还应用了灌浆技术和混凝土材料，闸基与石槛和两槛间及内外填补混凝土。修闸后把清理闸墩时脱下的锡铸成“锡碑”，由浙江省建设厅厅长曾养甫撰文，在彩凤山上建立碑亭，以示纪念。

建国后的较大修理与改建不断。主要有：1957 年冬起，闸门逐步由手工启闭改为机械启闭，零散木闸板改为整体式木叠闸板。1962 年建启闭房，改机械启闭为电动启闭，以钢筋混凝土闸门替代木叠闸板门。1972 年升高闸中间 4 孔闸墩 1.27 米，改建为 2 孔(每孔净宽 7.02 米)，并配置钢丝网摺板式混凝土闸门，以改善内河与新围垦区间的水运条件。

1972年7月，在闸下游2.5公里的马山围涂与县围涂间筑堤430米，封堵其入海口，三江闸结束了历时435年山会平原蓄泄的历史使命。闸外新挖河面宽40米、长2.5公里河道，东与马山围涂的丰收闸，西北与县围解放闸沟通，三江闸遂成为内河节制闸。1987年在三江闸西侧开挖宽150米的新河，并配建与闸相接的150米钢架拱公路大桥，为纪念三江闸的创建人汤绍恩，此桥被命名为"汤公大桥"。1988年拆除闸面以上启闭房，拆除1972年升高的部分闸墩，闸面改筑成公路路面，称老闸桥。

1979年在三江闸外2 500米处另建新三江闸一座。2012年12月1日，"中国大运河水利遗产保护与利用战略"论坛全体代表发出倡议，要求将三江闸升级为全国重点文物保护单位。

三、三江闸现状

三江闸28孔闸墩原样仅保留24孔，中间4孔改建成2个通航孔，且通航孔两边闸墩已改变原状，闸上工程车长期超载运行；桥下通航孔狭小，机动船通过时多有碰撞；闸西首汤公大桥已成危桥。

三江闸现状

三江闸东侧采风山上碑亭、闸上游水则碑，西侧汤公祠、三江巡司城、禹庙、烽堠已湮没无存；下游两岸海塘仅存西侧约300米长的鱼鳞塘(保存比较完整)；三江所城已变成有1 000户人家的三江村，整个村已迁移，仅东城门保留原貌。

周边环境状况不容乐观。桥两边是破旧的民居和厂房，酒瓶等杂物随处可见，河面上也时有漂浮的生活垃圾，空气中经常会有异味，而且闸边常年有人捕鱼，破旧的渔船停泊在闸下更加显得无序。原汤公祠已拆除，拓浚成河道，汤公大桥西侧已建成王宝和酒厂，距三江闸1公里处建有垃圾焚烧发电厂。

三江闸原归绍兴县塘闸管理处负责管理，自划归袍江管委会后，未落实具体管理单位。

在"五水共治"新形势下，清草、清障、清淤正在进行，三江闸上大型车辆已禁止通行，闸下通航准备改道，袍江管委会对三江闸区域的保护、传承、利用规划正在有序开展之中。

四、原真性修复建议

将新三江闸以南至三江闸上游500米(东至老益线公路，西至凤凰山东侧)、凤凰山脚至新三江闸河岸以外50米，划入三江闸景区管理和保护范围。

三江闸22孔闸墩基本保持原样，将现有两个通航孔恢复原四个闸孔(室、壁、奎、娄)，闸墩仍用500公斤以上大洋石8～10层砌筑，不宜用水泥、砂浆砌筑，因三江闸已失去蓄水、排涝功能，闸墩漏水已无影响。

全闸拆除现状闸上水泥桥面，恢复闸顶高程至6.63米，闸顶由七块条石铺成人行桥，废除交通桥，其中上下游铺设各三块，二闸槽中间铺设一块，留出闸槽，上下游两边设坐拦板，仅供人行走。

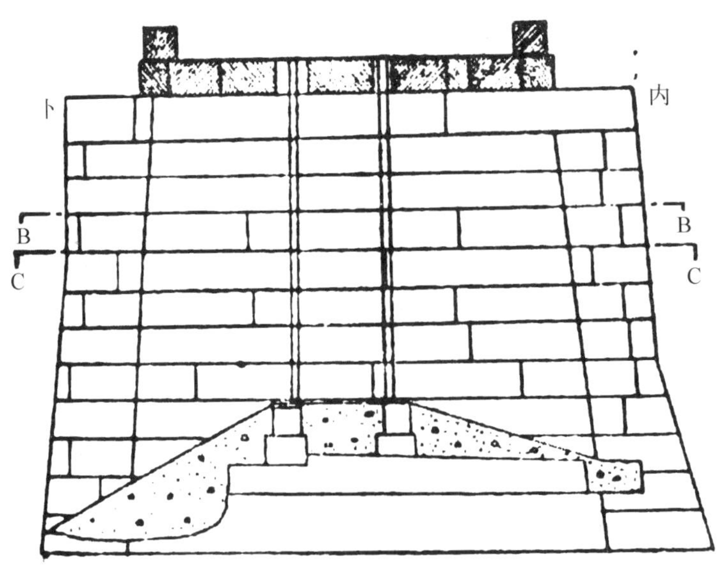

闸顶由七块大洋条石铺成的人行桥

现汤公大桥处，原为汤公祠，建有门庭、张神庙、莫隆祠等，在原龙背山填筑三江闸上下游50米、向西30米恢复三江闸老河坎及汤公祠门庭，通过汤公大桥，在现王宝和酒厂恢复张神庙、汤公祠、莫隆祠，或将张神庙、汤公祠、莫隆祠迁移异地，建汤绍恩纪念馆。

新老三江闸之间河宽220～310米,1987年所建汤公大桥已成危桥,宜拆除重建,重建时应考虑江道的排涝能力和通航规划500吨级的要求,造型上与三江闸相匹配,又要行人安全通行,使今古建筑融为一体,更加优美。

修复三江闸建筑石材应与原闸一致,原闸墩、闸墙、桥梁板全用羊山石和大山石塘石材,有待地质人员现场考察后选用。

三江巡司建于三江闸下游1 000米处(原城墙四周约1里路内有营房),烽堠复建于三江巡司西侧山坡上。

保护好遗留下来的(现状)长约3000米的浙东老海塘(鱼鳞丁由塘),同时在三江闸下游两侧恢复老海塘。

三江闸下游古鱼鳞、丁由塘

三江闸东侧:上游恢复水则碑和采凤山上的碑亭。

明代海防是为防御倭寇对沿海地区的骚扰。当时将沿海划分为辽东、北平、山东、直隶、浙江、福建、广东等7个防区,北方以大沽、辽东半岛和山东半岛为重点,南方以浙江和福建海岸为重点。绍兴地处浙东沿海,为浙东之要地,绍兴府设三卫五所,以卫率所。其中三江所属绍兴卫管辖,三江所下辖蒙池山台和航坞山、马鞍山、乌峰山、宋家缕、周家墩、桑盆等六烽堠,三江和白洋设有巡检司。

三江所城距三江闸500米处,原城墙四周约3里路内设驻军营房、校场,是明代抗倭的军事基地。仍保留着三江所城东城门(老城门保存比较完整,下雨天门顶有渗水,城顶杂草丛生)及所城内的"九桥、九庙、十三弄、七十二口井"的基本格局。因此,应对已残存下来城墙段原真性修复保存;尽可能根据"九桥、九庙、十三弄、七十二口井"的格局布置其他建筑;恢复原军事建筑,利用营房开设绍兴特色的旅游、餐饮、住宿、购物中心。在所城内恢复校场,为游客提供集吃、

三江所城东城门

住、玩于一体的场所。

明清代军制曾有海军防守,配置战船多达 548 只,有乌船、水船、双篷船、水底攻沙战船、虎船等,用于防敌于海,并设有常备海军。新老三江闸之间河道的河宽已达 200 米以上,可布置适量明清战船,供游客观赏和乘坐。

新老三江闸之间河道两岸建休闲带,可使游人步行或乘车从三江闸进入,经汤公祠门庭、张神殿和汤公祠、浙东老海塘、三江巡司、烽堠到新三江闸,再从新三江闸到三江所城东城门,再回到三江闸。也可乘船从新三江闸回到三江闸,再游三江所城东城门。同时可将斗门古镇、荷湖古村连线成为旅游区。

三江闸离市区三公里可直达,也可乘游船从昌莆娄直江或杭甬运河到达。下游出新三江闸入曹娥江,向东在大库转入四十里河可达宁波,向上经百官直至嵊州三界,向下出曹娥江口门大闸入钱塘江。三江闸可成为绍兴水乡水陆旅游中心景区。

参考文献:

1. 邹志方标点:《闸务全书》,黄河水利出版社,2013 年。
2. 屠剑虹编著:《绍兴历史地图考释》,中华书局,2013 年。
3. 戴泽蘅主编:《钱塘江志》,方志出版社,1998 年。
4. 葛关良主编:《绍兴县水利志》,中华书局,2012 年。
5. 绍兴县地方志编纂委员会编:《(嘉庆)山阴县志》。

图书在版编目(CIP)数据

萧绍海塘文化专题研讨会论文集/《钱塘江文化丛书》编纂委员会编. —上海: 上海古籍出版社, 2016.1
(钱塘江文化丛书)
ISBN 978-7-5325-7949-5

Ⅰ.①萧… Ⅱ.①钱… Ⅲ.①钱塘江—流域—文化研究—浙江省—文集 Ⅳ.①K295.5-53

中国版本图书馆CIP数据核字(2016)第019862号

钱塘江文化丛书
萧绍海塘文化专题研讨会论文集
《钱塘江文化丛书》编纂委员会 编
上海世纪出版股份有限公司
上 海 古 籍 出 版 社 出版
(上海瑞金二路272号 邮政编码200020)
(1)网址:www.guji.com.cn
(2)E-mail:guji1@guji.com.cn
(3)易文网网址:www.ewen.co
上海世纪出版股份有限公司发行中心发行经销
惠敦印务印刷有限公司印刷
开本787×1092 1/16 印张11 插页5 字数230,000
2016年1月第1版 2016年1月第1次印刷
ISBN 978-7-5325-7949-5
K·2153 定价: 48.00元
如有质量问题,请与承印公司联系